N. E. DIONNE

LA
NOUVELLE-FRANCE

DE CARTIER A CHAMPLAIN

1540-1603

QUÉBEC
TYPOGRAPHIE DE C. DARVEAU
82 à 84, rue de la Montagne

1891

...liste, Directeur de la
Nationale

Hommage & respects de l'

[signature]

LR 1a

14

OUVRAGES DU MÊME AUTEUR

1º—Le Tombeau de Champlain, petit in-12, 92 pages — Ouvrage couronné.
2º—Les Cercles Agricoles, petit in-12, 66 pages.
3º—États-Unis, Manitoba et Nord-Ouest, in-32, 184 pages.
4º—Fête Nationale des Canadiens-Français a Windsor, in-32, 152 pages.
5º—Historique de l'église de Notre-Dame des Victoires, in-32, 88 pages.
6º—Jacques Cartier, in-12, 350 pages.—Ouvrage couronné.
7º—Le Séminaire de Notre-Dame des Anges, in-8, 36 pages.

N. E. DIONNE

LA
NOUVELLE-FRANCE

DE CARTIER A CHAMPLAIN

1540-1603

QUÉBEC
TYPOGRAPHIE DE C. DARVEAU
82 à 84, rue de la Montagne

1891

ÉPITRE DÉDICATOIRE

—

Québec, 29 novembre 1890.

L'honorable M. C. Langelier,
          Secrétaire-Provincial.

Monsieur le Ministre,

En recueillant des souvenirs vieux de dix-huit années, je me retrouve à vos côtés, voguant ensemble sur la grande nef universitaire. Depuis lors nous avons parcouru les divers sentiers de la vie, vous dans la carrière politique, moi dans le journalisme, deux états difficiles et remplis de déboires. Cependant vous ne devez pas vous plaindre. Vous êtes parvenu, à force de travail et grâce à des aptitudes spéciales, au poste honorable de Secrétaire de notre province. C'est vous qui présidez à l'une des branches les plus importantes de l'administration, celle de l'instruction publique. Les poètes, les romanciers et les historiens de notre pays, s'estiment heureux de trouver dans ce haut fonctionnaire de l'Etat un ami et un protecteur des lettres. Vous avez déclaré vous-même, que vous étiez cet ami, que vous seriez ce protecteur. Je le crois aux preuves déjà nombreuses que vous leur avez données de votre attention particulière. Voilà pourquoi, Monsieur le Ministre, je me permets de vous offrir la dédicace de ces pages consacrées à l'histoire de la Nouvelle-France.

Après avoir écrit la vie de l'immortel Découvreur du Canada, j'ai cru que je devais à mes compatriotes de leur faire connaître les évènements qui suivirent la période de découvertes, et auxquels participèrent plusieurs rejetons de la famille des Cartier. C'est assez dire que, depuis la mort du grand navigateur malouin jusqu'à l'arrivée de Champlain, le fondateur de cette vieille ville qui nous est si chère, l'écho des forêts riveraines du grand fleuve retentit plus d'une fois des voix françaises. Les pêcheurs bretons et normands, les marchands de traite fréquentaient annuellement les plages de la Nouvelle-France, les uns pour y exercer leur industrie, les autres pour offrir aux aborigènes les bagatelles de l'Europe, en échange des riches fourrures des animaux des bois. Aussi, lorsque Champlain visita l'Acadie pour la première fois, il lia connaissance avec un marin de la Biscaye qui faisait la pêche sur les côtes orientales de la péninsule depuis plus de quarante ans.

J'ai donc voulu, Monsieur le Ministre, nouer les deux anneaux de la chaîne qui semble interrompue depuis Cartier à Champlain. C'est une tâche ardue que je me suis imposée. Puissé-je l'avoir menée à bonne fin ! En tous cas, j'ai la confiance que mes compatriotes me sauront gré de mes efforts, et que vous-même me gratifierez de l'unique récompense que j'ambitionne aujourd'hui, celle de vouloir bien accepter la dédicace de ce modeste ouvrage.

Agréez, Monsieur le Ministre, l'assurance des meilleurs sentiments de

Votre tout dévoué,

N. E. DIONNE.

CABINET DU SECRÉTAIRE DE LA PROVINCE DE QUÉBEC

Québec, 10 Décembre 1890.

Dr N. E. Dionne,
    Homme de lettres,
        Québec.

Mon cher Docteur,

    Les occupations professionnelles, et encore bien plus celles que m'impose la politique, ne me laissent guère le loisir,—même en supposant que j'eusse les aptitudes voulues,—de me livrer aux lettres ou aux études historiques. Mais je n'en apprécie pas moins le mérite de ceux qui s'adonnent à ces nobles travaux, et je me fais un devoir de les encourager dans toute la mesure de mes forces. Je m'estime donc heureux d'accepter la dédicace que vous avez l'amabilité de m'offrir : cela me procure l'occasion de vous donner une preuve de l'estime que j'ai conservée pour vous, et du vif intérêt que je porte à ceux qui cultivent les lettres et l'étude de l'histoire. Ils accomplissent une digne et noble mission, à laquelle je désirerais participer d'une manière active; malheureusement, les circonstances ont voulu qu'il en fût autrement, et je me vois obligé de dire avec le poète latin : *Meliora video, deteriora sequor.*

    J'ai l'honneur d'être,
        avec considération,
            Votre humble serviteur,

                CHS. LANGELIER,
                  Secrétaire de la Province.

LA NOUVELLE-FRANCE

CHAPITRE I

Coup d'œil sur la politique colonisatrice des rois de France depuis Cartier jusqu'à Champlain.—Les Français aux terres neuves.—Colonisation infructueuse avant Champlain.—Cartier et Champlain.—Leur œuvre mise en parallèle.—Sully et Richelieu.—Leur politique à l'égard de la Nouvelle-France.

Durant la période de soixante ans qui s'écoula entre le troisième voyage de Jacques Cartier et la présence de Samuel Champlain sur les rivages du Saint-Laurent, les rois de France portèrent peu d'intérêt à la Nouvelle-France. Celui qui le premier avait donné l'élan aux explorations françaises dans le nouveau monde, François I, était mort avant de voir la réalisation de ses projets de colonisation Les guerres civiles du règne éphémère de François II, et surtout de celui de Charles IX, ne permettaient guère de songer au Canada. Les esprits étaient plutôt tournés vers la Floride. L'amiral Gaspard de Coligni espérait voir bientôt fleurir le calvinisme dans ces établissements lointains, tandis que pour Catherine de Médicis, mère du roi, c'était un excellent moyen de se débarrasser de gens remuants et détestables. Les troubles religieux sous Henri III et son successeur Henri IV, détournèrent l'attention de ces rois, tant qu'ils eurent à soutenir des guerres intestines, mais pas assez cependant pour ne pas accorder à des courtisans, plus ambitieux de s'enrichir que de fonder des colonies dans la France transatlantique, certains privilèges de traite et d'exploitations minières dans les contrées connues alors sous le nom de *terres neuves*.

Mais si la Nouvelle-France semblait presque complètement ignorée à la cour, il n'en était pas ainsi dans certaines provinces de France. Les pêcheurs et les négociants des côtes maritimes de la Normandie, de la Bretagne, de la Saintonge et de l'Aunis, entretenaient des relations constantes avec les naturels des terres neuves et du Canada. Ces terres nouvelles comprenaient l'île de Baccalaos, l'île des Bretons, le Labrador, et les rives septentrionales de la Grande-Baie de Canada. Comme nous le verrons plus tard, il exista depuis Cartier un continuel va-et-vient auquel les Français prirent la plus large part, sans en excepter toutefois les Espagnols, les Portugais et les Anglais. Cette période n'appartient donc pas absolument au Canada seul, elle relève plutôt de la chronique de chacun des peuples européens, qui, durant la dernière moitié du seizième siècle, ne firent qu'aborder à nos rivages, sans s'y arrêter autrement que pour des fins de traite ou de pêche. C'est en vain que nous chercherions une sérieuse tentative de colonisation pendant les 60 années qui suivirent la dernière expédition du Découvreur du Canada. A travers les monuments de cette époque reculée, nos regards se sont arrêtés sur les malheureuses expéditions de Jean-François de la Roque, sieur de Roberval et sur les commissions de Troïlus du Mesgouez, marquis de la Roche, mais les évènements ont prouvé que le favori de Henri III échoua dans son entreprise qui n'était pas née viable.

Avant lui Jacques Noël et Etienne Chaton, sieur de la Jannaye, héritiers et successeurs de Cartier, n'avaient d'autres visées, dans leur demande de privilège, que l'exploitation de mines imaginaires et le commerce des fourrures.

La Court-Précourt-Ravaillon et Chauvin, ne songèrent pas à coloniser le Canada. Leur unique but était de s'enrichir le plus tôt possible, en monopolisant tout le trafic du gôlfe et du fleuve Saint-Laurent.

Il nous faut donc renoncer à prononcer le mot colonisation avant l'arrivée de Champlain à Québec. Ceux qui avant lui portèrent leur pas sur nos terres inhospitalières, ne firent que préparer les voies au grand mouvement qui, malgré les lenteurs et les symptômes de faiblesse à son début, devait se répandre comme une traînée de poudre le long des deux rives du Saint-Laurent. Nous ne croyons pas cependant qu'il soit téméraire de dire que Jacques Cartier fut le seul vrai précurseur de Champlain, fondateur de la colonie française en Canada. L'illustre Découvreur eut la gloire incontestée de fouler avant tout autre européen le sol d'un pays inconnu du vieux monde. Si la presse aux cent voix eût existé de son temps, les nations de l'Europe, informées de ces découvertes, se seraient disputé la possession de cette partie de l'Amérique, comme elles faisaient au Brésil. Mais les conquêtes toutes pacifiques du grand navigateur malouin, n'eurent d'écho que dans les cabinets des cosmographes et parmi ses compatriotes de Bretagne, cet écho devant rester perdu pour eux comme pour tous les Français, jusqu'à l'heure où la Providence tira des rangs du peuple cet enfant de la Saintonge qui comprit que le Canada serait un vaste champ à exploiter pour la propagation de la foi catholique parmi les hordes sauvages et pour l'amplification du nom français sur ce continent.

Lequel des deux rôles fut le plus glorieux, celui du découvreur ou celui du fondateur ? Sans doute le nom de Champlain est resté plus vivace au milieu de notre population, parce qu'il est plus intimement lié à l'histoire de nos premiers ancêtres. Mais le nom de Cartier reste entouré d'une auréole lumineuse, comme celui de tous les grands explorateurs de son époque. L'Angleterre ne s'enorgueillit-elle pas des découvertes de Sébastien Cabot le long des côtes de l'Amérique septentrionale ? L'Espagne ne revendique-t-elle pas l'honneur d'avoir découvert le nouveau monde, en faisant briller de tout l'éclat qu'elle mérite, la sainte et héroïque figure de Christophe Colomb ? Cabot était vénitien, Colomb était génois : tous deux servaient sous des pavillons étrangers au leur, quand ils prenaient possession de terres nouvelles. Personne n'a songé pour cela, ou pour d'autres motifs, à enlever à l'Angleterre ou à l'Espagne, le prestige attaché à la priorité de ces découvertes, bien que, d'un autre côté, on ait souvent contesté à la France le mérite d'avoir reconnu, avant toutes les autres nations, les terres neuves en général, les côtes de la Norembègue et de l'Acadie. Cartier était breton et il travaillait pour son roi et sa patrie. Les services qu'il leur rendait en faisant connaître un pays d'où l'Europe devait soutirer tant de richesses par la suite, ne furent pas appréciés à la cour de France comme ils méritaient ; mais il ne s'ensuit pas que ses découvertes devaient rester sans résultat. Les Malouins en profitèrent dans une large mesure, et ils se prévalurent des exploits de leur compatriote Cartier, pour revendiquer en quelque sorte la suprématie sur les rivages du fleuve Saint-Laurent. Nous verrons de quelle manière ils exerçaient une telle autorité. Si les rois de France avaient voulu exercer cette prépondérance, qui leur revenait incontestablement et de droit et de fait, au lieu de vouloir coloniser dans des contrées plus méridionales, c'est-à-dire moins facilement accessibles à leurs flottes, ils auraient fait preuve d'une plus grande clairvoyance. Pourtant il leur eût été facile d'arborer leur drapeau sur toutes les plages reconnues par Verrazano et Cartier. L'Angleterre ne s'occupait de l'Amérique que pour parvenir à la Chine et au Japon, par un passage qu'elle supposait exister au nord du continent américain. Le Portugal, dont l'ambition était si grande qu'elle fit dire à Pierre Crignon qu'il fallait que ce peuple eût bu de la poussière du cœur du roi Alexandre, pouvait être facilement ramené à la raison. La puissante Espagne ne paraissait pas disposée à céder sa souveraineté sur les mers du monde, mais elle l'exerçait surtout dans la zône tropicale où les richesses étaient de prise plus facile. Cependant elle voyait d'un mauvais œil tout établissement étranger sur le sol d'Amérique. Dans sa rage d'accaparement, elle avait même, paraît-il, soudoyé un émissaire secret jusqu'à Saint-Malo, pour surveiller les agissements de Cartier. Son plan était de détruire la colonie française dans la Nouvelle-France, si elle eût présenté les moindres indices de stabilité.[1] Mais, quoique redoutable, l'Espagne n'était pas invincible. La France le lui fit bien voir vers la fin du XVIe siècle, et principalement sous Richelieu. Elle ne crut pas nécessaire d'abord de la poursuivre jusqu'au nouveau monde, mais elle se contenta de la tenir en échec sur le littoral de la Bretagne et de la Saintonge. Henri IV réussit à la dompter, et depuis le règne glorieux du Restaurateur de la France, la mère-patrie n'eut plus rien à redouter des armes espagnoles pour ses possessions en Amérique.

Il nous faut donc chercher d'autres raisons que la crainte des Anglais ou des Espagnols, pour expliquer

---

[1] Au printemps de 1541 le conseil des Indes envoya en France un espion "*para saver lo de las Armadas que se preparaban alli.*" L'envoyé rapporta qu'à Saint-Malo treize navires étaient prêts à prendre la mer, et qu'on armait à Honfleur quatre galions que Jacques Cartier se préparait à conduire "*a poblare una tierra que se llamaba Canadá.*" L'été suivant, Charles-Quint envoya aux terres neuves une caravelle commandée par Ares de Sea, "*a saber lo que havia hecho por alla un capitan Frances que se dice Jaques Cartier.*" Parti de Bayonne, en Galice, le 25 juillet 1541, Ares de Sea revint en Espagne le 17 novembre suivant. Archives des Indes à Séville, *Patr. Real.*—Buckingham Smith, *Coleccion de varios documentos para la historia de la Florida*. Madrid, 1857, t. 1, p. 107, 109, 114.

l'incurie de la France à l'égard du Canada. Le courant d'idées qui existait au commencement du XVIIe siècle ne devait pas être absolument nouveau. D'abord toute entreprise colonisatrice avait été laissée à l'initiative privée. Le monopole du commerce était accordé à des marchands intéressés seulement à s'enrichir. De sorte que l'on peut dire, que les plus grands adversaires de la colonisation du Canada, se recrutaient au sein même de la France. N'y a-t-il pas en effet cette phrase mémorable tirée des Mémoires de Sully, restée aussi tristement célèbre que le mot de Voltaire. Le philosophe de Ferney dit un jour, en parlant du Canada, que l'Angleterre et la France avaient bien tort de se chicaner pour quelques misérables arpents de neige. Le ministre de Henri IV parlait aussi mal, quand il livrait à ses compatriotes et à la postérité, cette parole que le cardinal de Richelieu eût répudiée : " Je mets au nombre des choses faites contre mon opinion la colonie qui fut envoyée cette année au Canada. Il n'y a aucune richesse à espérer de tous les pays du nouveau monde qui sont au delà du 40e degré de latitude."

Sully aurait sans doute préféré s'en tenir à la colonisation des Indes Occidentales et des pays tropicaux dont les Espagnols s'étaient déjà rendus maîtres, et d'où ils extrayaient l'or et les métaux précieux. Mais, comment les Français auraient-ils pu réussir à s'implanter dans ces régions si favorisées par la nature, puisque, suivant l'expression du même Sully, ces sortes d'entreprises n'étaient pas proportionnées à leur nature et à leur cervelle. " Leur persévérance et leur prévoyance, ajoutait-il, ne sont pas au-delà de ce qui les touche de proche en proche." Evidemment le ministre de Henri IV manquait de confiance en ses compatriotes comme peuple colonisateur. Il ne voyait que dans le passé qui, à dire le vrai, n'était pas de nature à encourager de nouveaux essais. Mais, si les tentatives de Cartier, de Roberval, de Troïlus du Mesgouez et de Chauvin avaient si misérablement échoué, il ne s'ensuivait pas que la nation française manquât de cette énergie ou de cette force vitale, qui, pour être efficace, ne demandait que du soutien. La preuve, c'est qu'à l'époque même où vivait Sully, les Français jetaient à Québec les bases d'une colonie pleine d'avenir. Malgré des guerres presque incessantes avec les sauvages les plus redoutables de l'Amérique et leurs puissants alliés de la Nouvelle-Angleterre, en dépit même d'un changement de maîtres, ces colons ont si bien pris racine dans le sol canadien, qu'après deux cent cinquante années d'existence, ils ont formé un peuple distinct, ayant conservé, à travers les nombreuses vicissitudes de son existence, sa foi, sa langue et son amour pour la vieille France. Champlain ne réussit-il pas, en dépit de l'abandon des compagnies qui lui avaient promis leur appui, à planter le drapeau de son roi sur le promontoire de Stadaconé, et ses successeurs ne l'ont-ils pas défendu victorieusement pendant près d'un siècle et demi ? D'Esnambuc, contemporain et compatriote de Champlain, fut-il moins heureux aux Antilles, à une époque où les grandes puissances de l'Europe se disputaient chacune des îles du Ponant ?

Sully se trompait. Le cardinal Richelieu comprit mieux le rôle colonisateur de sa nation. Le grand ministre de Louis XIII sut en effet établir la différence qui existe entre l'homme propre à diriger et à commander, et la masse qui est tenue à l'obéissance. Au premier il mit en mains le sceptre de l'autorité, ne tenant pas plus compte qu'il fallait des imperfections des inférieurs, tout en cherchant à leur imprimer une bonne direction. Sully ne sut pas élever la colonisation à la hauteur d'une œuvre nationale, tandis que Richelieu en faisait une question de patriotisme. Le premier y voyait une affaire purement matérielle, le second songeait à accroître le prestige et la bonne renommée de la France, prévoyant que le progrès en tout genre ne tarderait pas à s'ensuivre.

Ces deux courants d'idées contraires, partis de haut, avaient pénétré dans la foule. Les uns ne voyaient dans ces entreprises au Canada qu'une mine à exploiter : les marchands et les gens de traite appartenaient à cette catégorie. Les autres visaient à des fins plus patriotiques, et travaillaient à implanter sur le sol d'Amérique de bons colons, des familles respectables, et aussi de la noblesse de bon aloi. Tels furent Champlain et Maisonneuve, tous deux fondateurs de villes. Ces deux grands Français jetèrent dans le sol les assises de notre nationalité, et surent, en ouvriers habiles, l'appuyer sur le roc immuable de la religion catholique dont ils furent les apôtres presque à l'égal des missionnaires. Auraient-ils pu autrement faire une œuvre solide, inébranlable ? Jamais ; nous ne craignons pas de le proclamer bien haut, tant sommes-nous convaincu que, sans la religion comme point d'appui, l'on ne saurait faire de bonne colonisation; tant il est vrai encore, que l'idée chrétienne doit présider à toute organisation de cette nature. Ce qui est nécessaire aujourd'hui, ne l'était pas moins dans les siècles passés. Si Henri IV eût moins sacrifié aux exigences des calvinistes, l'Acadie n'aurait pas subi toutes les vicissitudes malheureuses qui ont réduit à néant les plus belles espérances de ses fondateurs. Si les compagnies de marchands qui monopolisèrent le commerce dans les eaux du fleuve Saint-Laurent, avaient eu d'autre objet que la recherche obstinée de la fortune, et s'ils eussent apporté plus de zèle et surtout plus d'argent au soutien de la colonie française réfugiée au Canada sous leurs auspices, Québec, vingt-cinq ans après sa fondation, aurait été autre chose qu'un bourg misérable.[1] Le vil intérêt matériel faillit tout perdre, et nous sommes toujours surpris de voir qu'il en ait été autrement. Si la Providence ne fût pas intervenue directement dans les affaires du Canada, personne ne pourra le nier, le sort du nom français était scellé pour toujours dans l'Amérique du Nord : sa disparition n'eût été qu'une question de quelques années.

[1] En 1633 la ville de Champlain n'était encore qu'une chétive habitation. On l'appelait le *bourg*. Douze ans plus tard elle n'était pas connue sous d'autre nom, comme l'attestent les actes de Guillaume Tronquet, de l'année 1646. La Mère de l'Incarnation nous laisse croire, dans une lettre écrite en 1663, que, par les nouveaux règlements introduits sous M. de Mésy, on avait donné à Québec le nom de ville : " Dans les règlements qui ont été faits, écrit la bienheureuse fondatrice des Ursulines, Québec se nomme *ville*." Le Père Charlevoix est dans l'erreur, quand il dit que le secours apporté par le Père Noyrot en 1626 fit prendre à Québec une forme de ville. Ce ne pouvait être les vingt ouvriers qu'il y avait amenés cette année là, qui auraient pu faire subir à l'humble habitation une telle métamorphose.

CHAPITRE II

JEAN-FRANÇOIS DE LA ROQUE

SIEUR DE ROBERVAL

Roberval est chargé de poursuivre les explorations de Verrazano et de Cartier.—Lettres-patentes du 15 janvier 1540.—Roberval prête serment.—Paul d'Auxhillon, sieur de Saint-Nectaire.—Cartier part seul pour le Canada.—Roberval le suit trois mois plus tard.—Il explore le golfe et retourne en France.—Revient au Canada en 1542. —Rencontre Jacques Cartier à Terreneuve.

Les deux premiers voyages de découvertes au Canada confiés à la direction de Jacques Cartier, avaient eu pour résultat d'attirer l'attention du roi, mais il dut attendre pour donner suite à son projet favori de coloniser la Nouvelle-France, que ses guerres avec Charles-Quint eussent pris un terme. Une trêve de dix ans ayant été conclue entre les deux princes rivaux, par la médiation pacifique du pape Paul III, le roi chevalier crut le moment apportun de jeter les yeux sur les terres dont il avait ouï monts et merveilles de la bouche de Donnacona, l'agohanna de Stadaconé, et de ses compagnons. Cartier lui-même lui avait appris, et de vive voix et par des relations qu'il avait dressées de sa main, que le Canada était un pays riche et fertile, que le Saguenay surtout regorgeait d'or et de diamants. Quelques échantillons du métal précieux que les sauvages avaient offerts au capitaine malouin durant son séjour au Canada, servirent plus que les rapports exagérés de Donnacona à enlever de l'esprit de François I tous les doutes qu'il aurait pu entretenir encore sur l'importance de continuer les explorations par delà l'Atlantique. Mais à la suite de ces guerres, les finances royales étaient dans un état de délabrement complet. Il fallut donc temporiser. Les évènements traînèrent ainsi en longueur jusqu'à la fin de l'année 1539. Près de quatre ans s'étaient écoulés depuis le jour où le Découvreur avait promis aux indigènes de Stadaconé qu'il reviendrait douze lunes plus tard. Le vieux chef Donnacona était mort dans l'intervalle ; les autres sauvages qui l'avaient accompagné en France, n'avaient pu résister au changement de climat et de régime de vie. Cartier n'en persista pas moins dans sa détermination de retourner auprès de ces peuplades barbares dont il avait pourtant raison de redouter la rencontre. Il n'attendait que l'occasion favorable, laquelle s'offrit bientôt.

Un gentilhomme de Picardie, Jean-François de la Roque, sieur de Roberval,[1] Nogens et Prax, que Fran-

---

[1] Champlain écrit *Robert-Val*.

çois I appelait souvent le petit roi de Vimeux,[1] à cause de la grande popularité dont il jouissait dans sa province, avait fait des instances à la cour pour obtenir la permission de se rendre au Canada, afin de continuer les explorations si brillamment inaugurées par Verrazano et Cartier. Ses sollicitations furent accueillies avec faveur, et le roi lui adressa le 15 janvier 1540 des lettres-patentes, qui l'instituaient lieutenant général et capitaine de l'entreprise au Canada, Hochelaga, Saguenay et autres pays circonvoisins et maritimes. François I lui accordait la suprématie sur toutes les terres arrosées par le golfe et par le fleuve Saint-Laurent, sur les côtes baignées par l'Atlantique, dans cette partie de l'Amérique du Nord que l'on désignait déjà sous le nom de Norembègue,[2] quoiqu'on n'en connut à peu près rien.

Le but de l'expédition est clairement indiqué : se mettre en rapport avec les sauvages, habiter le pays et y construire des villes, des forts et des églises pour l'établissement de la foi catholique, "afin de mieux parvenir, dit le roi, à notre intention et faire chose agréable à Dieu notre Créateur, Sauveur et Rédempteur et qui soit à la sanctification de notre Mère la sainte Eglise catholique, de laquelle nous sommes dit et nommé le premier fils."

Le Roi accordait aux gentilshommes qui suivraient Roberval, le tiers des profits qui pourraient résulter de

---

[1] Le Vimeux, petit pays de l'ancienne Picardie, vers la côte, entre la Bresle et la Somme, avait pour lieux principaux Saint-Valéry-sur-Somme et Saucourt-en-Vimeux.

[2] Voir Note 1, en appendice.

ce voyage, un autre tiers au lieutenant général, et Sa Majesté se réservait le reste pour elle-même, afin d'en disposer pour des entreprises de même nature.

Le chef de l'expédition était muni d'amples pouvoirs concernant la justice, tels que de faire des lois, d'édicter des statuts et ordonnances, et enfin de punir ou pardonner les méfaits. Si par hasard il tombait malade ou s'il était menacé de mourir, le lieutenant général avait la faculté de se choisir un successeur jouissant d'une autorité égale à la sienne.

Ces lettres patentes établissaient en outre :

1° Pleine jouissance, autorité, charge, commission et commandement de lever partout où bon semblerait à Roberval, des gens de guerre et des artisans, pourvu qu'ils y consentissent, et qu'ils fussent raisonnablement salariés ;

2° L'approvisionnement d'armes, artillerie, poudre, piques, arquebuses, etc ;

3° Le recrutement de tel nombre de navires qu'il croirait nécessaire, libres de droits de péage, subside et impôt ;

4° Avis à tous les lieutenants généraux, gouverneurs, amiraux, vice-amiraux, baillis, sénéchaux, prévôts, maîtres de villes, de donner de l'aide à Roberval, ainsi qu'à ses gens, commis et députés.

Ces lettres furent signées à Fontainebleau, de la

main du cardinal de Tournon, [1] en présence de Bayard, [2] et enregistrées aux archives du Châtelet de Paris par Guillaume Payen et Jehan Tionne, notaires du roi.

Le six février Roberval prêta le serment voulu, en présence de Sanson et du Chancelier, [3] et le lendemain Jehan de Mareau, lieutenant en l'ordonnance, seigneur de Pully, et garde de la prévôté d'Orléans, émit les lettres confirmatives des pouvoirs préalablement confiés à Roberval. Elles sont signées par François Taupitre et Claude d'Orléans, et portent pour suscription ces mots : " Vydimus du pouvoir donné par le Roy au Seigneur de Roberval." [4]

Le vingt-sept du même mois, le roi désignait Paul d'Auxhillon, seigneur de Saint-Nectaire [5] en la sénéchaussée de Carcassone, pour servir de procureur général ou de mandataire au Sieur de la Roque. Le document royal, portant la signature de Montesse et Chenu, accordait à Roberval le droit de choisir un certain nombre de prisonniers et de les faire conduire sous bonne garde aux

---

1 François de Tournon, né en 1489, fut nommé archevêque d'Embrun à 28 ans, et devint successivement archevêque de Bourges, d'Auch et de Lyon. Il fut jusqu'à la mort du roi le ministre dirigeant. C'est ce prélat qui eut la gloire d'introduire les Jésuites en France. Le cardinal de Tournon mourut en 1562.

2 Ne pas confondre avec le Chevalier sans peur et sans reproche.

3 Harrisse, Notes pp. 243-253.

4 *Ibid.*

5 Nous lisons *Sanneterre* dans les pièces originales recueillies par Harrisse. Sanneterre ou Senecterre se disait indifféremment pour Saint-Nectaire qui est le mot propre. Petit village du Puy-de-Dôme, à 25 kilomètres d'Issoire. Ce lieu a donné son nom à une illustre maison qui s'unit en 1522 à celle de la Ferté-Nabert.

prisons de Saint-Malo, en attendant qu'ils prissent passage pour se rendre au Canada. Le roi leur accordait leur grâce, à condition qu'ils feraient le voyage et donneraient des preuves non équivoques de bonne conduite.[1]

Le neuf mars, le Parlement de Rouen autorisait Roberval à retirer de la Conciergerie et des prisons de Normandie les criminels et même les condamnés à mort qui consentiraient à s'embarquer pour le Canada ; les détenus pour crime de lèse-majesté au premier chef, et pour fabrication de fausse monnaie, étaient seuls exceptés.[2]

Comme on le voit, les papiers de Roberval étaient en règle, et il aurait pu partir de bonne heure au printemps de 1540, s'il n'eût eu à régler la grande question d'argent nécessaire pour un armement aussi dispendieux. Bien que le roi lui eût fait donner quarante cinq mille livres par le trésorier de l'épargne,[3] les ressources lui faisaient encore défaut, car il importait que les navires fussent bien approvisionnés et équipés. L'année 1540 se passa ainsi dans des atermoiements qui ne semblèrent pas améliorer la situation. Ce fut dans l'intervalle de ces long préparatifs que Jacques Cartier reçut du roi des lettres patentes qui le nommaient capitaine général et maître pilote de l'escadre.[4] Le but de François I, en confiant cette charge au Découvreur, était sans doute de

---

[1] Harrisse, Notes pp. 254-258.

[2] *Ibid.* pp. 268-271.

[3] Jean Duval.

[4] Le 17 octobre 1540. Voir Appendice, Pièce A. Lescarbot, liv. III, chap. XXX. Ramé, p. 12.

faire hâter Roberval dont les lenteurs déplaisaient à la cour. Quelques jours plus tard, [1] le dauphin Henri de Valois, en sa qualité de duc de Bretagne, fit élargir un certain nombre de criminels que l'on dirigea vers Saint-Malo pour y rejoindre le maître pilote. [2] On constate en effet que le 3 novembre 1540, le roi octroie de nouvelles lettres patentes concernant l'embarquement de condamnés pour crime "hors d'hérésie et lèse majesté divine et humaine," jusqu'au nombre de cinquante, [3] dans les prisons de Saint-Malo, en attendant l'heure du départ pour le Canada. Mais, vu la saison trop avancée, Cartier dut se résigner à attendre le printemps suivant pour réaliser ses espérances. Durant l'hiver, Roberval parcourut la Champagne et la Normandie, afin d'y acheter de l'artillerie, de la poudre et des munitions. Cependant lorsque l'heure ordinaire du départ des vaisseaux vint à sonner, Roberval était encore plongé dans des embarras multiples, allant à droite et à gauche pour se procurer des provisions de bouche et des armes. Prévoyant qu'il ne serait pas prêt de sitôt, François I intima à Cartier de mettre à la voile sous le plus court délai, sans attendre davantage les appoints de son chef. Cartier se mit aussitôt à l'œuvre, et le 23 mai il quittait la rade de Saint-Malo, avec une flottille de trois navires, [4] laissant

1 Le 28 octobre 1540.

2 Ramé, *Documents inédits*, p. 12.

3 E. Gosselin, *Nouvelles glanes historiques Normandes*, p. 4, Rouen, 1873.

4 Le dispositif du jugement de 1544, donne à entendre que si les lettres-patentes portaient que l'expédition serait composée de cinq navires, et s'il y eut effectivement un litige s'appliquant à cinq navires, Cartier n'en employa que trois pour le voyage de 1541. C'étaient

en arrière Roberval occupé au ravitaillement de ses équipages.[1]

Mai et juin se passèrent sans que Roberval put trouver moyen de partir. Le dix juillet, le chancelier Poyet informait le parlement de Rouen que le roi trouvait étrange que Roberval ne fut pas encore parti.[2] Celui-ci achevait cependant ses préparatifs, et le 18 août il écrivait de Honfleur que dans quatre jours il se mettrait en route pour le Canada. Roberval tint parole, et le 22 août[3] il cinglait de Honfleur[4] vers l'Amérique, plutôt dans le but d'y faire une courte exploration que de s'y fixer d'une manière stable. Ce premier voyage semble avoir été entrepris à titre de curiosité, et peut-être aussi pour calmer les alarmes du roi au sujet d'une expédition qu'il avait largement subventionnée de ses propres épar-

---

l'*Emérillon*, appartenant au roi ; l'*Hermine* et un "tier navire," non nommé. Les deux autres navires furent employés, ce semble, avec le troisième, lors du voyage de rapatriement en 1543. Cette interprétation a pour base le fait que le juge n'accorde pour ces deux derniers navires, que "six mois à cent livres le mois." Ramé, *Documents inédits*, p. 29. Cependant, l'espion envoyé par le Conseil des Indes afin de surveiller cet armement, en mars ou avril 1541, rapporte "*que en Sanmalo de Lila se armaban 13 Naves.... tenia Jaques Cartier... a poblar una tierra que se llamaba Canada....... partiria mediado Abril...*" Il y avait en outre pour la même expédition : *en Anaflor y Conaflor quatros Galeones.*" — Buckingham Smith, *Colec. de doc. para la historia de la Florida*, p. 107.

1 Hakluyt, III, p. 232.

2 Gosselin, *Nouvelles glanes, etc.* p. 4.

3 *Ibid.* p. 6. — Bréard, *Documents relatifs à la marine normande*, p. 46.

4 Harrisse, *Jean et S. Cabot*, p. 213. Et non de La Rochelle, comme le dit Hakluyt.

gnes. La traversée fut heureuse, et l'on vint jeter l'ancre dans le havre de Saint-Jean, à Terreneuve, où dix-sept navires de pêcheurs achevaient de s'approvisionner de morues. Roberval continua sa course vers le Cap-Breton, ou l'Acadie. Lescarbot croit qu'il débarqua au Cap-Breton [1], et qu'il s'y fortifia, dans un certain endroit où, dit-il, il restait encore de son temps des vestiges d'édifice. Ce témoignage n'est corroboré par personne, mais il indique assez que Roberval n'alla pas à Charlesbourg-Royal dans ce premier voyage. Tout ce qu'il fit dans les quelques semaines qu'il séjourna dans le golfe, peut se résumer en de courtes expéditions le long des côtes de l'Acadie. Peut-être même se rendit-il jusqu'au Port-Royal. Lescarbot rapporte, qu'un des missionnaires attachés à ce poste, colonisé en 1605, avait organisé une sorte de pèlerinage au sommet d'une montagne située au nord de l'habitation de Poutrincourt. Sur cette montagne, appelée de la Roque, en mémoire peut-être du sieur de Roberval, il y avait un bloc de pierre carré, de la hauteur d'une table, et couvert d'une mousse épaisse. C'est là que l'abbé Fléché conduisait de temps en temps son petit troupeau de catholiques en procession, pour y entendre le saint sacrifice de la messe. [2]

Roberval revint en France vers la fin de l'année 1541, et il y passa l'hiver, car le 1er mars 1542 [3] il comparut devant le parlement de Rouen, afin de réclamer

---

[1] Lescarbot, liv. III, ch. XXX.

[2] Sur la carte de Port-Royal dressée par Marc Lescarbot, l'on voit figurer cette montagne avec les mots : *Mont de la Roque*, rappelant peut-être le souvenir du petit roi de Vimeux.

[3] Harrisse, *Bibliographie*, note 1, p. 5.

certains criminels qui devaient faire partie de son expédition.¹ Le 25 décembre 1541, Roberval était présent à Laudeneur ², prenant ses mesures pour ne laisser échapper personne de son équipage. Quelque temps après le roi faisait adresser à Paul d'Auxhillon une lettre par laquelle il lui donnait autorité pour ravitailler deux navires, afin d'aider Roberval " de vivres et autres choses dont il a très grand besoing et nécessité ainsi quavons entendu es terres du Canada, qu'il est allé despieça découvrir."³ Cette lettre du 26 janvier 1542, est de nature à laisser croire que Roberval était encore au Canada à cette date, et que Paul d'Auxhillon avait aussi fait le voyage en même temps que le chef de l'expédition. Le roi ordonnait de mettre à la disposition du lieutenant de Roberval deux navires bien équipés, afin de porter des secours à la colonie de Charlesbourg-Royal, qui en demandait. Macé Jalobert et Etienne Noël en étaient revenus l'automne précédent, avec des lettres de Cartier informant le roi de tout ce qui s'était passé au Canada depuis son arrivée, et de son établissement définitif à l'entrée de la rivière du Cap-Rouge. Les deux commissionnaires ne retournèrent pas au Canada au printemps de 1542, et après avoir remis entre les mains de François I les lettres dont ils étaient porteurs, ils revinrent à Saint-Malo. Pendant ce temps Roberval avait complété ses préparatifs de départ, et le 6 avril, il prenait pour une deuxième fois la route des terres neuves. Ses trois navires cinglèrent de La Rochelle, au moment même

---

1 Harrisse, *Bibliographie*, note 1, p. 5.
2 Harrisse, *Notes*, p. 274.
3 Harrisse, *ibid.*, p. 272-3. Voir Appendice, Pièce B.

où une violente tempête allait les forcer à longer les côtes pour relâcher enfin au havre de Belle-Ile. La traversée de l'Atlantique fut orageuse ; cependant ils arrivèrent le 8 juin dans la rade de Saint-Jean, sans avoir éprouvé d'accident. L'équipage était composé de deux cents personnes, parmi lesquelles il se trouvait beaucoup de gens du commun, des repris de justice ; mais l'histoire nous a conservé les noms de plusieurs gentilshommes et personnages de qualité, entre autres : Paul d'Auxhillon, lieutenant de Roberval, L'Espinay, son enseigne, le capitaine Guinecourt, le pilote Jehan Alfonce, Royèze, Noire-Fontaine, Dieu-Lamont, Frotté, La Brosse, François de la Mire, La Salle, de Villeneuve, Talbot et Levasseur.

Ce fut pendant le séjour de Roberval à Terreneuve que Cartier y arriva un jour avec ses vaisseaux. Lassé d'attendre le chef d'une expédition aussi mal organisée, il avait abandonné son habitation du Cap-Rouge, avec l'intention bien arrêtée de n'y plus revenir. Dans l'entrevue qu'ils eurent ensemble, le Découvreur raconta que les sauvages avaient fait preuve de malveillance à son égard, et que leur conduite louche l'avait engagé à partir pour la France ; ce n'était pas sans regret cependant, car le pays était fertile et contenait des *mines d'or* et des *diamants*. Plusieurs spécimens de ce métal firent ouvrir les yeux à Roberval qui, après en avoir fait l'essai, le trouva de bon aloi. Quant aux diamants, ils étaient, au témoignage de Cartier, " les plus beaux, polis, et aussi merveilleusement taillés qu'il soit possible à homme de voir, et lorsque le soleil jette ses rayons sur iceux, ils luisent comme si c'étaient des étincelles de feu." [1]

1 Troisième voyage traduit d'Hakluyt, Ed. canad. p. 75.

Si on en croit Hakluyt, Roberval commanda à Cartier de retourner sur ses pas. Mais, ajoute l'historien du *Voyage de Roberval*, " Cartier et ses gens remplis d'ambition, et parce qu'ils voulaient avoir toute la gloire d'avoir fait la découverte de tous ces objets, se sauvèrent secrètement de nous la nuit suivante, et sans prendre aucun congé, partirent incontinent pour se rendre en Bretagne." [1]

Cartier ne donna jamais de preuves d'une telle ambition. S'il quitta précipitamment Roberval, ce fut pour des motifs d'ordre plus élevé. Bien lui en prit, car il s'épargna beaucoup de déboires. Mais, dira-t-on, Cartier eût mieux fait de sacrifier ses préférences et de rebrousser chemin, afin de secourir son chef dénué d'expérience dans ces sortes d'entreprise. N'eût-il pas agi avec plus de sagesse en l'aidant à se fortifier dans le poste qu'il avait jugé le plus propice à un établissement stable ? Il n'y a pas de doute que Cartier aurait pu être utile aux nouveaux colons, en leur prêtant main-forte. Effectivement eût-il adouci par son langage modéré et son attitude énergique, tout ce qu'il y avait d'excessif dans le caractère du chef. Mais la présence de cette clique de gens de bas étage dont Roberval avait empli ses vaisseaux, contribua à le décourager, plus peut-être que la peur des aborigènes. Que pouvait-il en effet attendre de ces repris de justice dont il avait eu un bon contingent dans sa recrue de 1541 ? Coloniser un pays avec des éléments d'immoralité ou de perversité, c'eût été une immense faute, et Cartier avait une âme noble et des

---

[1] Voyage du Sieur de Roberval, Ed. canad. p. 92.

sentiments religieux qui lui défendaient de concourir délibérément dans une entreprise marquée du sceau fatal dès son origine. Aussi fit-il bien, à tout considérer, de laisser Roberval poursuivre seul sa route, quitte à revenir lui porter secours, si le roi exigeait de lui ce sacrifice. Il y retourna en effet, mais ce fut pour ramener en France le commandant d'une expédition que l'on reconnaissait, mais un peu tard, comme inutile.

Roberval passa le reste du mois de juin à Terreneuve, pour s'y approvisionner d'eau douce, et y régler un différend survenu entre des pêcheurs portugais et français. Il en partit le trente, et longeant les côtes orientales, il se sépara, vers le détroit de Belle-Ile, de son pilote Jehan Alfonce qu'il envoyait au Labrador, afin de chercher le fameux passage aux Indes Orientales.

CHAPITRE III

ROBERVAL A FRANÇOIS-ROI

Roberval remonte le Saint-Laurent jusqu'au Cap-Rouge.—Il s'y fortifie.—Son hivernage.—Mutinerie.—Maladie.—Son voyage au Saguenay.—Royèze.—Cartier ramène Roberval en France.—Règlement de comptes avec Cartier.—Roberval revint-il au Canada.—Vivait encore en 1557.

Pendant que Jehan Alfonce allait à la découverte d'une route nouvelle afin de se rendre au Cathay et à l'île de Zipangu, Roberval remontait le Saint-Laurent, pour ne s'arrêter que vis-à-vis de l'embouchure de la rivière du Cap-Rouge, où il aperçut les habitations abandonnées par Cartier. On était au milieu de juillet. L'équipage descendit à terre dans des barques, et l'on se hâta de transporter les approvisionnements et les munitions dans les masures érigées à la hâte par les compagnons de

Cartier l'automne précédent. Roberval choisit le même endroit pour s'y fortifier et y faire l'installation de tout son monde.[1] Le premier fort qu'il fit construire était situé au sommet de la falaise dominant la rivière du côté nord-est, sur l'extrémité du cap, d'où l'on aperçoit le Saint-Laurent et la petite rivière qui s'y décharge. Ce fort se composait de deux corps de logis, flanqués chacun d'une tour, dont l'une renfermait une salle, une cuisine, des chambres d'office et des celliers. A proximité de cette habitation, on éleva un four et des moulins ; on creusa un puits devant le bâtiment qui faisait face au grand fleuve. Voulant rendre sa position inattaquable, Roberval fit ériger un second logis, au pied de la montagne ; il se composait de deux corps auxquels attenait une tour à double étage. C'est dans ce lieu que furent déposées les provisions. Les ouvriers et les artisans eurent des chambres spécialement aménagées pour eux dans les deux bâtiments, et sur la pointe du cap, et dans la gorge profonde.

Lorsque l'installation fut à peu près complète, après un mois et demi de travaux assidus, Roberval réunit ses

[1] M. Faribault, annotateur des Voyages de Cartier et de Roberval, écrivait en 1843 : " Le fort et les divers édifices érigés par M. de Roberval, sont vraisemblablement la continuation des ouvrages commencés par Cartier.... Le sommet de la pointe du cap qui forme un des côtés de l'entrée de la rivière du Cap-Rouge, est évidemment le lieu qui fut choisi par Cartier et Roberval pour y élever ces diverses fortifications ; car la pointe de ce cap commande également et éminemment la rivière du Cap-Rouge, ainsi que le fleuve Saint-Laurent. Sur cette même pointe, on voit aujourd'hui la belle résidence de William Atkinson, placée dans une situation tout à fait pittoresque." Cette résidence appelée aujourd'hui *Redclyffe*, appartient au colonel Bell Forsyth.

principaux officiers et délibéra avec eux sur les précautions à prendre afin de passer l'hiver sans s'exposer à mourir de faim. La mi-septembre était sonnée ; les gelées nocturnes annonçaient les approches de l'hiver. Serait-il possible de vivre pendant six mois avec un aussi faible approvisionnement ? Nourrir deux cents personnes devenait un problème assez difficile à résoudre, sans autre ressource que du poisson salé, quelques barils de farine et de fèves, dans un pays inconnu, à côté d'une population mal disposée, peut-être même ennemie. L'on ne pouvait compter sur des secours de France avant le retour du printemps, et encore ces secours viendraient-ils jamais !

O folie et imprévoyance ! Pourquoi Roberval ne repassait-il pas dans son pays avec sa troupe de malheureux que la disette et la maladie devaient rendre plus misérables ? Pourquoi lutter contre des difficultés que des hommes forts, robustes et bien trempés auraient pu vaincre, tandis qu'il ne pouvait s'appuyer que sur des gens que la société avait rejetés de son sein, ou sur des marins recueillis çà et là dans les différents ports de mer, gens impropres à former un noyau de saine colonisation.

Après avoir fait un minutieux examen des provisions, on comprit qu'il fallait mettre tout ce monde à la ration, si l'on voulait ne pas périr de faim. Roberval divisa ses compagnons par groupes, chacun devant recevoir pour pitance, deux pains d'une livre et une demi livre de beurre ; le soir, du bœuf en petite quantité et une couple de poignées de fèves. Les mercredis, vendredis et samedis, on ferait une distribution de morue sèche ou verte au dîner, du marsouin et des fèves au souper.

L'hiver se passa ainsi au milieu d'abstinences forcées. Cependant la disette ne fut pas extrême. Les sauvages, attirés par des présents de peu de valeur, leur apportaient des aloses salées. La maladie fit plus de ravages que la faim. Vers la fin de l'hiver le scorbut enleva cinquante personnes. Après la maladie, éclatèrent des désordres de tout genre : le vol, la révolte et d'autres offenses que Roberval punit avec la plus grande sévérité. Un des mécréants, Michel Gaillon, fut pendu pour avoir volé. Jean de Nantes fut mis aux fers et enfermé dans un cachot ; d'autres eurent à subir le supplice du fouet. Enfin ce fut un véritable enfer que cette vie à François-Roi, nom que Roberval avait substitué au Charlesbourg-Royal de Cartier.[1] Roberval réussit à établir l'ordre au milieu de cette troupe indisciplinée, mais ce fut en usant de la justice la plus inexorable. Les sauvages semblent avoir été paisibles durant ce long hivernage ; ils appartenaient sans doute aux mêmes peuples qu'avait connus Cartier en 1586. Sans être meilleurs qu'auparavant, ils comprenaient que leurs attaques seraient facilement repoussées. Aussi se tinrent-ils tranquilles, au grand contentement de Roberval, qui avait assez d'autres ennemis sur les bras.

Le printemps arrivé, le chef se mit en devoir de pous-

---

[1] Nous lisons *France-Prime* dans Hakluyt, et *France-Roi* dans le *Routier* de Jehan Alfonce. Mais ces deux noms sont également insignifiants. Roberval l'appelle *François-Roi* dans ses Lettres de grâce au Sieur de Saint-Nectaire en date du 9 septembre 1542.—Harrisse, *Notes* p. 276.

ser une exploration dans la rivière Saguenay. Il se proposait bien d'en remonter le cours aussi loin que possible, afin de découvrir les célèbres mines d'or qu'il avait entendu vanter par Cartier. Ce pays avait une réputation évidemment fausse sous le rapport de sa richesse en métaux précieux. Cartier en avait entendu parler par les sauvages d'Hochelaga et de Stadaconé. Les rapports, identiquement les mêmes de ces deux nations, avaient fini par le convaincre que le Saguenay était un autre Golconde. Il eût été désireux de s'y rendre lui-même, mais il n'y alla jamais, soit qu'il n'en eut pas le temps, soit qu'il crut le voyage trop pénible. La mine d'or dont Roberval avait fait l'épreuve ne provenait pas du Saguenay, mais de la rivière du Cap-Rouge. Quant aux diamants étincelants, on devine aisément ce qu'ils étaient : de beaux fragments de cristal de roche, que l'on pouvait amasser en quantité sur le versant septentrional des côteaux baignés par le grand fleuve.

Donnacona, Taignoagny, Domagaya et les autres sauvages, qui avaient vécu en France pendant plusieurs années, ne perdirent pas l'occasion de faire les plus brillantes descriptions du Saguenay. Cartier, relatant ses voyages, avait, sur une carte marine dont Jacques Noël, son parent, nous fait connaître l'existence dans une lettre datée de l'année 1587, marqué ces mots lisiblement écrits : *C'est ici où est la terre du Saguenay, laquelle est riche et abonde en pierres précieuses.*

Ce lieu, au témoignage de Noël, qui visita le Canada longtemps après sa découverte, était " au-dessus de celui où la rivière se partage en deux, au milieu des deux branches de la dite rivière, et quelque peu plus proche de la branche qui court vers le nord-ouest."[1] Noël voulait sans doute désigner la rivière des Outaouais et le fleuve Saint-Laurent qui forment une immense vallée ; la rivière des Outaouais est l'une des branches,—celle dont il parle,—qui court vers le nord-ouest. C'est dans ce plateau que le petit-neveu du Découvreur plaçait erronément la terre du Saguenay.

Mieux renseigné en 1543 que Noël en 1587, Roberval connaissait, au moins d'une manière approximative l'endroit où existait ce pays fortuné, et il en donna la preuve en essayant de remonter le cours de la seule rivière qui pouvait l'y conduire. Il quitta François-Roi le 5 juin avec soixante-dix hommes, sur huit barques de différentes dimensions. Mais comme le jour était sur son déclin, il ne donna le signal du départ que le lendemain à six heures du matin. Le fort restait à la garde de trente hommes. Roberval leur avait recommandé de ne pas abandonner leur poste avant qu'il fut de retour de son expédition dont il avait fixé le terme au premier jour de juillet. Afin de ne pas laisser dormir son autorité, il avait donné à Royèze une commission de

---

[1] Voir Appendice, Pièce E, deux lettres de J. Noël à Jean Groote. Elles sont citées par Hakluyt, et nous les trouvons traduites dans l'édition canadienne des *Voyages* de Cartier, p. 99, et dans les *Documents nouveaux* de M. Joüon des Longrais, p. 145. " Il est piquant, ajoute celui-ci, de voir dans cette période d'inertie en matière coloniale qui précède chez nous le règne de Henri IV, ce "monsieur anglais" (Hakluyt) mettre tout en œuvre pour retrouver les Relations perdues de Cartier et recueillir les notions personnelles des marins et trafiquants qui se rendaient encore à ce Canada si négligé. Hakluyt ne devait pas être un géographe cosmopolite, mais un excellent Anglais très soucieux des intérêts de son pays."

lieutenant, avec les mêmes pouvoirs dont il avait été pourvu lui-même.

On ne connaît que peu de détails sur l'expédition de Roberval au Saguenay, si ce n'est qu'il remonta le cours de la rivière, jusqu'à une bonne distance de son embouchure. Quelques-uns ont prétendu qu'il poussa sa course exploratrice jusqu'à l'entrée de la rivière Mistassini, où il aurait laissé des constructions dont certains voyageurs français trouvèrent plus tard des vestiges. Cette prétention est insoutenable, vu que Roberval n'eut pas le temps de se livrer à de tels travaux. Put-il même atteindre le lac Saint-Jean ? C'est possible, car il est difficile de croire, qu'attiré par l'espoir de trouver de l'or et des diamants, il ne tentât un suprême effort. Les difficultés de la navigation entre Chicoutimi et la tête du Saguenay, durent nécessairement interrompre la route par eau. S'il pénétra jusqu'au lac, ce fut par voie de terre et à partir de Chicoutimi où commence une longue série de rapides impossibles à franchir. Il est assez probable que c'est de Tadoussac que Roberval renvoya à son fort de François-Roi, trois barques avec leurs équipages. La première arriva à destination le quatorze juin, huit jours après son départ ; elle portait L'Espinay, La Brosse, Frotté, Longueval et quelques autres. Une seconde apparut cinq jours après. Villeneuve, Talbot et trois autres Français apportaient avec eux un sac de blé et une lettre de Roberval pour Royèze. Le chef demandait de l'attendre jusqu'au 22 juillet. Passé ce temps, on serait libre de partir pour la France. La troisième embarcation ne parvint pas à destination. Sur les huit personnes qui la montaient, on retrace les noms de Noire-Fontaine et d'un nommé Levasseur, de Coutances.[1]

Ici se termine le récit du voyage de Roberval au Canada, tel que rapporté par Hakluyt. Le reste a été perdu. Cette lacune, regrettable à tous égards, nous force à recourir à des conjectures sur la suite de cette expédition infructueuse. Lescarbot supplée cependant dans une certaine mesure aux renseignements qui nous manquent par ailleurs. Il rapporte que "le Roy occupé à de grandes affaires qui pressaient la France pour lors, il n'y eut moyens d'envoyer de nouveaux rafraîchissements de vivres à ceux qui devaient avoir rendu le pays capable de les nourrir ;.... et que le dit de Roberval fut mandé pour servir le Roi par deça ; car je trouve par le compte du dit Cartier, qu'il employa huit mois à l'aller quérir après y avoir demeuré dix-sept mois."[2] Ce passage de l'Hérodote de Port-Royal, indique que Cartier fit un quatrième voyage au Canada, après y avoir séjourné lui-même pendant dix-sept mois, et que, conformément aux désirs du roi, il ramena Roberval en même temps que lui. Les colons qui avaient partagé la mauvaise fortune du lieutenant général, furent tous rapatriés, au nombre d'une centaine.

L'insuccès de cette tentative de colonisation fut un bonheur pour le Canada. C'est l'opinion que partagent tous ceux qui ont écrit notre histoire. L'abbé Ferland, entre autres, s'exprime dans ce sens : " Il ne faut point

[1] Bien que Hakluyt dise *Constances*, nous opinons pour Coutances, chef-lieu d'arrondissement dans le département de la Manche, près de Saint-Lô.

[2] Lescarbot, liv. III, ch. XXXI.

regretter, dit-il, la fâcheuse issue de coloniser un pays au moyen de malheureux, qui auraient légué à leur postérité leurs misères tant physiques que morales." [1] Combien d'insuccès de cette nature l'histoire de ce continent eut à enregistrer avant que les Européens pussent s'y asseoir d'une manière solide et permanente !

Ferland croit que Roberval visita probablement Hochelaga dans l'automne de 1542. Rien dans le texte fourni par Hakluyt, ne confirme l'existence de ce voyage. S'il l'entreprit, ce ne fut que tard à l'automne, et sans en avoir retiré aucun avantage connu.

De retour en France, vers la fin de l'année 1543, [2] Roberval se mit en frais de régler les comptes de son expédition. Les 45,000 livres que le roi avait soutirées de sa caisse personnelle, n'avaient pas suffi à combler toutes les dépenses ; il avait même contracté des emprunts particuliers. Cartier avait produit en cour un compte dont le détail couvrait soixante-dix feuillets d'écriture à la main, et dont le total s'élevait à 39,988 livres 4 sols 6 deniers tournois. Dès le trois avril 1543, le roi avait désigné maître Robert Legoupil, [3] conseiller et lieutenant de l'amirauté [4] à la Table de Marbre de

---

1 Ferland, t. I, p. 45.

2 Nous croyons avoir suffisamment établi dans *Jacques Cartier* (p. 26 à 31) la date du Voyage de huit mois, pour ne pas être obligé d'y revenir.

3 Voir Michelant, p. 21-23. L'ordonnance de François I est datée à Evreux, le 3 avril, 1542.

4 L'amirauté était l'un des trois tribunaux de la *Table de Marbre* et connaissait de toutes les contestations concernant la marine et le commerce maritime pour tout le ressort du Parlement de Paris.

Rouen, pour examiner les comptes présentés par le capitaine malouin après son troisième voyage. Legoupil était autorisé à s'adjoindre un certain nombre de commissaires pour faire un étude plus minutieuse des réclamations de Cartier. Le 21 juin 1544, les commissaires firent l'apurement des comptes, et en vinrent à la conclusion que la Couronne se trouvait redevable à ce dernier de 8,638 livres 4 sols 6 deniers tournois. Cartier reconnaissait avoir dépensé pour tous ses frais, près de 31,350 livres dont il avait reçu 30,000 de Jean Duval, trésorier de l'épargne, et six cents écus soleil (1,350 livres) de Roberval, qui les avait empruntés de François Cronier, bourgeois de Saint-Malo.

Les commissaires—au nombre de huit—qui signèrent le rapport favorable aux prétentions de Cartier, étaient Robert Legoupil, Robert Lelarge, Pierre Caradas, avocat et procureur du roi, Jean Loue, greffier de l'Amiral, Thomas Saldaigne, Alvaro de Latour, François Maillard et Jean Noury. C'est dans le document préparé par leurs soins, que l'on trouve cette allusion au voyage de huit mois que Cartier entreprit en 1543 avec le *tiers navire* dont parle Lescarbot, et qui n'était autre que l'*Emérillon* resté en la propriété du Découvreur. Voici ce passage : "En ce qui est du tiers navire mettrez pour dix-sept mois qu'il a été au dit voyage du dit Cartier, et pour huit mois qu'il a été à retourner quérir le dit Roberval du Canada."[1] Cette phrase détachée d'un long document officiel, prouve trois faits historiques importants : 1° Que Cartier séjourna au Canada pendant dix-

---

[1] Michelant, *Documents sur Jacques Cartier*, Appendice, pp. 28 et 29.

sept mois, lors du troisième voyage qu'il y fit comme capitaine général et maître pilote de l'escadre de Roberval ; 2° Qu'il alla à la recherche de Roberval, à la demande du roi ; 3° Que ce dernier voyage enfin dura huit mois.

La décision des commissaires nommés par l'Amirauté mit fin aux difficultés entre Roberval et Cartier ; ce dernier obtint gain de cause. Jamais cependant il ne toucha les 8,368 livres qu'il réclamait pour son dû. Plus tard ses héritiers essayèrent de faire valoir leurs droits à cette somme d'argent, demandant à titre de compensation que la Couronne leur accordât un privilège spécial pour l'exploitation des richesses du Canada. Ce motif fit certainement pencher la balance en leur faveur, mais, comme nous le verrons plus loin, les Malouins s'interposèrent de toute leur autorité pour empêcher cette infraction à la liberté du commerce, et ils réussirent vite à faire révoquer ce privilège.[1]

Les dernières années de la vie de Jean-François de la Roque, seigneur de Roberval, Nogens et Prax, sont obscures. Il n'appert pas que sa commission de 1540 ait été renouvelée en sa faveur. C'est assez dire qu'il ne fit pas d'autres voyages au Canada, quoiqu'en dise Charlevoix : "Tous conviennent, rapporte l'Historien de la Nouvelle-France, qu'il fit un nouvel embarquement en 1549, avec son frère qui passait pour un des plus braves hommes de la France et que François I avait surnommé

[1] Voir Chapitre IX.

le Gendarme d'Annibal. Ils périrent dans ce voyage avec tous ceux qui les accompagnaient, et on n'a jamais bien su par quel accident ce malheur était arrivé."[1]

Où le Père Charlevoix a-t-il puisé les détails de cette fin sinistre de Roberval et de son frère ? Champlain, Lescarbot, Bergeron ne soufflent pas mot de cet accident. De son côté, André Thevet affirme que le " petit roi de Vimeux " fut assassiné nuitamment près du charnier des Innocents, à Paris. Nous ne croyons pas au voyage de 1549, pour la raison que la France avait complètement détourné ses regards du Canada depuis que François I avait fermé les yeux à la lumière. Cartier vivait retiré dans son manoir de Limoilou, et Roberval, profitant de son influence à la Cour, s'occupait d'industries et d'entreprises publiques. Nous le trouvons en 1548 à la tête d'une exploitation des mines de charbon du royaume.[2] Ce poste devait plus attirer son attention que les mines d'or et les pierres précieuses du Saguenay, qui n'enrichirent jamais personne.

Roberval vivait encore en 1557, année de la mort de Jacques Cartier. Durant les années précédentes, il avait travaillé aux fortifications de Paris.[3]

C'est à dater de 1557, que nous perdons la trace du sieur de la Roque, pour ne la plus retrouver.

---

1 Charlevoix, I, p. 22.

2 A. Challamel, *Mémoires du peuple français*, VI, p. 140.

3 Il existe un document intitulé : " Ordre donné par les officiers de la ville de Paris à Roberval comme compensation de ses travaux aux fortifications de cette ville " signé par Perot, Boursier, Patin, De Coursay et Messier. Au verso se lit le reçu de Roberval signé " La Roque." Ce document porte la date de 1557.

CHAPITRE IV

ROBERVAL EN CANADA

Où Roberval vint-il se fixer.—Opinion des historiens.—Bergeron.—Lescarbot.—Le P. LeClercq.—Sir W. Alexander.—Relation de Hakluyt.—Roberval, héros de créations légendaires.—L'île de la Demoiselle.—Marguerite, nièce de Roberval, et Bastienne, la duègne. —Rapports entre Cartier et Roberval.

La plus grande confusion entoure la chronologie des voyages du sieur de Roberval. Ainsi, Bergeron croit que Cartier et Roberval, munis de leurs commissions de 1540, passèrent ensuite aux terres neuves, et se fortifièrent au Cap-Breton. Puis, il ajoute que Roberval y retourna en 1543, avec Jehan Alfonce comme maître pilote.[1] Nous avons vu que Lescarbot dit exactement

---

[1] Bergeron, *Traité de la navigation*, etc., Paris, 1629, p. 104-105.

la même chose, et comme pour donner plus de solidité à son affirmation, il ajoute qu'il restait encore de son temps des vestiges des constructions érigées par les deux chefs de l'expédition.[1] Lescarbot écrivait en 1609.

Le Père Chrestien Leclercq croit qu'ils passèrent l'un et l'autre quelques années au Canada.[2]

Bacqueville de la Potherie dit que Cartier hiverna en 1540 avec Roberval, à six lieues au-dessus de Québec.[3]

Sir William Alexander croit savoir que Roberval passa un hiver au Cap-Breton.[4]

L'opinion de Charlevoix est celle qui nous paraît la plus vraisemblable. Voici ce qu'il écrit : " M. de Roberval partit l'année suivante (1541) avec cinq vaisseaux ayant sous lui Jacques Cartier en qualité de premier pilote.... M. de Roberval bâtit un fort, les uns disent sur le fleuve Saint-Laurent, d'autres dans l'île du Cap-Breton, et y laissa Cartier en qualité de commandant, avec une garnison nombreuse, des provisions suffisantes et un de ses vaisseaux ; après quoi il retourna en France, pour y chercher de plus grands secours.[5]

Ces versions s'accordent toutes sur un point, à savoir : que Roberval se fortifia dans la Nouvelle-France. Quant à l'endroit, il est admis que ce fut à l'embouchure de la rivière du Cap-Rouge; depuis que nous connaissons le

---

[1] Lescarbot, liv. III, p. 401-402.
[2] *Etablissement de la Foi*, t. 1, p. 12.
[3] *Voyages de l'Amérique*, t. 1, p. 140. Ed. de 1729.
[4] *Encouragement aux Colonies*, p. 15.
[5] *Hist. de la Nouvelle-France*, liv. 1.

récit de Hakluyt. Tout incomplet qu'il est, il est difficile de ne pas ajouter foi à certains détails topographiques qui touchent à l'évidence, surtout en ce qui regarde le lieu choisi par Jacques Cartier. D'autres documents parvenus à notre connaissance et qui furent ignorés de Bergeron et des autres, nous permettent aujourd'hui de rétablir la vérité des faits. Au risque de nous répéter, nous prenons la liberté d'exposer comment, à notre idée, les choses se passèrent.

Cartier et Roberval avaient décidé de passer au Canada dès le printemps de 1541. Ce dernier n'étant pas suffisamment préparé à l'époque convenu, son pilote reçut l'ordre de prendre les devants et de choisir le lieu qu'il jugerait le plus propice à un établissement. Trois mois plus tard, Roberval partit à son tour ; mais comme la saison était déjà avancée, il ne jugea pas prudent de remonter le fleuve, et il explora le Cap-Breton et les pays adjacents. C'est ce qui explique la persistance des historiens à vouloir le faire se fortifier au Cap-Breton. Repassé en France où il arriva vers le 25 décembre, il y fit la rencontre de Noël et de Jalobert, que Cartier avait renvoyés pour obtenir des secours et aussi pour s'informer si Roberval irait le rejoindre à Charlesbourg-Royal. L'on s'adressa au roi afin d'obtenir du renfort pour la colonie, et celui-ci en effet chargeait Paul d'Auxhillon, sieur de Saint-Nectaire, de ravitailler deux navires pour le Canada. De son côté, Roberval terminait ses préparatifs de l'année précédente, recrutait ses marins, et au printemps de 1542, il quittait de nouveau la France, mais cette fois avec l'intention de se rendre au poste occupé par Cartier depuis près d'une année. On sait le reste. A Terreneuve il fit la rencontre de Cartier, et poursuivit seul sa route jusqu'à Charlesbourg-Royal. D'où il suit que Roberval fit deux voyages au Canada l'un en 1541 et l'autre en 1542. Cette opinion est assez conforme au témoignage de Bergeron. La plupart des historiens s'accordent aussi sur le nombre de ces voyages, mais ils placent le deuxième en 1549.

La version de Hakluyt ne détruit pas notre manière de voir, car le récit qu'il apporte du second voyage, bien qu'il soit mal agencé, doit faire autorité. Nous n'avons du reste aucun autre document pour nous guider. Cette relation, dont Lescarbot, Champlain et Ramusio ne font aucune mention, probablement parce qu'elle leur était inconnue, est composée de pièces disparates, soudées les unes aux autres, sans beaucoup d'ordre. On s'aperçoit, en la lisant, que le traducteur n'avait sous les yeux que des feuillets épars. Les évènements y sont rapportés sans liaison, comme s'il eut manqué des pages au manuscrit. Ainsi le chapitre III, sur les manières des sauvages, semble avoir été composé après coup, ou extrait d'un autre ouvrage.

Hakluyt, qui a également traduit le troisième voyage de Cartier, fait partir le navigateur malouin de France en 1540. Le savant collectionneur se donne à lui-même un démenti formel, quand, après avoir fixé le voyage de Roberval à l'année 1542, il ajoute : " Durant notre long séjour en cet endroit (rade de Saint-Jean, Terreneuve) Jacques Cartier et sa compagnie venant du Canada où il avait été envoyé l'année d'auparavant," [1] c'est-à-dire en

---

1 Voyage de Roberval, chap. I.

1541, et non pas en 1540. Si, en effet, Roberval rencontra Cartier à Saint-Jean en 1542, et si ce dernier était venu au Canada l'année précédente, il va de soi que ce fut en 1541. Pourquoi alors cette grossière inconséquence ? Voilà ce que l'on peut appeler à bon droit, comme l'a écrit Biddle, une des *absurd perversions* de Hakluyt.

Cartier laisse voir clairement dans le récit de son troisième voyage, qu'il attendait Roberval durant l'été de 1541. Celui-ci n'étant pas encore arrivé à la date du deux septembre, le Découvreur, inquiet sur le sort de son chef, avait expédié deux des principaux officiers de son escadre " pour donner connaissance à François I de ce qui avait été fait et trouvé, et comment Monsieur de Roberval n'était pas encore arrivé, et comme il craignait que pour la cause des vents contraires et tempêtes il avait été contraint de retourner en France." [1] En d'autres endroits Cartier s'exprime de façon à faire croire que Roberval le suivait de près. Ainsi nous lisons : "Après avoir délibéré toutes ces choses....Roberval donna à Cartier pleine autorité de partir et prendre les devants.." [2] Ailleurs : " Ayant été l'espace de trois mois à naviguer sur la mer, nous étant arrêtés à Terreneuve, attendant le Sieur de Roberval." [3]

Ces citations prouvent suffisamment qu'il était entendu entre Roberval et Cartier qu'ils se rencontreraient au Canada en 1541. Cet agrément fut respecté. [4]

1. Troisième voyage, chap. I.
2 *Ibidem.*
3 *Ibidem.*
4 H. Harrisse est d'opinion que Roberval partit le 22 août 1541 et resta au Canada jusqu'en mai 1544. (V. *Jean et Sébastien Cabot*, p. 214.

L'obscurité qui entoure les courses de Roberval dans les eaux du golfe Saint-Laurent, a prêté le flanc à des suppositions plus ou moins risquées ; la chronique légendaire s'est même attachée à son nom. Bien qu'il ne fût pas un homme supérieur, car on ne lui reconnaît aucune de ces qualités qui puissent en faire un héros de légende, certain cosmographe s'est complu à vouloir lui attribuer quelque valeur militaire. Une carte le représente en officier accoutré en guerrier et entouré d'un peloton de soldats, portant les armes et costumes du milieu du seizième siècle. On dirait, à voir leur apparence martiale, des chevaliers partant pour les croisades, le cœur plein de vaillance. Ce dessin est œuvre de pure imagination. Le petit roi de Vimeux jouissait d'une grande popularité en Picardie, il était même très bien en cour, mais il n'appert pas qu'il se soit jamais élevé à la hauteur de Bayard ou de du Guesclin. Comme explorateur, il n'a pas donné une très haute idée de son jugement. Son plan de colonisation fut mal élaboré ; les éléments dont il se servit pour l'exécuter, devaient nécessairement lui être fatals. Et le seul service que Roberval a rendu au Canada, est, croyons-nous, d'avoir rapatrié, du premier au dernier, les félons qui l'y avaient suivi.

André Thevet nous le représente comme un homme cruel. Voici ce qu'il en écrit dans son *Grand Insulaire :* " Si quelqu'un défaillait, soigneusement il le faisait punir. En ung jour, il en fit pendre six, encore qu'ils

215). Mais alors comment expliquer sa présence à Rouen le 1er mars 1542 ? C'est M. Harrisse lui-même qui nous apprend ce dernier détail dans ses *Notes bibliographiques*, p. 5, note 1.

fussent de ses favoris, entre autres un nommé Galloys, puis Jehan de Nantes. Il y en eut d'autres qu'il fit exiler ayant les fers aux pieds pour avoir été trouvés en larcin d'objets qui vaudraient cinq sols Tournois; d'autres furent fustigés par le mesme fait, tant hommes que femmes, pour s'estre simplement battus et injuriés." [1] S'il fallait toujours juger un homme d'après les apparences, Roberval mériterait bien d'être taxé de cruauté. Mais on doit tenir compte de l'espèce de gens avec lesquels il était en contact journalier. Il en fit pendre, fouetter, mettre aux fers, et des hommes et des femmes indistinctement, pour des offenses souvent légères. Ces procédés extrêmement rigoureux lui réussirent sans doute à maintenir la paix. Mais n'aurait-il pu se la procurer par des voies plus douces ? Comment se fait-il que Cartier, qui lui aussi vécut à Charlesbourg-Royal, à côté de criminels, n'eut jamais recours à la corde et au fouet ? Évidemment Roberval entendait la discipline autrement que Cartier. Nous ne pouvons pas toutefois blâmer ses procédés, parce que nous ignorons la nature des offenses qui méritèrent à leurs auteurs des châtiments aussi sévères. Tout de même c'était un maître dur et inflexible. On peut en juger par sa conduite étrange à l'égard d'une nièce, qui, si on en croit la chronique du temps, l'aurait accompagné au Canada. Marguerite, tel était son nom de baptême, ne fut pas précisément un

---

[1] On reconnaît bien Thevet avec sa façon à lui particulière de brosur des les textes. La version de Hakluyt ne parle que d'un seul cas de pendaison : Thevet en donne six, parmi lesquels figure Jehan de Nantes, qui fut seulement mis aux fers. Entre Hakluyt et Thevet, nous n'hésitons pas un instant à faire notre choix.

modèle de moralité durant le voyage. Sa tenue devint tellement suspecte, que Roberval résolut de la punir et de faire en même temps un exemple qui servit aux autres. Quand son escadre vint en vue d'un groupe d'îles situées entre le port de Brest et la baie de Jacques-Cartier, près de la côte nord du golfe Saint-Laurent, il fit déposer sur une de ces îles [1], sa nièce, avec un jeune homme qui lui faisait trop assidûment la cour, et une vieille duègne du nom de Bastienne. Celle-ci et l'amant de Marguerite, ne survécurent pas longtemps aux misères morales et aux privations qu'ils eurent à subir sur cet îlot inhospitalier, fréquenté uniquement par des bêtes sauvages. Ce ne fut qu'au bout de près de deux ans, que la nièce de Roberval fut découverte, et ramenée dans son pays par des pêcheurs français que le hasard avait conduits dans ces parages, généralement peu fréquentés.

Telle est, en substance, la légende attachée à l'île de la demoiselle Marguerite. Elle a servi de thème à une nouvelle,[2] publiée dans un livre,[3] qui vit le jour à Paris en 1559. Cet ouvrage fut écrit par Marguerite de Valois, reine de Navarre.[4]

1 Appelée île à la Demoiselle. Plusieurs cartographes l'ont confondue avec l'île aux Démons, qui est située, d'après Wytfliet, au 58° latitude nord, à quelque distance de la côte orientale du Labrador. L'île à la Demoiselle est placée par les cartographes du XVIe siècle vers le 52° degré.

2 Voir Appendice, Pièce C.

3 En voici le titre : *L'Heptameron des nouvelles de très illustre et très excellente princesse Marguerite de Valois, royne de Navarre, remis en son vray ordre, confus auparavant en sa première impression.* Paris, Vincent Sertenas, 1559.

4 Marguerite de Navarre ou d'Angoulême, sœur de François I, mourut le 21 décembre 1549. La première édition de son ouvrage fut

C'est Thevet, dit Harrisse,[1] qui a popularisé cette histoire, en la racontant tout au long dans sa *Cosmographie* sous le titre de : *Histoire de trois personnes François estans en Terre-neufve.*[2] Thevet déclare la tenir de la nièce de Roberval elle-même, qu'il avait rencontrée dans une petite ville du midi, en Périgord, où, craignant la colère de son oncle, elle avait cherché un refuge, après une affreuse existence de dix-neuf mois sur cette roche déserte.

Dans son *Grand Insulaire*, manuscrit conservé à la bibliothèque nationale de Paris, antérieur à sa *Cosmographie*, Thevet apporte une autre version de cette chronique fantastique. On y trouve le portrait d'une femme chassant les bêtes féroces sur l'Ile aux Démons. Mais, comme la Nouvelle de la reine de Navarre fut écrite plusieurs années avant les ouvrages de Thevet, il est assez naturel de croire, que ce dernier n'a fait que broder sur le texte de l'*Heptameron*, bien que Thevet affirme qu'il vécut sur un certain pied d'intimité avec Roberval, pendant les six mois qu'ils passèrent ensemble à Saint-Malo.

Presque tous les écrivains donnent à entendre que Cartier et Roberval se jalousaient, et que, de ce sentiment bas et mesquin surgit entre eux une espèce de rivalité, qui finit par les brouiller et les conduire, dans le règlement de leurs comptes, à un procès devant les

---

publiée à Paris en 1558 et renferme sous le titre de *Histoire des amans fortunés*, la 67e Nouvelle, qui l'année suivante recevait le titre de : *Extrême amour et austérité de femme en terre étrange.*

[1] Harrisse, *Notes historiques*, p. 278.
[2] A. Thevet, *Cosmographie*, liv. XXIII, ch. VI.

tribunaux. Bancroft, dans son *Histoire des Etats-Unis*,[1] s'exprime en toutes lettres sur ce point et tombe dans l'exagération. Pour établir combien est peu fondée la croyance presque générale au sujet de cette prétendue dissension, il suffit d'exposer les faits sous leur vrai jour, sans chercher à pénétrer le caractère des deux hommes.

Qui pourrait dire que le départ de Cartier, trois mois avant Roberval, originât d'un différend ? Cartier partit le premier, parce qu'il en avait reçu l'ordre du roi, et avec le consentement de Roberval, forcé d'attendre pour affréter sa flottille.

Quant au refus du capitaine malouin de retourner à Charlesbourg-Royal avec le chef de l'expédition, lorsqu'ils se rencontrèrent fortuitement dans le port de Saint-Jean, il s'explique aisément. Nous en avons déjà donné une excellente raison. La relation de Hakluyt dit que Cartier prit la fuite, de crainte de se voir enlever l'honneur de ses découvertes. Le simple bon sens doit nous faire saisir du premier coup-d'œil le ridicule de cette raison. Cartier n'avait aucune nouvelle découverte à rapporter à son roi. Son troisième voyage fut complètement infructueux sous ce rapport. Il retournait dans son pays, parce qu'il comprenait l'inutilité de vouloir coloniser le Canada avec d'aussi faibles ressources. Ne s'était-il pas aussi aperçu que Roberval n'était pas à la hauteur de la situation ?

Le règlement des comptes de Cartier eut lieu sans beaucoup d'éclat. Au printemps de 1543, alors que Roberval était aux prises avec les mutins de François-Roi,

---

[1] Bancroft, *Histoire des Etats-Unis*, Ed. 1883, Vol. I, p. 17.

Cartier s'occupait de préparer ses comptes, puis il les produisait régulièrement en cour. Après le voyage de huit mois, Cartier fit valoir ses réclamations devant l'Amirauté, qui, après mûre délibération, en reconnut la légitimité. Roberval n'eut pas à souffrir dans cette décision, qui ne l'atteignait, ni dans sa bourse ni dans sa réputation. Les finances royales même ne s'en portèrent pas plus mal, car ni Cartier ni ses successeurs ne touchèrent la somme qui leur revenait en toute justice.

CHAPITRE V

JEHAN ALFONCE

CAPITAINE ET PILOTE DU ROI

Pilote de Roberval.—Envoyé aux régions arctiques.—Explore le Saint-Laurent.—Son *Routier*.—Va en guerre contre les Espagnols.—Emprisonné à Poitiers.—Se bat contre Menendez.—Blessé à mort.—Son fils Antoine veut le venger.—*Cosmographie* d'Alfonce.—Ses cartes.

Un personnage qui joua un rôle important dans la navigation française de cette époque, et que nous n'avons fait que mentionner comme pilote dans l'expédition de Roberval, est Jehan Alfonce,[1] marin célèbre. Champlain

---

1 On trouve ce nom orthographié de plusieurs manières : Alfonce, Allefonsce, Allfonsce et Alphonso.

dit qu'il fut " un des plus entendus en fait de navigation." Il était né vers 1483 [1], au petit village de Saintonge [2], près de Cognac [3]. Jehan Alfonce appartint à cette catégorie de pilotes qui illustrèrent la France du XVIe siècle par leur intrépidité et leur audace. Tels furent Jehan Denys, de Normandie, Thomas Aubert, de Dieppe, Prégent de Bidoulx, Hervé de Portsmoguer, Jean de Porcon, Thomas Chefd'hostel. Alfonce nous paraît avoir été le plus remarquable de cette longue série de navigateurs qui sillonnèrent presque toutes les mers du monde connu. Ses vastes connaissances embrassaient à la fois la géographie, la cosmographie et l'art nautique. Son grand ouvrage hydrographique [4] qu'il avait rédigé conjointe-

---

[1] C'est la date donnée par M. B. Sulte, *Hist. des C. F.*

[2] Et non en Portugal ou en Galice, comme dit Charlevoix, I, p. 21. Thevet et Hakluyt affirment qu'il était de Saintonge. Les Portugais l'ont réclamé comme un de leurs compatriotes. Mais c'est à tort, car les textes qu'ils invoquent à cet effet prouvent qu'il était français : " *Joannis Affonsi Francez, qui erat expertus in viagiis ad Bresiliarias nsulas...*"—D'Avezac, *Bulletin de la Soc. de Géographie* ; août et sept. 1857, p. 322.

[3] Cognac, ville de France, dans l'Angoumois, et sur la Charente, fameuse par ses eaux-de-vie. Quelques-uns prennent Cognac pour *Campinacum*, où Gérard, archevêque de Bordeaux, célébra un concile en 1238. François I naquit à Cognac. Du Chesne écrit tantôt *Congnac*, et tantôt *Coignac* ; on n'écrit plus ainsi.

On appelle aussi Cognac la jonction de plusieurs ruisseaux avec la Charente.—*Dictionnaire de Trévoux*, 1771.

[4] Il forme un volume manuscrit de forte dimension, dépourvu de titre, mais se terminant par ces mots qui, dans l'idée de l'auteur, devaient servir d'entête : *Cosmographie avec espere et regime du Soleil et du Nord en nostre langue françoyse, etc.*, etc. Les deux marins composèrent cet ouvrage de longue haleine durant les années 1544 et 1545.

ment avec son ami Raulin Sécalart [1], pilote comme lui, contient le récit de ses voyages en Afrique, en Asie et en Amérique. Tous deux vivaient alors à La Rochelle, dans la rue Saint-Jean-des-Prés, en face de l'église Saint-Jean-du-Prat, dédiée aux marins, où le touriste s'arrête aujourd'hui pour y admirer de nombreux et riches ex-voto.

André Thevet appelle Jehan Alfonce "capitaine et pilote du Roy Françoys premier." Jacques Cartier avait reçu les mêmes titres pour accompagner Roberval au Canada. Nous avons vu que les retards prolongés de celui-ci engagèrent le roi à envoyer Cartier seul. Roberval se trouvait alors sans pilote pour diriger ses vaisseaux. Voilà pourquoi il s'adressa à Jehan Alfonce, que l'expérience acquise dans ses voyages au long cours, recommandait plus spécialement. Le pilote Saintongeois suivit Roberval, jusqu'à Belle-Ile, puis il continua sa route vers les régions boréales, pour aller à la recherche d'un passage aux Indes Orientales. C'était, comme nous l'avons vu, le rêve de l'époque d'arriver à l'Asie par une mer que l'on supposait exister au nord de l'Amérique. Cartier avait cru pouvoir le réaliser par la voie du fleuve Saint-Laurent. Les rapides de Lachine et le saut Saint-Louis, l'empêchèrent de poursuivre sa course jusqu'aux grands lacs, dont il ne soupçonna pas même l'existence.

Aventureux comme tous les marins de ce siècle de

---

[1] Raulin ou Raoulin Sécalart dit Le Taillois, avait épousé Marguerite Boullart. De ce mariage naquirent deux enfants, Jehan et Madeleine. Celle-ci se maria à Louis de la Chandre, capitaine ordinaire pour le Roi en la marine du Ponant, homme d'armes de Mgr de la Meilleraye. M. Bréard dit, que l'on peut suivre la descendance de Sécalart jusqu'aux premières années du XVIIIe siècle.

découvertes, Jehan Alfonce tenta de s'élever aussi loin que possible dans la direction du pôle nord, mais les difficultés de la navigation dans ces mers où la présence d'immenses banquises de glace, aussi hautes que des montagnes, offre un danger permanent, le forcèrent de renoncer à son dessein. Le livre de bord ou routier [1] que notre pilote a laissé à la postérité, semble établir qu'il ne dépassa pas le 52º de latitude nord ; peut-être fit-il plusieurs degrés de plus. M. Pierre Margry, se basant sur un passage de la *Cosmographie* d'Alfonce, se plaît à croire que le pilote de Roberval pénétra dans les froides régions, jusqu'à une latitude inconnue aux recherches de tous les navigateurs qui l'avaient précédé dans le nord de l'Amérique. Voici le passage qui a frappé l'attention du savant auteur des *Navigations françaises* du XIVe au XVIe siècle :

" Toutes fois j'ay esté en ung lieu là où le jour m'a duré trois moys comptez pour la reverberation du soleil et n'ay pas voullu attendre davantage de craincte que la nuict me surprînt."

Si Jehan Alfonce n'eût voyagé que dans les contrées septentrionales du monde, on pourrait croire avec raison

---

[1] On appelle ainsi dans la marine, tout livre contenant des cartes marines, des vues de côtes ou de terres, et des instructions sur les écueils, les routes à suivre, les passages à éviter par les bâtiments, etc. Il y a un routier pour chacune des grandes lignes de navigation. Les principaux ouvrages de ce genre sont le *Routier* de Garcie de Ferrande, le *Grand Routier de Mer* par Hugues de Linschot, hollandais, l'*Hydrographie* du Père G. Fournier, jésuite, les livres de Pierre de Médine, de Manoël Figueiredo, le *Miroir de la Mer*, le *Flambeau de la Mer*, le *Trésor de la Mer*, la *Colonne de la Mer*, etc.

qu'il atteignit en 1542 une latitude où le jour dure trois mois consécutifs. Mais le brave et audacieux pilote avait auparavant dirigé ses nefs dans les mers australes, doublé le cap de Bonne Espérance, côtoyé les plages brésiliennes, visité l'embouchure de l'Amazône et abordé aux terres magellaniques. Le passage dont il est ici question paraît plutôt se rapporter à d'autres pays qu'il avait aperçus durant sa longue carrière de navigation. La manière dont il rapporte l'existence de ces terres ou îles, et le fait qu'il en parle seulement dans sa *Cosmographie* indiquent jusqu'à un certain point que ce fut ailleurs qu'au cercle arctique qu'il prit connaissance du jour de trois mois.

" La grand Jayve, dit-il, est une terre qui va jusques dessoubs le polle antarctique et en occident tient à la terre australe, et du costé d'orient à la terre du destroict de Magaillan. Aulcuns dient, que ce sont isles, et quant est de ce que j'en ay veu, c'est terre ferme, et quant tout est dict, tout le monde est en isles comme la terre et l'eau n'est que ung corps. La mer environne tout pour raison de force de bras de mer qu'il y a en la pomme de la terre.—Celle que l'on appelle Jayve minor est une isle, mais la grand Jayve est terre ferme."

Dans un autre endroit de son manuscrit, Jehan Alfonce revenant à la Jayve, fait la réflexion suivante : " Et n'est pas decouvert au présent plus avant que la Java pour raison des grands froidz qui sont dessoubz le polle antarctique." Ce passage est suivi de cet autre qui nous apprend qu'Alfonce a été dans " ung lieu où le jour lui a duré trois mois." S'il eût dépassé de beaucoup le cinquante-deuxième degré, il nous l'aurait appris, soit dans sa *Cosmographie*, soit surtout dans son routier, que l'on peut considérer comme le rapport de son expédition de 1542. Il le commence en entrant dans le détroit de Belle-Ile pour le terminer à François-Roi. Il parle de tout ce qu'il voit : baies, rivières, îles, montagnes, se limitant toutefois à des données géographiques ou hydrographiques propres à guider les navigateurs. Voici comment il procède :

Belle-Ile est au 51ᵉ degré et ⅔....

...Carpunt est au 52ᵉ degré....

...Le milieu de la Grande Baye est par le 52ᵉ degré et demi, et au côté nord d'icelle il y a un rocher...

...Les isles de Blanc Sablon et les Isles de la Demoiselle sont Nord-Est, Ouest Sur-Ouest, et vous prendrez un peu du Ouest Sud-Ouest, et elles seront distantes l'une de l'autre de trente six lieues....

...Le Fort de France-Roy est par les 47ᵉ degrés et un sixième de degré [1].................

Ce routier n'est, à peu de chose près, qu'une nomenclature aride des lieux que Jehan Alfonce a aperçus de son bord, de leur latitude plus ou moins exacte, de la direction qu'ils occupent, suivant le rhumb des vents, des dangers de la navigation à certains endroits, surtout près du littoral des îles et de la terre ferme. Il mentionne Belle-Ile, Carpont,[2] la Grande-Baie,[3] le havre de

[1] Le *Routier* de Jehan Alfonce, de Xanctoigne, Ed. canad. p. 81-85.

[2] C'est le nom d'une île ainsi appelée par Cartier qu'il place au 51e degré. C'est le mot *Querquepont* défiguré, fort usité dans le vocabulaire des pêcheurs d'autrefois, ainsi que *degrat*, *chafaud*, etc.

[3] La partie la plus orientale du golfe Saint-Laurent.

Butte, Blanc-Sablon, la Baie des Châteaux, ainsi nommée par Jacques Cartier, les îles de la Demoiselle, le cap Tiennot, les monts Notre-Dame, Ognedoc [1], le cap Gaspé, les sept Iles, la pointe d'Ongéar [2], la rivière de Caën [3], l'île de Raquelle [4], le cap de Marbre [5], etc. Il donne le nom d'Ascension à l'île d'Anticosti que Cartier avait appelée de l'Assomption, de baie des Morues [6] à la Malbaie [7], au sud de la baie de Gaspé. Toujours imbu de l'idée qu'il pourrait se rendre en Asie par le nord de l'Amérique, il prend le Saguenay pour un bras de mer : " je crois, dit-il, qu'icelle rivière vient de la mer du Cathay [8]," c'est-à-dire de Chine. Les Européens crurent pendant longtemps que l'Amérique n'était qu'un prolongement de l'Asie. A l'époque de Cartier, c'était la croyance universelle. Dans les lettres patentes qui lui furent accordées par François I, en 1540, il est dit que le Canada et les terres voisines " font un bout de l'Asie du côté du nord [9]." Alfonce ne faisait que partager l'erreur générale.

1 Honguédo.
2 La pointe des Monts, probablement.
3 La rivière Matane.
4 Il est difficile de dire quelle est cette île "distante de la rivière de Caën de douze lieues... très basse proche de la côte du sud, et près d'un cap de marbre... entre elle et le cap il peut y passer Navires." C'est vraisemblablement une des îles du Bic que Jehan Alfonce aura appelée de la Rochelle, devenue Raquelle par une erreur d'écriture.
5 Un des caps du Bic.
6 Dans cette baie, dit Alfonce, le poisson est bien meilleur que celui de Terreneuve.
7 Ce mot semble originer de l'anglais *Molue Bay*, d'où Malbaie, par une contraction vicieuse.
8 Le *Routier*, p. 84.
9 H. Michelant, *Documents sur Jacques Cartier*, p. 13.

Avant de parler de François-Roi, le Routier signale la chute de Montmorency qui "tombe de la hauteur de quinze à vingt brasses, et fait un bruit terrible [1]."

Ici le pilote s'arrête dans ses descriptions nautiques, puis il ajoute que plus on remonte le fleuve vers Hochelaga, plus les terres deviennent meilleures. "Cette terre de Hochelaga, dit-il, tient au Figuier et au Pérou, en laquelle abonde or et argent [2]." Hakluyt donne à ce passage un sens absurde. "Cette terre, dit-il, peut produire des figues et des poires. D'après le rapport des gens du pays, je crois que l'on y pourrait trouver des mines d'or et d'argent [3]."

Hakluyt n'est pas un traducteur très fidèle. Nous le trouvons souvent en faute. Ainsi dans la version du Routier, nous lisons ces mots : *Fort de France-Roi, bâti en août et septembre* 1542. Or, le manuscrit du pilote de Roberval mentionne le fait sans indiquer la date. Hakluyt s'est permis d'y suppléer, en y ajoutant 1542.

Jehan Alfonce se montre enthousiaste du Canada et de la richesse de son sol. "Toute l'étendue de ces terres, écrit-il, peut, avec raison, être appelée la Nouvelle-France, car l'air y est aussi tempéré qu'en France, et elles sont situées dans la même latitude [4]." Pour lui la production agricole dépasse toutes ses espérances :

---

[1] La chute Montmorency a plus que deux fois cette hauteur.

[2] Le *Routier*, p. 86. L'édition canadienne est tombée dans la même erreur que Hakluyt en traduisant ce passage *verbatim*.

[3] *Ibidem*, p. 86.

[4] Le *Routier*, p. 86.

" J'ai compté dans un épi jusqu'à cent-vingt grains de froment, tel qu'est notre froment de France [1]."

La rigueur de notre climat, sous une latitude parallèle à celle de la France, l'étonne, et il essaie d'en expliquer les causes. " La raison pour laquelle il y fait plus froid en hiver, vient de ce que le fleuve d'eau douce est naturellement plus froid que la mer, et aussi parce qu'il est large et profond ; et aussi parce que la terre n'y est pas cultivée, ni remplie de peuples, et qu'elle est toute couverte de forêts, ce qui est la cause du froid.... Et si le pays était cultivé et rempli de peuple, il y ferait aussi chaud qu'à La Rochelle ; et la raison pour laquelle il y neige plus souvent qu'en France est, parce qu'il n'y pleut que rarement ; car la pluie se convertit en neige [2]."

Cette explication est incomplète, et en partie erronée. Le pilote ne connaissait pas l'existence, en hiver, des courants d'air glacé qui nous arrivent par delà les montagnes du nord, de cette vaste mer ou baie d'Hudson qui reste congelée pendant près des deux tiers de l'année. Bien que cultivé et peuplé, le Canada a conservé sa même température depuis trois cent cinquante ans ; il y fait aussi chaud en été qu'à La Rochelle, mais en hiver le froid est aussi intense qu'à Moscou.

Plusieurs écrivains rapportent que Jehan Alfonce, se voyant entouré par les glaces le long des côtes du Labrador, abandonna son projet d'aller plus loin vers le septentrion, et fit voile au sud, laissant à d'autres la tâche, aussi ingrate que périlleuse, de découvrir la route du

---

1 *Ibid.*
2 *Ibidem*, p. 86-87.

Japon. Le Père Chrestien LeClercq nous donne quelques détails sur ce voyage. Comme il est à peu près l'unique historien qui en parle, citons-le : "Le sieur de Roberval entreprit quelques voyages considérables dans le Saguenay et plusieurs autres rivières. Ce fut lui qui envoya Alfonce, pilote très expert, Xaintongeois de nation, vers Labrador, afin de trouver un passage aux Indes Orientales, comme il l'espérait. Mais Alfonce, n'ayant pu réussir dans son dessein à cause des montagnes de glace qui l'empêchèrent de passer plus outre, fut obligé de retourner à M. de Roberval, avec ce seul avantage d'avoir découvert le passage qui est entre l'île de Terreneuve et la grande Terre du Nord, par les 52 degrés [1]."

Ce témoignage du religieux de S. François est évidemment basé sur le récit de Champlain, qui s'exprime ainsi : "L'an 1541, le sieur de Roberval ayant renouvelé cette sainte entreprise, envoya Alphonse Saintongeois (homme des plus entendus au fait de la navigation qui fut en France de son temps) qui voulut par ses découvertes voir et rencontrer plus au nord un passage vers Labrador. Il fit équiper deux bons vaisseaux de ce qui lui était nécessaire pour cette découverte, et partit au dit an 1541. Et après avoir navigué le long des côtes du nord, et terres de Labrador, pour trouver un passage qui put faciliter le commerce avec les Orientaux, par un chemin plus court que celui que l'on fait par le Cap de bonne espérance, et détroit de Magellan ; les obstacles

---

[1] *Premier Etablissement de la Foi*, etc., Paris, 1691, I, 12-13. Le Père LeClercq est dans l'erreur, quand il dit que Jehan Alfonce découvrit le passage entre Terreneuve et la terre du nord. Il ne fit qu'explorer ce détroit que Cartier avait connu plusieurs années auparavant.

fortunés, et le risque qu'il courut à cause des glaces, le fit retourner sur ses brisées, et n'eut pas plus de quoi se glorifier que Cartier [1]."

Notons en passant que Champlain fixe la date du voyage de Jehan Alfonce à l'année 1541, contrairement à Hakluyt.

Au retour de son expédition infructueuse, le pilote de Roberval, alors âgé d'environ soixante ans, prit un repos qu'il avait bien mérité, après quarante ans de labeurs. Cependant sa carrière aventureuse et mouvementée n'avait pas pris fin. Nous le voyons bientôt, à l'instar de plusieurs de ses contemporains, se livrer à des combats sur mer contre les Espagnols, qui faisaient de la piraterie le long des côtes atlantiques. Ce fut à la suite d'une prise de navires appartenant à ces écumeurs de mer, qu'il fut enfermé dans le château de Poitiers, " par exprès commandement du Roy." Thevet rapporte ainsi l'emprisonnement de son ami : " Depuis cet aage (1528) les barbares et chrestiens (de Porto-Rico) ont souffert beaucoup de maux de l'incursion des Coursaires qui ont souventes fois mouillé l'ancre, bruslé et saccagé les habitans de l'isle. Jehan Alfonce,.... s'il estoit en vie, il sçauroit bien qu'en dire, suivant le récit qu'il m'en a faict jadis, estant detenu prisonnier par exprès commandement du Roy dans les prisons de la ville de Poitiers."

Notre brave pilote fut bientôt élargi, mais non guéri de son amour des batailles. Aussi se hâta-t-il de reprendre la mer où il était la terreur des Espagnols par

---

1 Champlain, *Les Voyages de la Nouvelle-France*, édition 1632, p. 36.

ses coups d'audace[1]. Un jour il s'empara, près du cap Saint-Vincent, de dix ou douze navires biscaïens, chargés de fer et de marchandises de prix. Pedro Menendez[2] marin espagnol fort redouté, reçut l'ordre d'aller à la recherche du pilote français et de lui livrer combat. Ayant équipé une flotte dans ce but, il se dirigea vers les côtes de la Bretagne, où il réussit à reprendre cinq des vaisseaux capturés, après une lutte terrible, durant laquelle Alfonce reçut une grave blessure. Menendez vint ensuite jeter l'ancre à l'entrée du port de La Rochelle pour y mettre ses vaisseaux en sûreté. Mais il n'eut pas à se féliciter de son choix, car le vent et la marée l'empêchèrent de gagner le large, quand il se résolut à filer vers l'Espagne. Le maître du port alla le sommer de se rendre à terre pour expliquer sa conduite. Menendez le suivit à contrecœur. Pour se donner une contenance, il exhiba sa commission, et essaya de faire agréer les motifs justes qui l'avaient induit à tourner ses armes contre le pilote français, nonobstant le traité de paix conclu entre les deux puissances rivales. L'officier rochelais ne se laissa pas convaincre par ces explications peu satisfaisantes, et il ne voulut pas consentir à le relâcher. Les autorités de la ville firent main basse sur tout le butin renfermé dans les navires en rade, le mirent en lieu sûr, afin qu'une fois l'affaire réglée, il pût être remis à qui de droit. Menendez con-

1 Le fait d'armes qui suit, est rapporté par Barcia dans son ouvrage intitulé : *Ensayo cronologico para la Historia General de la Florida*, par don Gabriel de Cardenas y Cano. Madrid, 1723, fol. 58.

2 Le P. Charlevoix dit que Don Pedro Menendez de Avilez était Chevalier de Saint-Jacques et Commandeur de Santa Cruz de la Carça.

sentit à signer deux documents identiques narrant les faits qui venaient de se passer. L'un, fut adressé à Charles-Quint, qui était alors dans les Flandres, et l'autre, demeura en la possession du maître du havre.

Pendant ce temps, Jehan Alfonce succombait aux suites de sa blessure. Son fils Antoine conçut une telle indignation de cette mort, dont il rejetait toute la responsabilité sur Pedro Menendez, qu'il s'engagea aussitôt dans la piraterie, et envoya une lettre de menaces à cet adversaire dangereux, l'avertissant en même temps qu'il prendrait la mer dans deux mois, et qu'il le poursuivrait jusqu'au bout du monde pour venger l'auteur de ses jours. En effet Antoine Alfonce fit voile, au temps dit, vers les Indes Orientales où il savait que son ennemi était déjà rendu. Après l'avoir cherché vainement le long des côtes d'Afrique, et désespérant de l'atteindre, il rebroussa chemin, avec l'idée qu'il le rejoindrait tôt ou tard. L'occasion ne tarda pas longtemps à s'offrir.

Antoine Alfonce aperçut un jour les vaisseaux de Menendez et courut à eux pour s'en emparer. Un combat s'ensuivit, qui ne fut pas de longue durée. Alfonce fut tué par un boulet, et sa flottille devint la proie du navigateur espagnol, resté maître du champ de bataille.

Telle fut la fin glorieuse de Jehan Alfonce et de son fils.

Plusieurs historiographes ont cru que le pilote saintongeois était d'extraction portugaise. Cette erreur s'explique par le fait qu'il avait été au service du Portugal pendant plusieurs années. C'est d'eux qu'il apprit le chemin du Brésil. Barcia le mentionne sous le nom d'*Alonzo Gallego o Portugues*.

La carrière de Jehan Alfonce se termina vers 1557 [1], la même année qui vit mourir Jacques Cartier. Il pouvait être âgé d'environ soixante-quinze ans, dont il avait passé cinquante en navigations sur presque tous les océans de l'univers. Aucun marin de son temps ne le surpassa en bravoure, même en témérité. Comme tous les corsaires du XVIe siècle, il rendit de grands services à son pays, en courant sus aux vaisseaux suspects de piraterie. Aussi sa mémoire fut-elle exaltée jusqu'au lyrisme par des poètes, dont les plus célèbres comptaient au nombre de ses intimes amis. Mellin de Saint-Gelais [2] et Jean de Marnef contribuèrent par des morceaux en vers, où l'imagination l'emporte souvent sur la vérité historique, à lui faire une réputation extraordinaire comme pilote et comme cosmographe. C'est dans ces poésies que l'on a pu tirer les traits les plus saillants de cette vie orageuse.

Rabelais [3] semble avoir entretenu des relations assez

[1] Harrisse croit qu'il faut placer la mort d'Alfonce entre les années 1546 et 1551.

[2] Né à Angoulême en 1491, mort en 1558, fut pourvu par François I de l'abbaye de Reclus, devint ensuite aumônier du dauphin et bibliothécaire du roi à Fontainebleau. Poète et musicien, Saint-Gelais fut l'âme des fêtes qui se donnaient à la cour, et vécut dans l'intimité de Clément Marot. On a de lui des contes pleins de grâce et de naïveté, des épigrammes, des sonnets, des madrigaux et des poésies latines. On l'a surnommé, sans motif suffisant, l'Ovide français. Ses œuvres ont été réunies à Lyon en 1574 et à Paris en 1719.

[3] Né en 1483 à Chinon, mort en 1553, Rabelais se fit moine, puis prêtre; mais, s'accommodant peu de la vie claustrale, il jeta le froc, et

étroites avec Alfonce. L'auteur de *Gargantua et Pantagruel*, vivait à Fontenay-le-Comte, qui n'est pas très éloigné de La Rochelle, où Alfonce se retirait ordinairement. Rabelais ne connut-il pas Cartier, qui pourtant n'eut d'autres résidences que Saint-Malo et son manoir de Limoïlou ? On croit qu'il fit un voyage à S. Malo, afin d'apprendre du navigateur malouin les termes de marine et de pilotage, pour en chamarrer ses bouffanesques Lucianismes et impies Epicuréismes [1]. L'école de Rabelais avait ses coryphées dans plusieurs endroits de la France. Saint-Malo n'avait pas échappé à l'influence délétère du courant rabelaisien. Les amusements bouffons et grotesques étaient devenus la passion du jour, les théâtres licencieux et les plaisirs de la table étaient passés dans les mœurs. Bacchus avait de nombreux adorateurs. A l'occasion des cérémonies du baptême, les familles se réunissaient pour festoyer à qui mieux-mieux. Les registres de Saint-Malo ont conservé un acte de baptême très original, qui se termine par une remarque propre à démontrer comme, en ce temps-là, on poussait la plaisanterie jusque dans les choses les plus sérieuses. Ce document signé par Messire L. Ruffier, date du 15 octobre 1552. Nous y lisons ces mots : " Faict en presance du capitaine Jacques Cartier et aultres bons biberons." Cette observation, fût-elle vraie n'en est pas moins déplacée.

---

se fit recevoir docteur. Son ouvrage par excellence est la fameuse histoire de *Gargantua et Pantagruel*, roman composé de cinq livres, qui parurent séparément depuis 1533 jusqu'en 1553 ; le dernier ne fut publié qu'après sa mort. On a aussi de Rabelais un recueil de *Lettres*.

1 *Antiquité d'Alet*, 1628, p. 50.

Si l'on veut avoir une peinture des mœurs du temps, on n'a qu'à lire la littérature des poètes et des écrivains du milieu du XVIe siècle qui se sont rendus tristement célèbres par leurs écrits immoraux. Le *Gargantua*, au témoignage de la Bruyère, " est un monstrueux assemblage d'une morale fine et ingénieuse, et d'une sale corruption : où il est mauvais, il passe bien loin au-delà du pire, c'est le charme de la canaille ; où il est bon, il va jusques à l'exquis et à l'excellent, il peut être le mets le plus délicat." Rabelais paraît avoir voulu immortaliser dans ce livre plusieurs de ses amis qu'il met en scène sous des noms d'emprunt. Il suffit d'en détacher quelques passages pour s'en convaincre. Ainsi y lisons-nous : " Leurs buvettes souvent réitérées, chacun se retira en son nauf (nef) et en bonne heure firent voile au vent grec levant, selon lequel le pilote principal, nommé Jamet Brayer, avoit désigné la route et dressé la calamite de toutes les boussoles. Car l'avis sien et de Xenomanès aussy fut, vu que l'oracle de la Dive Bacbuc étoit près le Catay en Indie supérieure, ne prendre la route ordinaire des Portugalois, lesquels passent la ceinture ardente [1]." (l'équateur).

Que sont Jamet Brayer et Xenomanès ? M. Pierre Margry croit que sous ces noms imaginaires, Rabelais a voulu dissimuler Jamet ou Jacques Cartier et le Xaintongeois Alfonce. Panurge appelle ce dernier son singulier ami ; or, Panurge, qui paraît être Rabelais en personne, pouvait fort bien avoir connu d'une manière particulière le pilote de Roberval, et, comme nous l'avons

---

1 *Pantagruel*, liv. IV, ch. 1.

déjà insinué, Cartier lui-même. Ce rapprochement, tout conjectural qu'il est, ne manque pas d'une certaine vraisemblance.

Jehan Alfonce eut un autre ami, dans la personne de Raulin Sécalart, son ancien compagnon de pilotage. Nous avons vu qu'ils avaient rédigé de concert la *Cosmographie,* restée en manuscrit. Ce travail commun fut commencé en 1544, et terminé le 24 novembre 1545.

Nous trouvons vers la fin de ce livre précieux des cartes des côtes atlantiques [1]. Elles nous montrent l'entrée du golfe sous le nom d'" Entrée des Bretons." L'île du Cap-Breton est clairement désignée sous son nom propre. Ainsi de l'île du Prince-Edouard qu'il appelle "Isle de Saint-Jean," nom que les Acadiens lui reconnaissent encore. Le texte de la *Cosmographie,* s'appliquant à ces divers endroits, est assez conforme à la vérité géographique. Le passage suivant, relatif à l'île du Prince-Edouard, est remarquable d'exactitude et même de précision, quand on considère qu'à cette époque on était encore sous l'impression que le cap des Bretons était terre ferme :

" Continuant environ vingt lieues ouest nord-ouest le long de la côte, vous trouvez une île, appelée Saint-Jean, au milieu de cette région, et plus rapprochée de la terre de Breton que de la terre neuve. Cette entrée des Bretons est vingt lieues de large, et au 47° 30' nord. De l'île Saint-Jean à l'île de l'Ascension (Assomption) dans la mer du Canada, il y a quarante lieues de traversée, nord-ouest par ouest. Saint-Jean et Bryon et l'île aux Oiseaux sont au 47° nord."

1 Feuillets 184, 186 et 187.

Un peu plus loin nous lisons : "Au sud-est de Cap Ratz (Race) sont deux îles perdues, qui sont appelées îles Saint-Jean et d'Estevan,—perdues parce qu'elles sont de sable."

Jehan Alfonce mentionne encore l'île de Saint-Brandan et une autre appelée l'île des Sept-Villes. Il y a plusieurs personnes qui l'ont vue, ajoute-t-il, comme moi et je puis le certifier ; mais je ne sais pas ce qu'il y a dans son intérieur, car je n'y suis point débarqué.— Elle est au 28° 30' de latitude nord.

On se demande, après avoir lu ces passages de la *Cosmographie*, si Jehan Alfonce n'a pas été le premier Européen qui ait appelé l'île Saint-Jean d'un nom qui aurait dû lui rester. Cartier avait exploré en 1534 une partie des côtes nord et ouest de cette île, mais on ne constate, dans aucun endroit de sa relation, qu'il lui ait donné une appellation particulière. Il ne vit pas d'abord que c'était une île, mais il s'aperçut plus tard de son erreur. Alfonce est beaucoup plus explicite : non-seulement il baptise l'île Saint-Jean, mais il la pose sur la carte du golfe, précisément à l'endroit qu'elle occupe.

On pourrait objecter que le pilote saintongeois avait pu prendre connaissance de la carte de Cabot publiée en 1544, sur laquelle on aperçoit, à peu de distance de Terreneuve, une île nommée *Yâ de S: Juan*. D'abord il est assez peu probable qu'Alfonce ait vu cette carte durant les années 1544 et 1545, alors qu'il travaillait à son grand ouvrage, à moins de s'être mis en communication avec Cabot lui-même. Or, celui-ci était en Espagne, après avoir fui l'Angleterre, dégoûté de l'ingratitude de la patrie d'adoption de son père. Du reste il n'est pas prouvé que cette carte soit bien de Cabot. Elle a pu être copiée par des mains étrangères, sur des cartes contemporaines, encore inédites en 1544, ou même sur d'autres plus anciennes, comme celle du Dauphin ou de Henri II, laquelle, d'après D'Avezac et le Dr Kohl, pourrait bien remonter à l'année 1542 ou 1543, ou encore sur celles de Cartier et d'Alfonce lui-même. Comment, en effet, Cabot, qui ne remonta jamais le fleuve Saint-Laurent, aurait-il pu, dès 1544, donner une description aussi exacte du grand fleuve ? Où avait-il appris l'existence du lac d'Angoulême, de la baie des Iles et d'autres lieux découverts et baptisés par le Découvreur du Canada ?

Il paraît donc assez probable que les relations de voyages de Cartier écrites avant 1540, la carte marine du même navigateur et les travaux hydrographiques du pilote de Roberval, ont servi de base à toute la cartographie du XVIe siècle. Les géographes ne connurent rien des terres neuves par eux-mêmes. Qui prétendra que Gastaldi, Ortelius, Wytfliet, Corneille de Jode et les autres dessinateurs de planisphères et de mappemondes, ont entrepris leurs travaux, après avoir visité les lieux qu'ils ont décrits ? Ils se sont tout simplement inspirés les uns des autres, se copiant plus ou moins servilement, commettant les mêmes erreurs topographiques. Cabot n'avait, pour se guider, que les récits de Cartier et de Jehan Alfonce, tandis que les cosmographes italiens, anglais, hollandais et espagnols, purent se modeler sur les travaux de Pierre Desceliers et de Vallard.

La carte de Cabot, quoique assez exacte par rapport à la position géographique de l'île S.-Jean, n'apporte pas la même précision que celle d'Alfonce. Il est assez curieux aussi de trouver dans le planisphère de Cabot, trois îles du même nom de Saint-Jean, dont l'une en plein fleuve Saint-Laurent, en face de la rivière Saguenay et près de la rive sud, et l'autre située au sud des terres neuves dont il fait un immense archipel, y comprenant l'Ile *del berto*. La plus étendue du groupe ne dépasse pas en grandeur l'île de Saint-Jean dont nous avons parlé en premier lieu [1].

Le cosmographe français, d'autre part, ne se perd pas en des données confuses ; il n'y a qu'une seule île du nom de Saint-Jean, et la description qu'il en fait, nous donne lieu de croire qu'il l'avait contournée.

Honneur donc à Jehan Alfonce, le grand pilote français du XVIe siècle ! Gloire aussi à la France, qui lui a donné le jour !

---

[1] On attribue au pilote saintongeois la paternité d'un autre ouvrage intitulé : *Les Voyages avantureux*, etc. Voir à ce sujet, la note 2, en appendice.

CHAPITRE VI

LES NAVIGATEURS FRANÇAIS

EN AMÉRIQUE

AU XVIe SIÈCLE

Conduite des Français en Amérique.—Leurs visites annuelles aux terres neuves.—Les pilotes de Jean Ango.—Les frères Parmentier. —Verrazano.—Discours d'un capitaine de mer français.—Les corsaires français.—Faits d'armes.

Le retour de Roberval en France, d'après les ordres de François I, mit fin aux essais de colonisation au Canada pour une période de plus d'un demi siècle. Le roi chevalier avait été trop amèrement frustré dans ses espérances d'agrandir son domaine, en ajoutant à la couronne française une partie du nouveau monde, pour tenter un nouvel effort dans la même direction. Peu de règnes cependant furent aussi célèbres que celui de François I, sous le rapport des découvertes. Verrazano, Cartier, Roberval et Jehan Alfonce, l'ont plus illustré peut-être, que ses fameuses victoires sur Charles-Quint. C'est à François I et à sa pléiade de capitaines, que la France doit d'avoir conquis la prééminence sur les mers durant ce siècle remarquable. C'est alors qu'on vit les navigateurs français commencer à parcourir les mers de Chine et des Indes ; aborder à l'île Saint-Laurent ou Madagascar ; explorer les côtes de l'Amérique méridionale ; fonder des établissements au Brésil et dans la Floride ; et pénétrer dans la Grande-Baie et dans la rivière de Canada.

Les Français rivalisèrent donc d'efforts avec les autres nations de l'Europe et principalement avec les Portugais et les Espagnols. Le Portugal réclamait l'honneur d'avoir ouvert le chemin des Indes Orientales par le cap de Bonne-Espérance ; l'Espagne se glorifiait d'avoir fait la même chose pour les Indes Occidentales que l'immortel Génois avait découvertes pour elle. Les Castillans se vantaient d'être les rois de l'Océan Atlantique, et ils prétendaient même que les Français ne pourraient aller chercher de nouvelles terres sans la permission des rois d'Espagne. Cette nation ambitieuse, se prévalant d'une Bulle du Pape Alexandre VI, interdisait ainsi aux autres nations de l'Europe le droit de navigation, sans se soucier de comprendre que les mers appartiennent à tout le monde. S'il eut été en leur pouvoir de fermer l'Atlantique, depuis le cap Finistère jusqu'en Irlande, il y a longtemps qu'ils l'auraient fait, écrivait en 1539 l'auteur du *Discours d'un grand capitaine dieppois*. Cet abus d'autorité, fondé sur une interprétation outrée d'un document pontifical, devait bientôt céder devant les représentations éclatantes des Hollandais et des Français. Le *Mare Liberum* de Grotius donna le coup de grâce aux prétentions absurdes de l'Espagne et du Portugal. Les Français furent les premiers à protester contre cet état de choses, dont le résultat fut de retarder les conquêtes évangéliques des missionnaires au milieu des Indiens, qui n'étaient pas les amis des Espagnols. Dans leur fièvre d'accaparement, ceux-ci négligèrent de pousser leurs découvertes aussi loin qu'ils auraient dû faire. Colomb mourut avec l'idée que l'Amérique et l'Asie ne formaient qu'un seul continent [1]. Les Espagnols, ses contemporains, ne s'aperçurent pas que, par delà les terres de Panama, existait un océan immense, à l'extrémité duquel se trouvaient l'île de Zipangu et le Cathay, qu'ils auraient bien voulu atteindre par une voie moins longue que celle du cap des Tem-

---

1 " Il est mort sans avoir connu ce qu'il avait atteint, dans la ferme persuasion que la côte de Véraqua faisait partie du Cathai et de la province de Mango, que la grande île de Cuba était une terre ferme du commencement des Indes, et que de là on pouvait parvenir en Espagne, sans traverser les mers...

..... Mais l'amiral mourut fermement persuadé que s'il avait touché à un continent à Cuba (au cap Alpha et Omega, cap du commencement et de la fin) à la côte de Paria et à celle de Véraqua, ce continent faisait partie du grand empire du Khatai, c'est-à-dire de l'empire Mogol, de la Chine septentrionale........

.... Les espérances de ce grand homme se fondèrent alors, comme on sait, sur ce qu'il appela " des raisons de cosmographie," sur le peu de distance qu'il y a des côtes occidentales d'Europe et d'Afrique, aux

pêtes et de la mer des Indes. Mais l'amour des richesses faciles à conquérir, leur ferma les yeux, et quand ils eurent frappé les mines du Pérou et du Mexique, leur ambition se trouva amplement satisfaite [1].

Combien fut différente la conduite des Français en Amérique. Leur esprit inquisiteur les poussa d'abord à connaître les pays qu'ils visitaient pour la première fois. Cartier et Roberval crurent, comme tous leurs contemporains, à la possibilité d'une route aux îles des Epices par le nord de l'Amérique. Le fleuve Saint-Laurent et la rivière Saguenay étaient les seules voies qui, apparemment, pouvaient les conduire vers l'ouest. Mais, détrompés dans leur attente, ils abandonnèrent ce chimérique projet. Ceux qui vinrent après eux, ne perdirent pas leur énergie dans d'inutiles recherches. Bien autrement agirent les Anglais, qui s'épuisèrent en de vains efforts durant la dernière partie du XVIe siècle, pour traverser la mer Glaciale. Eux aussi, avaient une idée imparfaite de la configuration terrestre, et ils igno-

---

côtes du Cathay et de Lifrango, sur des opinions d'Aristote et de Sénèque, comme sur quelques indices de terres situées vers l'ouest, qu'on avait recueillis à Porto-Santo, à Madère et aux îles Açores...

..... L'amiral ne rétrécissait pas seulement l'Océan Atlantique et l'étendue de toutes les mers qui couvrent la surface du globe ; il réduisait aussi les dimensions du lobe même. *El mundo es poco ; digo que el mundo no es tan grande como dice el vulgo*, le monde est peu de chose, écrit-il à la reine Isabelle, il est, je certifie, moins grand que ne croit le vulgaire." — Humboldt. *Hist. de la géographie du nouveau continent.* — Navarr. etc.

1 Depuis l'an 1519 jusqu'en 1617, les registres de Séville portent qu'il est arrivé des Indes Occidentales en Espagne, 1536 millions d'or. — *Traité de la Navigation*, p. 41.

raient la sphéricité du globe. C'est ce qui explique les nombreuses erreurs des cosmographes de cette époque.

Les Français, ayant renoncé à l'idée de se rendre en Chine et au Japon par l'ouest, visèrent à quelque chose de plus pratique. Pendant que les uns allaient en Floride et au Brésil pour y fonder des établissements, les autres venaient tous les ans dans les eaux qui baignent les terres neuves, pour y faire la pêche des baleines et des morues. Après les entreprises avortées de Cartier et de Roberval, personne ne songea à coloniser, dans le moment, un pays riche, bien arrosé par un fleuve immense et de nombreux tributaires, mais froid et habité par des barbares, à côté desquels il était difficile, sinon impossible, de vivre dans la sécurité. Les Bretons et les Normands devaient être renseignés sur les faits et gestes du grand navigateur malouin. Celui-ci avait publié un rapport circonstancié de ses voyages, rendu mieux compréhensible par des cartes marines. Honfleur, Dieppe, Saint-Malo, La Rochelle et d'autres villes maritimes, que l'on avait mises à contribution pour le prélèvement des équipages, et qui en avaient fourni les principaux officiers, devaient avoir eu connaissance des premières expéditions au Canada, avec autant de facilité que des pérégrinations des pilotes de Jean Ango [1] dans le Levant et au nord de l'Amérique.

Jean Ango était un riche armateur de Dieppe. Il portait en 1525 le titre de vicomte de Dieppe, et en 1532 il joignait à son nom celui de sieur de la Rivière. "Protégé par les d'Amboise dont l'un avait été fait amiral de

[1] Voir Note 3.

France en 1508, Jean Ango était devenu tout puissant ; ses richesses, sa position, sa magnificence, son goût pour les arts, le mirent en rapport avec ce qu'il y avait de plus élevé. Il reçut le roi François I, et l'on trouve des lettres écrites en sa faveur au cardinal Légat par la reine de Navarre, sœur du roi, la Marguerite des Marguerites, tandis que la renommée des hommes qui formaient sa petite cour, s'étendait dans les provinces. Dans cette cour on remarquait les capitaines qui menaient ses navires au Brésil, au Sénégal, aux Indes, bons cosmographes, savants mathématiciens, excellents à composer des mappemondes en globe et en plat, ainsi que des cartes marines d'après lesquelles on pouvait naviguer en toute sûreté [1]."

Quels étaient ces capitaines, ces cosmographes et ces mathématiciens d'élite ? Jean Verrazano, Jean Parmentier et son frère Raoul, Pierre Crignon, Thomas Aubert, Jehan Denys, Pierre Maucler, sont ceux qui portèrent dans tous les coins de l'univers connu le nom du puissant armateur dieppois, en même temps qu'ils ouvraient à la France et aux autres nations de l'Europe des routes nouvelles et des horizons plus vastes pour leur commerce, à une époque où les Anglais ne songeaient guère "à découvrir un passage dans les Indes par le nord-ouest." Ce fut dans l'intervalle de 1508 à 1530, que l'on vit flotter le pavillon de Jean Ango sur les mers du Levant et du Ponant. Verrazano, les frères Parmentier et les autres, avaient connu les terres neuves et exploré le golfe Saint-Laurent, avant que Cartier y

---

1 *Les Navigations françaises*, p. 198.

fit son apparition, et l'on sait que le nom de Nouvelle-France, donné au Canada reconnu plus tard par le grand Malouin, qui en prit possession officielle au nom du roi, date du passage de Verrazano dans nos parages.

Tous les pilotes et navigateurs de Jean Ango avaient pour mission, en venant en Amérique, de découvrir une route pour arriver à la Chine et au Japon par le nord. Pour s'en convaincre, on n'a qu'à lire cette phrase détachée d'une lettre de Fernand Carli, qui exprime ses craintes sur le résultat de l'expédition entreprise en 1524 par le florentin Verrazano : " Plusieurs personnes pensaient qu'on n'aurait plus de nouvelles de lui ni du navire et qu'il se perdrait vers les parages de la Norvège, à cause des grandes glaces qu'il y a dans l'Océan septentrional."

Verrazano, dans une lettre du 8 juillet 1524, dit formellement que son intention était d'arriver à l'Océan oriental, espérant trouver quelque détroit qui l'y conduirait [1].

Quant aux frères Parmentier, Pierre Crignon en a écrit ce qui suit : " Ainsy qu'il (Jean) me dist plusieurs fois, il estoit bien délibéré, luy retourné en France, de aller chercher s'il y a ouverture au nord et découvrir par là jusqu'au su."

[1] Voici le passage de cette lettre écrite dans sa langue maternelle : " Mia intenzione era di pervenire in questa navigazione al Cataio allo extremo Oriente dell' Asia, pensando trovare tale impedimento di nuova terra quale ho trovata, e se per qualche regione pensavo quella trovare non senza qualche freto di penetrare allo Oceano orientale essera stimavo questa oppinione di tutti gli antichi e istata credendo certamente il nostro Oceano orientale de India uno essere senza interposizione di terra."

Les frères Parmentier et Verrazano cherchèrent donc un passage pour arriver à l'île des Epices, en suivant la route du nord-ouest. Qu'avaient fait les Anglais avant eux ? Cabot avait poussé ses explorations jusqu'à la hauteur du 58e degré, et puis s'en était retourné mourir dans sa patrie d'adoption. Son fils Sébastien suivit ses traces ; il reconnut les côtes de l'Amérique septentrionale, et de retour, il s'en alla terminer ses jours dans un exil volontaire.

Jean Parmentier, l'un des plus célèbres pilotes d'Ango, naquit vers l'an 1494, bien qu'Estancelin pense que ce fut en 1480, se fondant sur les *Mémoires chronologiques pour servir à l'Histoire de Dieppe*, de Desmarquetz, qui fait mourir ce navigateur en 1529, à l'âge de 49 ans. Mais Pierre Crignon dit dans son Prologue en tête des poésies de Parmentier, que Jean était âgé de 35 ans, et Raoul de trente, en 1529, année de leur mort. Celui-ci serait donc né en 1499. On mentionne un autre de leurs frères, navigateur comme eux, mais moins connu. Tous trois appartenaient à une famille bourgeoise, de Dieppe, qui les fit instruire en vue de les destiner au commerce et à la navigation. Jean et Raoul acquirent beaucoup de science astronomique, géographique et cosmographique. Jean fit plusieurs cartes marines et des mappemondes.

Ramusio rapporte, dans ses *Raccolte*, le " Discours d'un grand capitaine de mer français du lieu de Dieppe, sur les navigations faites à la terre neuve de l'Inde occidentale, nommée la Nouvelle-France, depuis le quarantième au quarante septième degré vers le pôle arctique, sur la terre du Brésil, la Guinée, l'île de Saint-Laurent (Madagascar) et celle de Sumatra, jusqu'où ont navigué les caravelles et navires de France."

Ce discours, dont l'auteur a voulu garder l'anonyme, mais attribué à bon droit, croyons-nous, à Pierre Crignon, a sans doute voulu désigner Jean Parmentier par ce " grand capitaine de mer français du lieu de Dieppe," reconnu pour avoir visité une grande partie des mers. Ramusio rapporte la date de rédaction de cet important récit à l'année 1539. Voici ce qu'il dit : " A été ci après joint un écrit, comme qui dirait discours fait en 1539 d'un ou au sujet d'un grand capitaine français, lequel discours nous avons voulu traduire de sa langue en la nôtre " [1].

Ce discours donne une description sommaire de Terreneuve, avec une carte assez curieuse, qui représente la terre de Labrador, l'île des Démons, Bonnevue, Baccalaos, Cap de Ras, Cap d'Espérance, l'île des Bretons. Le nom de Nouvelle-France couvre la partie médiane du continent ; le long des côtes maritimes est écrit : Terre de Nurumbega ; on y voit des baies et des ports nombreux, sur lesquels sont inscrits les noms de Cap-Breton, Port-du-Refuge, Port-Royal, Paradis, Flora.

" La partie de cette terre, y lisons-nous, qui s'étend du levant au couchant, a été découverte, il y a trente cinq ans, par les Bretons et les Normands, et pour cette cause elle est nommée Cap des Bretons. L'autre partie qui s'étend du septentrion au midi, depuis le cap de Ras

---

[1] Estata appresso aggiunta una scrittura, o vogliamo dir discorso, fatto del 1539 d'un gran capitano francese, il quale habbiamo voluto tradurre della sua lingua nella nostra. "

jusqu'au cap de Buona-Vista, et qui embrasse un espace d'environ soixante et dix lieues, a été découverte par les Portugais. Le reste, jusqu'au golfe des Châteaux et au-delà, a été découvert par les Bretons et les Normands, et il y a environ trente trois ans qu'un navire d'Honfleur, duquel était capitaine Jean Denis, et pilote Gamart de Rouen, y alla le premier ; plus tard, en 1508, un navire de Dieppe, appelé la *Pensée*, dont était possesseur Jean Ango, père de monseigneur le capitaine et vicómte de Dieppe, et qui avait pour maître ou patron Thomas Aubert, fut le premier qui conduisit des Dieppois dans les mêmes parages."

Les frères Parmentier firent deux voyages à Sumatra, et dans l'archipel de la Sonde, l'un en 1520, qui avait duré deux ans et demi, et l'autre en 1529. Pierre Crignon, poète, savant et bourgeois de Dieppe, Pierre Mauclerc, astrologue, et plusieurs autres savants, accomplirent le voyage qui se fit sur la *Pensée* et le *Sacre*, commandés par Jean et Raoul Parmentier. "Si la mort, dit Léon Guérin, n'eût prévenu Jean Parmentier, ce navigateur fût allé jusqu'aux Moluques, et il avait décidé, si Dieu lui eut permis de revenir en France, de reprendre la mer pour aller chercher un passage du nord au sud, à travers les Terres Neuves."

La Nouvelle-France était donc connue à Paris, du temps de Verrazano, et cependant l'Italie ne savait rien encore en 1548 des découvertes de l'un de ses enfants. La Hollande était plongée dans une ignorance aussi complète. Ce ne fut qu'en 1544, que les Anversois semblent avoir appris l'heureuse nouvelle. L'Angleterre, qui n'avait pas perdu le souvenir de Jean Cabot et de ses fils, n'était pas au courant des efforts des Français pour prendre possession du nord du continent américain. D'autre part, si l'on examine les mappemondes de Henri II, et de Vallard, on y trouve des indications géographiques qui, sans être toujours marquées au coin de la plus stricte exactitude, nous donnent toutefois une idée approximativement juste des lieux visités par les pilotes de Jean Ango et de François I.

N'est-il pas raisonnable d'affirmer, après avoir ouï ces faits, que la France du commencement du XVIe siècle était loin d'être rétrograde dans la voie des découvertes. Ce mouvement n'avait pourtant pas atteint son apogée, car, après que les premiers explorateurs furent disparus, d'autres prirent leur place, et ne furent pas moins actifs. Entrainés par l'exemple des Espagnols et des Portugais, qui s'enrichissaient dans la zône des tropique, par tous les moyens, même les moins légitimes, nos Français dirigèrent d'abord leurs voiles vers le Brésil, et un peu plus tard vers la Floride. Le chevalier Villegagnon [1], Bois-Lecomte, et Jean de Léry sous Henri II, et dans la suite Ribaut [2], Laudonnière [3] et de Gourgues [4] sous le règne de Charles IX, illustrèrent leur patrie, pendant les vingt-sept années que ces rois gouvernèrent la France [5]. Dans

1 Voir Note 4. 2 V. Note 5. 3 V. Note 6. 4 V. Note 7.
5 Les voyages de Ribaut, de Laudonnière et de Gourgues sont rapportés par la Popelinière et par Lescarbot, et surtout par Richard Hakluyt, érudit anglais qui, en 1587, était attaché à Lord Stafford, ambassadeur d'Angleterre à Paris. Hakluyt a aussi traduit dans sa langue, les voyages de Verrazano, de Jacques Carrier, de Roberval, de Jehan Alfonce, de la Court-Ravaillon, les lettres de Jacques Noël à Jean Groote.

des combats où l'audace et la témérité l'emportèrent souvent sur le nombre, les marins français conquirent de glorieux lauriers. Ceux que l'on désignait sous le nom de corsaires [1], étaient la terreur des mers. Ils rendirent d'innombrables services à leur patrie. Braves jusqu'à l'excès, ils se laissaient quelquefois emporter dans l'ardeur des combats à des actes de cruauté qui mirent sous la plume de Boileau ce vers bien connu :

Endurcis ton cœur, sois Arabe, sois corsaire.

Mais, on dira que les Français, tout bien doués qu'ils étaient pour faire respecter leurs armes sur l'océan, ne furent pas heureux dans leurs tentatives d'établissement en Amérique, alors que tout semblait sourire aux Castillans. Comme question de fait, force nous est d'avouer que la France vit avorter ses projets. L'esprit hérésiarque, qui fut la base de ces organisations, fut aussi la cause de leur insuccès. Le souffle calviniste empêcha aussi plus tard la prospérité de la colonie de Port-Royal,

---

[1] On nommait ainsi tout navire appartenant à un particulier et destiné à courir sus pour capturer les bâtiments marchands ennemis. Cette course, d'où est venue l'origine du mot *corsaire*, a existé chez toutes les nations. Elle était autorisée par le gouvernement, qui délivrait aux capitaines des *lettres de marque* servant à les distinguer d'avec les forbans et les pirates, ces pilleurs de la mer qui couraient en tout temps, tandis que les *corsaires* n'étaient autorisés qu'en guerre et furent en maintes circonstances les auxiliaires dévoués du gouvernement. Ils furent abolis après la guerre de Crimée, par un traité conclu à Paris en 1856. L. Duplais, *La Bretagne et ses Fils*, Paris, 1887.

Jacques Cartier et Jehan Alfonce sont souvent désignés sous le nom de *corsaires*.

et de Saint-Sauveur, sur l'île des Monts Déserts, qui eût été si utile à la France pour lui assurer la prépondérance dans le nord du continent. Cependant, en dépit des vicissitudes de la fortune des colonisations françaises dans le nouveau monde, les marchands et les pêcheurs basques et rochelais expédiaient rondement leurs affaires, circuculant en toute liberté dans les parages du golfe Saint-Laurent. Les Malouins donnaient la chasse aux navires portugais, et on cite maints exemples de captures par les navigateurs de Saint-Malo, terribles adversaires à rencontrer sur mer [1]. De tels faits d'armes furent nombreux à cette époque, et plusieurs de ceux qui en furent les héros, sont considérés aujourd'hui comme des bienfaiteurs de la France. Il est assez curieux de rencontrer souvent au milieu des débats qui se produisaient en cour, à la suite de ces prises sur les Portugais, Jacques Cartier agissant en qualité d'interprète. Où et quand le célèbre navigateur avait-il appris cette langue étran-

---

[1] En 1544, l'on voit un navire portugais, *La Fantaisie*, capturé par deux marins français du nom de Lhostellier et Clavegris, et comparaître ensuite dans le procès qui s'ensuivit devant la juridiction de Saint-Malo.—*Audiences*, 1544, 27 février, 7 avril.

Sept années plus tard, en 1551, une affaire à peu près semblable se déroulait devant le même tribunal. Une bisquine appelée le *Griffon* et deux hourques pansues, le *Faucon Blanc* et l'*Assomption de Biscaye* étaient saisies par trois capitaines malouins, Jullien Frotet, corsaire de renom, sur la *Jehannette*, Guillaume Pepin Broussardière, sur le *Jacques*, et François Crosnier sur le *Daulphin*, avec Macé Jalobert, pour maître d'équipage.—*Audiences*, 1552, sous le 23 décembre 1551.

En 1557, c'est le tour d'une caravelle portugaise enlevée par Guillaume Pepin, sieur de la Broussardière, François Lucas et Hervé de La Lande, trois corsaires des plus redoutés.

gère ? Etait-ce en Portugal, ou dans des voyages sur des navires *portegallois* ? Quoiqu'il en soit, ces apparitions réitérées devant la juridiction de Saint-Malo, prouvent que ses concitoyens surent utiliser les connaissances de linguiste qu'il avait dû acquérir par le contact avec les marins du Portugal. Cartier fait souvent allusion au Brésil dans ses relations de voyage [1]. Est-ce à dire qu'il visita ce pays avant qu'il connût la route du Canada ? Dès l'année 1504 les Normands étaient en rapport avec les nations sauvages du Brésil. Ces relations étaient fort amicales, comme elles furent du reste en tout temps et partout entre Français et Sauvages de l'Amérique [2].

Nous verrons dans le chapitre suivant des preuves manifestes de ces bons rapports, d'autant plus agréables à constater, que les autres nations semblaient avoir pris à tâche de se rendre détestables par leur conduite, souvent peu digne de nations civilisées.

1 Voir *Jacques Cartier*, p. 24.
2 Voir Note 8.

CHAPITRE VII

LES FRANÇAIS ET LES SAUVAGES

DE L'AMÉRIQUE

Amitié des Sauvages du Brésil pour les Français.—Conduite des Espagnols et des Portugais.— Japy-Ouasson.—Rôle des interprètes et des missionnaires. — Le P. Claude d'Abbeville. — Le P. Yves d'Evreux.—Emigration des Brésiliens en France.—Fête brésilienne à Rouen.—Les Sauvages du Canada en France durant le XVIe siècle.

Il ne manque pas de gens qui sont sous la fausse impression que la conduite des Français à l'égard des Peaux-Rouges américains ne différa guère de celle des Espagnols au XVIe siècle. S'ils avaient étudié quelque peu l'histoire, ils se seraient bientôt aperçus de leur erreur, car le nom français a toujours résonné agréablement aux oreilles des Indiens des deux Amériques. Voilà bientôt quatre siècles que les descendants des Gaulois parcourent en tous sens le continent que nous habitons, depuis les îles Malouines à l'embouchure de la rivière McKenzie. L'histoire de cette longue période prouve à satiété que de tout temps les Français surent se faire aimer et respecter des aborigènes. Qu'il y ait eu par ci par là des exceptions à cette règle ; que certains coureurs de bois aient abusé de leur position pour maltraiter des membres épars de la grande famille indienne ; que des guerres sanglantes aient éclaté entre nos ancêtres et les Iroquois, ce sont là autant de faits que nous ne pouvons nier sans nous heurter à l'évidence. Mais ces cas particuliers, quelque déplorables qu'ils puissent être, ne feront jamais mentir le beau témoignage porté par l'anglais Isaac Weld qui, après avoir parcouru le Canada en 1795, 1796 et 1797, constatait que " la nature semble avoir implanté dans le cœur des Français et des Indiens une affection réciproque," et que " l'Indien qui cherche l'hospitalité, préfère, même aujourd'hui, la chaumière d'un pauvre fermier français à la maison d'un riche propriétaire anglais [1].

Cette étonnante sympathie a existé de temps immémorial, depuis les premiers voyages au Brésil de Jehan Denys, de Honfleur, de Jean de Léry et de la Ravardière, depuis la découverte du Canada et la fondation de Québec jusqu'à nos jours. Comment expliquer cette amitié, qui semble naturelle, quand les Espagnols, les Portu-

---

[1] I. Weld, Voyages au Canada en 1795, 1796 et 1797.

gais, ont presque toujours été détestés des indigènes avec lesquels ils sont venus en contact ? La réponse est des plus faciles. Les Espagnols firent la conquête du Mexique, et d'une partie de l'Amérique méridionale appelée *Terre-Ferme* par le fer et le feu. Leurs atrocités sont restées comme un stigmate de déshonneur sur leur blason. Qu'on lise les écrits de l'évêque Barthélemy de Las Casas, si l'on veut avoir une juste idée de la barbarie de cette nation qui prétendait commander à l'Europe, et qui se vantait d'exercer la suprématie sur toutes les mers du monde connu. Entre les Espagnols avides de s'enrichir et les sauvages des Indes occidentales et du Mexique, les plus barbares n'ont pas été ceux que l'on pourrait croire [1]. Afin d'accaparer les trésors de ces nations, qui, pour être idolâtres et ignorantes, n'en avaient pas moins conservé le culte de la patrie et l'amour du sol qui les avait vu naître, les Espagnols crurent que le moyen le plus expéditif était de les ré-

---

[1] L'écrivain espagnol rapporte un exemple bien frappant du mépris que les Indiens éprouvaient pour ces Européens avides de richesses. Un cacique de Cuba, du nom de Hatuey, avait été condamné à mort par Vélasquez. Il était attaché au bûcher, et environné de matières combustibles, lorsqu'un prêtre s'avança vers lui, et l'engagea à recevoir le baptême, lui promettant non pas la vie, mais la félicité éternelle après son supplice. Pendant qu'il faisait la description des joies du paradis, Hatuey l'interrompit pour lui demander si, dans cet heureux séjour, il y avait des Espagnols. "Sans doute, répondit le prêtre, mais les bons seulement." "Le meilleur ne vaut rien, répliqua le cacique, je ne veux pas aller dans un endroit où je puisse en rencontrer. Ne me parle donc plus de ta religion, et laisse-moi mourir." Et bientôt l'infortuné chef expira dans les flammes.

duire en servitude ou de les rayer du nombre des vivants. Hélas ! ne pourrait-on pas dire ici avec le poète romain :

>   . . . . Quid mortalia pectora cogis
>   Auri sacra fames . . . .

Quand les Français abordèrent aux plages brésiliennes, l'Amérique n'était connue que depuis douze ans. Jehan Denys y avait fait une expédition en 1504, suivi de près par les frères Raoul et Jean Parmentier, et probablement aussi avant ces derniers par Paulmier de Gonneville. Les Portugais les avaient devancés, sans y laisser aucune trace de leur domination. Le *Discours du grand capitaine dieppois*, traduit par Ramusio, rapporte que les Portugais, qui se prétendaient les maîtres de ce pays, avaient bien plus en vue l'amour du gain que la gloire de la religion, à l'égard des habitants du Brésil. " Bien que le peuple portugais, soit le plus petit du monde, ajoute le *Discours*, attribué à Pierre Crignon, compagnon de voyage des frères Parmentier, le monde entier ne paraît pas assez grand pour satisfaire sa cupidité. Je pense qu'il aura bu de la cendre du grand Alexandre pour qu'il soit si altéré d'effrénée convoitise ; il veut tenir d'une seule main ce qu'il ne pourrait embrasser de toutes les deux ; et je crois qu'il se persuade que Dieu n'a fait que pour lui la mer et la terre, et que les autres nations ne sont pas dignes de naviguer ; s'il était en son pouvoir de fermer les mers depuis le cap Finisterre jusqu'à l'Irlande, depuis longtemps déjà ce peuple l'aurait fait ; et pourtant il n'a pas plus le droit d'empêcher les Français d'étendre la foi chrétienne dans les pays où son autorité n'est pas reconnue, où il n'est ni aimé, ni obéi, que les Français n'avaient celui d'empêcher les Portugais de passer dans l'Ecosse, dans le Danemark et la Norvège, quand bien même les Français y auraient abordé les premiers. Aussitôt que la nation portugaise a navigué le long d'une côte, elle la tient toute entière pour sienne. Mais une telle conquête est facile et sans grands frais, car elle n'a coûté ni assauts, ni résistance ; et vraiment c'est d'heureuse aventure pour cette nation que le roi Français montre pour elle tant de générosité et de courtoisie ; car s'il voulait lâcher la bride aux marchands de son royaume, ils lui auraient conquis en quatre ou cinq ans le commerce et l'amitié de tous les habitants de ces terres nouvelles ; et cela par amour, sans qu'il fût besoin d'employer la force ; ils auraient pénétré plus avant dans l'intérieur du pays en ces quelques années qu'en cinquante ans les Portugais, qui seraient bientôt chassés par les indigènes comme de mortels ennemis. C'est là une des raisons principales pour laquelle les Portugais ne souffrent pas volontiers que les Français viennent sur les côtes où ils se rendent eux-mêmes : car à peine les Français ont-ils fréquenté quelque lieu, qu'on n'y veut plus entendre parler des Portugais, qui tombent aussitôt dans l'abaissement et le mépris."

Cette citation, un peu longue peut-être, suffit à prouver que les Espagnols n'étaient pas seuls à se faire haïr là où ils mettaient le pied, et que les Français, par contre, savaient conquérir d'emblée l'estime des nations sauvages avec lesquelles ils échangeaient leurs produits. Les Tupinambas, les Tamoyos, les Tabaiaros et autres habitants du Brésil, ne furent pas lents à rechercher l'amitié française, et ils la consacrèrent par des traités solennels qu'ils ne voulurent jamais rompre. La bonne foi qu'ils apportaient dans leurs alliances publiques, existait au même degré dans les affaires privées.

Ces peuples étaient naturellement doux et hospitaliers. Leur montrer de la confiance et les traiter avec douceur, suffisait pour les attirer à soi et pour s'en faire des amis fidèles et dévoués. C'est ce que comprirent Jean de Léry, François de Razilly et les Français qui eurent des rapports avec eux.

Rien ne leur faisait plus de plaisir que de revoir ceux qu'ils avaient connus. Le chef Japy-Ouassou disait à Razilly : " Nous commencions déjà à nous ennuyer tous de ne plus voir venir des Français guerriers et nous délibérions d'abandonner ce pays et de passer le reste de nos jours privés de la compagnie des Français, nos bons amis, sans plus nous soucier de haches, de couteaux, de serpes et autres marchandises, et de nous remettre à l'ancienne et misérable vie de nos ancêtres, qui cultivaient la terre et abattaient les arbres avec des pierres dures.... j'ai une entière confiance en ta bonté ; car, sous ton air guerrier, tu laisses voir des manières pleines de douceur et un personnage fait pour nous gouverner avec beaucoup de sagesse. Là-dessus je te dirai mon avis ; c'est que quand un homme est né grand et avec de l'autorité sur les autres, il doit avoir d'autant plus de douceur et de magnanimité ; car les hommes, et principalement ceux de cette nation, se rendent beaucoup plus aisément à la douceur qu'à la violence.... Cette douceur je l'ai aussi remarquée chez les Français.... Les *Pero* (c'est ainsi qu'ils appelaient les Portugais) nous ont autrefois massacrés et ont exercé beaucoup de cruautés sur nous.. A présent nous ne craignons plus rien, puisque te voici, et que tu rétabliras, avec ta bonne nation, la nôtre aussi grande qu'elle a été autrefois...... [1]"

M. Gabriel Gravier, auteur d'une étude remarquable sur le sauvage du Brésil, dit que les sauvagesses éprouvaient pour les Français, qu'elles connaissaient, le sentiment que les sauvages éprouvaient pour les Françaises, qu'ils ne connaissaient pas. Comme les femmes de l'Amérique du Nord, elles appréciaient hautement les prévenances et les galanteries françaises. Elles se sentaient grandir au contact de l'homme aimable et civilisé, de l'homme supérieur qui venait d'un autre monde.

Au Brésil comme en Canada, les interprètes jouèrent un grand rôle dans les opérations commerciales, et même dans les rapports ordinaires de la vie sociale. La liberté qui leur était acquise de circuler sans appréhension au milieu des peuplades indiennes, leur fournit une foule d'occasions de leur rendre des services, tout en favorisant le commerce avec leurs compatriotes. Plusieurs d'entre eux s'identifièrent tellement avec les Tupinambas, qu'ils finirent par épouser des femmes de leur tribu ; ils vécurent de leur vie, à côté d'eux, prenant part à leur combats, adoptant leurs costumes et leurs mœurs. Cependant ils ne se firent sauvages que pour la forme, car, en réalité, ils restèrent attachés de cœur et d'âme à la France, leur vraie patrie.

---

1 Japy-Ouassou était chef de Juniparan et grand *bourouvichavé* (chef) de l'île de Maranham.

Les missionnaires eurent aussi une grande œuvre à accomplir auprès de ces infidèles. C'est à eux, peut-être plus qu'aux interprètes, que la France doit cette loyale et franche amitié des Brésiliens, qui dura tant qu'il y eut un Français au milieu d'eux. Ces missionnaires appartenaient à l'ordre des Capucins. Ces terres, peuplées d'idolâtres, offraient aux héroïques apôtres de la foi un vaste champ à exploiter pour y planter la semence évangélique. Le Père Claude d'Abbeville [1] et le Père Yves d'Evreux [2] s'employèrent activement à la conversion des Brésiliens, et ils procurèrent à un bon nombre d'entre eux l'avantage d'être absous de la tache originelle. Ces deux religieux ont laissé des écrits sur leurs missions. Dans un endroit de son livre, le Père Claude, s'écrie : " Il ne se peut dire combien grande est l'humanité et bienveillance de ce peuple vers les Français, et spécialement envers nous." " Les Indiens aiment naturellement les Français," écrit à son tour le Père Yves d'Evreux, témoignage confirmé par Ramusio en

---

[1] Le P. Claude d'Abbeville partit pour le Brésil avec trois de ses confrères le 19 mars 1611 sur la flotte commandée par Razilly, et il retourna en France avec six Brésiliens. Il a publié une *Histoire de la mission des PP. Capucins à l'île de Maragnon et lieux circonvoisins*, etc. Paris, 1614. C'est un écrivain exact et judicieux.

[2] Le P. Yves d'Evreux passa comme missionnaire au Maragnon en 1612. Il en revint deux ans après, et il fit imprimer la relation de son voyage sous le titre de : *Suite de l'histoire des choses mémorables advenues au Maragnon ès années 1614 et 1615*. Paris, 1615. Ce livre fait suite en effet au livre du P. Claude d'Abbeville. Le style naïf du bon missionnaire est plein de charme et de candeur. Le Père Yves mourut en 1630, et le P. Claude en 1632.

ces termes : " Ils aiment mieux les Français que toute autre nation qu'ils aient pratiquée."

Les Brésiliens, comme tous les Sauvages de l'Amérique, étaient très attachés à leurs enfants. Il n'y avait pas de plus grand sacrifice pour eux que de s'en séparer. Cependant ils condescendaient assez facilement à les laisser conduire en France par les missionnaires et les capitaines qui avaient su capter leur confiance. Cette amitié se traduisit souvent par des actes dont l'histoire brésilienne et l'histoire canadienne fournissent de nombreux et consolants exemples. S'il nous était possible de faire connaître la liste des sauvages de ces deux pays qui passèrent en France de 1504 à 1635, c'est-à-dire depuis que nous avons des détails sur les contrées d'Amérique visitées par les Français jusqu'à la mort de Champlain, nous serions étonnés d'une semblable émigration, se renouvelant presque chaque année, avec le consentement des parents ou des chefs de famille.

Ainsi l'on constate que dès l'année 1504, Arosca, chef des Carijos, confiait à Binot Paulmier de Gonneville, son fils Essoméric. N'ayant pu ramener le fils à son père, Gonneville l'adopta, lui fit donner une éducation européenne, le maria à une de ses parentes, et le laissa héritier de son nom et de sa fortune [1].

Cinq ans plus tard, en 1509, sept sauvages arrivèrent à Rouen avec leurs barques, leurs armes et leurs ornements [2].

---

1 Léon Guérin, *Les Navigateurs français*, p. 54.
2 G. Gravier, *Le Sauvage du Brésil*.

Nous constatons la présence à Saint-Malo d'une jeune Brésilienne, du temps de Jacques Cartier. Ainsi, pour ne citer que cet exemple, le 30 juillet 1528, Me Lancelot Ruffier, vicaire-curé de cette ville, conférait le baptême à une Indienne transplantée du Brésil sur la terre de France. Ce fut Catherine des Granges, épouse de Cartier, qui la porta sur les fonts sacrés, et elle la nomma Catherine du Brésil [1].

Mais le fait le plus étrange est cette fête brésilienne, célébrée en pleine ville de Rouen, en l'année 1550. Près de cinquante Tupinambas vinrent simuler leurs combats sur les bords de la Seine, devant Catherine de Médicis. Ils mêlèrent à ces jeux guerriers leurs danses solennelles. De concert avec les matelots rouennais, ils divertirent leurs "parfaits alliés" et les plus honorables dames de la cour, qui montrèrent "face joyeuse et riante" à la vue des danseurs plus que légèrement vêtus.[2]

En 1563, Charles IX se fit présenter trois Brésiliens arrivés à Rouen quelques jours auparavant. Montaigne, qui fut témoin de cette entrevue, en parle avec une pointe d'ironie : "Tout cela ne va pas trop mal, dit-il, mais quoi ! ils ne portent point de hault de chausses."

Le 23 mars 1564, des sauvages figurèrent à l'entrée triomphale de Charles IX à Troyes, mais le cérémonial se tait sur leur nationalité.

A l'entrée du même souverain à Bordeaux, le 9 avril 1565, on vit paraître trois cents hommes d'armes, con-

---

1 Voir *Jacques Cartier*, p. 24.
2 *Bulletin du bibliophile*, article de M. F. Denis, 1849.

duisant douze nations étrangères captives, tels que Grecs, Turcs, Arabes, Égyptiens, Trapobaniens, Indiens, Canariens, Maures, Éthiopiens, sauvages Américains et Brésiliens [1].

Cette amitié se traduisait souvent par des actes d'un genre très relevé et surtout honorable. Un jour, — c'était à la bataille de Salema — huit mille Brésiliens scellèrent de leur sang le pacte qu'ils avaient conclu de rester fidèles jusqu'à la mort aux Français, " leurs parfaits alliés."

M. Gravier rapporte plusieurs traits qui établissent jusqu'à l'évidence la force de l'amitié existant entre les Français et les Brésiliens. " Les étrangers, dit-il, citant Purchas [2], n'ignoraient pas les sentiments des Brésiliens à notre égard, et tous ceux qui tombaient entre leurs mains ne manquaient jamais, quand ils le pouvaient, de se faire passer pour Français. En 1591, l'anglais Knivet, ayant vu les Tamoyos massacrer ses compagnons, s'écria qu'il était Français. " Ne crains rien," lui dirent alors les sauvages, " car tes ancêtres ont été nos amis, et nous les leurs ; tandis que les Portugais sont nos ennemis et nous font esclaves ; c'est pourquoi nous avons agi envers eux comme tu l'as vu."

En 1550, le hessois Hans Staden s'était laissé prendre par des anthropophages, amis des Français, et devait être la pièce d'honneur d'un festin solennel. Chacun de ceux qui le venaient voir choisissait par avance son morceau.

[1] Th. Godefroy, *Le Cérémonial de France*.
[2] Purchas, *Pilgrims*, t. IV, p. 1217-1237.

C'était lugubre, mais très sérieux. Un jour le pauvre Hans s'efforçait de prouver à Koniam Bebe, chef fameux des Botocudos, dont André Thevet prétend nous donner un portrait, que la Hesse et la France étaient un même pays. Koniam lui répondit, avec son sang-froid de cannibale : " On ne peut plus manger un seul Portugais sans qu'il n'invoque la qualité de Français. J'en ai dévoré cinq ; ils se disaient tous Français. "

Cependant la barbe rousse de Hans Staden fit craindre aux Botocudos que le bonhomme ne fût réellement français, et pour ne pas risquer d'enfreindre leurs traités d'amitié, ils le gardèrent pendant douze ans, et finirent par le donner à des Français [1].

Ce dernier exemple confirme pleinement tout ce que nous avons pu dire sur l'affection sincère et constante des Brésiliens pour leurs parfaits alliés.

Les Sauvages canadiens qui, les premiers, foulèrent le sol de France, furent Taignoagny et Domagaya. Tous deux appartenaient à la tribu de Honguédo, laquelle était fixée d'une façon plus ou moins sédentaire dans la baie de Gaspé. C'était lors du premier voyage de Jacques Cartier au Canada, en 1534. Rapatriés en 1535, ils retournèrent en France l'année suivante avec le Découvreur, qui amenait avec eux Donnacona, seigneur de Canada, trois autres sauvages de Stadaconé, et la petite fille d'Agona, chef de la bourgade d'Ochelay, échelonnée sur la pointe du Platon de Sainte-Croix. Tous moururent en France, et lorsque Cartier revint à Québec, en

---

[1] Relation du voyage de Hans Staden, éd. Ternaux-Compans, p. 115.

1541, la petite sauvagesse seule survivait. Trois avaient été baptisés ; nous possédons l'acte [1] qui en fait foi. La cérémonie eut lieu à Saint-Malo, le 25 mars 1538.

Durant les soixante années qui s'écoulèrent depuis le quatrième voyage de Cartier (1543) à l'arrivée de Champlain à Tadoussac (1603), il n'y a pas le moindre doute que plusieurs sauvages du Canada traversèrent l'Atlantique, entre autres des Montagnais et des Sourignois. Mais il est presque impossible de citer des noms, tant est profonde l'obscurité qui règne sur cette période de l'histoire de la Nouvelle-France.

La même difficulté n'existe pas pour les sauvages du Brésil avec qui les Français commencèrent à entretenir des relations commerciales dès le commencement du XVIe siècle.

---

1 Ce jour Notre-Dame XXVe de mars, lan mil cinq centz trante ouict, furent baptisé troys saulvaiges hommes des parties du Canada prins audit pays par honeste homme Jacques Cartier, cappitaine pour le Roy notre Sire, pour descouvrir les dictes terres ; le premier fut nommé Charles par venerable et discret maistre Charles de Champ-Girault, doyen et chanoine dudit lieu, parrain principal, et petit parrain, Monsieur le lieutenant, seigneur de la Verderye, et commere Catherine Desgranches, et le second fut nommé Franzoys, nom du Roy notre Sire, par honneste homme Jacques Cartier principal compere et petit compere maistre Pierres Le Gobien, commere, Madame la lieutenante (*déchiré*) Laverderye (*déchiré*) tiers fut nome (*déchiré*) par maistre Servau May... (*déchiré*) dudit lieu et petit (*déchiré*) Nouel (*déchiré*) et commere (*déchiré*).... ingart (*déchiré*).

CHAPITRE VIII

LES PÊCHEURS FRANÇAIS

AUX TERRES NEUVES

Brest et son histoire.—Basques, Bretons et Normands.—Pêcheries soumises à des règlements.—Nicolas Don.—John Rut.—Le baron de Léry à l'île de Sable.—Le basque Savalette.—Guillaume Le Beau et son armement.—L'association des marchands de 1570.—Supériorité des Malouins aux terres neuves.—Affrètement des navires honfleurais, de 1574 à 1603.

Les navigateurs français commencèrent à donner signe de leur apparition dans les parages des terres neuves dès le commencement du XVIe siècle, peut-être même vers la fin du XVe. Lorsque Jacques Cartier se fut avancé jusque dans la Grande Baie de Canada, touchant au havre de Nepetepec qu'il appelle " rivière Saint-Jacques ", il avisa une grande Nave, qui venait de La Rochelle, écartée de sa route. Son capitaine voulait pénétrer dans le port de Brest [1], et les vents l'avaient poussé loin de l'abri qu'il recherchait. Si on en croit Lewis Roberts [2], Brest était déjà, à cette époque reculée, le poste principal de la Nouvelle-France. Non-seulement les pêcheurs y trouvaient un abri pour leurs pataches, mais c'était le lieu de rendez-vous pour y travailler la morue et dépecer les monstres marins dont les eaux du golfe pullulaient. Un établissement permanent y avait été fondé en 1508. Gosselin [3] nous apprend en effet, qu'en cette année-là, plusieurs vaisseaux normands cinglèrent vers les terres neuves, et que leur tonnage était de soixante à quatre-vingt dix tonneaux [4]. Quelle qu'ait été la date de sa fondation [5], Brest acquit bientôt de l'importance, et devint la résidence d'un gouverneur, d'un aumônier, d'officiers et de soldats de garnison. Il s'y faisait un grand commerce d'exportation de morues, de barbes et d'huile de baleines, ainsi que de peaux de castors et d'autres fourrures de grande valeur. Vers l'année 1600,

[1] Michelant et Ramé, *Relation originale du Voyage de Jacques Cartier en* 1534. Paris, 1867, p. 11.

[2] *Dictionnaire du Commerce*, L. Roberts.

[3] Gosselin, *Documents inédits pour l'histoire de la marine normande*.

[4] Gosselin cite, entre autres, la *Bonne aventure*, capitaine Jacques de Rufosse ; la *Sibille* et le *Michel*, propriété de Jehan Blondel ; la *Marie de Bonnes-Nouvelles*, équipée par Guillaume Dagyncourt, Nicolas Duport et Loys Luce, associés, et commandée par le capitaine Dieulois.

[5] Suivant Hatton et Harvey, la fondation de Brest remonterait à l'année 1520. Charlevoix prétend que les Français avaient un poste fixe au Cap de Raze dès 1504.

la ville de Brest, la plus ancienne, sans aucun doute, de l'Amérique du nord, renfermait une population stable de mille habitants et plus de deux cents maisons. Plus tard l'on découvrit, dans une baie proche de là, des vestiges de fortifications qui, au témoignage de Charlevoix, conservèrent longtemps le nom de Vieux-Fort. C'est la baie Saint-Paul que l'on retrouve sur les cartes du célèbre historien de la Nouvelle-France.

Si on s'en rapporte à l'auteur du "Discours d'un grand capitaine de mer français du lieu de Dieppe sur les navigations faites à la terre neuve de l'Inde occidentale," Denys, de Honfleur, est le premier des Normands qui aborda à Terreneuve d'une manière authentique. Depuis lors, les navires de France continuèrent sans interruption leurs voyages dans ces régions, sans y trouver de traces de domination espagnole, anglaise ou portugaise. Les naturels y jouissaient d'une liberté complète, et ne reconnaissaient ni lois, ni autorité royale. Jehan Denys était accompagné du pilote Gamart, de Rouen. C'est avec ces deux noms, écrivent MM. Bréard, que s'ouvre l'histoire des marins normands aux côtes de l'Amérique septentrionale, dans les premières années du XVIe siècle [1]. Le Père Biard [2] dit que Denys [3] n'avait

---

[1] Charles et Paul Bréard, *Documents relatifs à la marine normande et à ses armements aux XVIe et XVIIe siècles*. Rouen, 1889.

[2] *Relation* de 1611, p. 1.

[3] Nous devons aux MM. Bréard des renseignements nouveaux sur Jehan Denys et sa famille. On retrouve son nom dans un manuscrit du XVe siècle, intitulé "*Registre de la charité et confrérie fondée en l'église Notre-Dame de Honfleur*" fondée en 1457. On y lit, selon l'ordre du temps et des paroisses, les noms des "frères et sœurs" qui étaient

rapporté de son voyage que des poissons et des cartes géographiques, et son renom est demeuré plus obscur que celui de Thomas Aubert, le dieppois, qui partit pour les terres neuves, deux ans plus tard.

Aubert fit donc voile de Dieppe, en 1508, et ramena en France des sauvages de l'Amérique. Si on en croit Jean Antoine Desmarquets, auteur des *Mémoires Chronologiques de Dieppe*, le capitaine avait à son bord un compagnon nommé Jean Verassen, laissant croire par là que ce fut le célèbre Verrazano, florentin. Le même auteur ajoute, qu'en 1508, ces deux marins remontèrent le Saint-Laurent sur deux vaisseaux, jusqu'à une distance de 80 lieues (240 milles géographiques) de son embouchure, et que c'est à eux que doit remonter l'origine du nom de Saint-Laurent appliqué au grand fleuve. Le navire d'Aubert appartenait à Jean Ango, et la *Pensée* était son nom.

Les navigateurs normands sembleraient, d'après cela, avoir été les premiers Français qui aient abordé aux plages du Canada. Mais il paraît que ce furent les Bretons, comme l'indique la fondation de la ville labradorienne. Brest, en effet, est un souvenir de Bretagne. L'on a vu que les Rochelais la connaissaient, en 1534,

membres de cette corporation d'assistance mutuelle : en 1497, Jehan Denys. Sur un autre registre de la même confrérie est ouvert un compte " des deniers deubz à la charité de l'an 1467 à l'an 1518 ". Le trésorier de l'association a inscrit sous la rubrique : " Paroisse de la Rivière ", l'article suivant : " Jehan Denys l'aisné doibt vj den. ; Jehan Denys le jeune doibt vj den. ; Jehan Denys fils de Jehan doibt vj den." Son nom paraît aussi parmi ceux d'autres bourgeois de Honfleur dans une délibération du 17 mai 1502. Sa famille vivait encore à Honfleur au milieu du XVIIe siècle.

mais il est peu probable que les Basques y séjournèrent, bien qu'ils semblent avoir frayé aux nations européennes le chemin des terres neuves. Francisque Michel va même jusqu'à dire que ces hardis baleiniers connaissaient les côtes de Terreneuve un siècle avant que Christophe Colomb découvrît l'Amérique [1].

" Il est bien certain, écrit Bergeron [1], que dès l'an 1504 les Basques, Bretons et Normands allaient à la Coste des Moruës, dit le grand Banc des Moluës, à quelque 800 lieuës de France vers Cap-breton ; et le pays mesme en semble avoir pris le nom de *Bacaleos* ou *Bacallos*, à cause que les Basques appellent ainsi ce poisson, et ceux du pays *Apegé*. Ce qui fait foy indubitable que nos Basques y hantoient longtemps auparavant ; Et cette pesche a toujours continué depuis à nos François qui en fournissent toute l'Europe, et de faict ils y ont laissé plusieurs noms comme Cap-breton, Brest, Rochelay et autres. De sorte que plusieurs pensent qu'il en faille reprendre l'origine de plus haut, et que depuis plusieurs siècles nos Basques, Diepois, Malouins, Rochelois, et autres faisoient des voyages ordinaires ès terres Neufves pour ce sujet ; et que des lors ils y imposèrent des noms qui y sont demeurez. Mesmes on void dans une lettre escrite par Sébastien Cabot à Henri 7 en l'an 1497 qu'il appelle ces terres du nom d'isle de *Bacaleos*, comme un nom desjà assez cogneu. Mais quoy que c'en soit, il est toujours sans contredit que cette pesche est à nous en

---

[1] F. Michel, *Le Pays Basque*, p. 189.

[1] *Traicté de la Navigation et des Voyages et de descouverte et conqueste modernes, et principalement des François*, etc. Paris, MDCXXIX.

propre depuis plus de 120 ans [1]. Les Basques, entre autres, y sont fort experts, et mesme en celle des *Valrusses* [2] et Balenes vers Groneland [3] ; et de faict les Anglois et Hollandois se servent d'eux à cela, à cause que sur toutes les autres nations ils sçavent mieux et plus vistement couper les Baleines, en faire bouillir et cuire les graisses."

Ce qu'il y a de certain, à travers tous ces faits relevant d'une tradition très respectable, c'est que les Basques furent les premiers baleiniers de l'Europe. Les plus remarquables venaient du Cap-Breton [4], du Plech ou Vieux-Boucaut, de Biarritz, de Guetteria, de Saint-Jean de Luz et de Siboure, bourgs ou villages de la Biscaye. Après avoir connu l'usage de la balestrille [5], ils s'avancèrent hardiment jusqu'aux bancs de Terreneuve, où ils rencontrèrent une espèce nouvelle de cétacé qu'ils distinguèrent par le surnom de *Sardaco baleac*, voulant désigner par là des baleines de troupes. Ils donnèrent alors le nom de *Baccalaos* [6], qui, dans leur langue, signifie

---

1 C'est-à-dire avant 1509, puisque Bergeron écrivait en 1629.

2 Du mot anglais *walrus*, morse.

3 Pour *Groenland* ou *Greenland*.

4 Voir Note 9.

5 La balestrille, en italien *balestra*, en espagnol *balestrilla*, était un bâton gradué ou rayon astronomique qui servait à prendre sur mer la hauteur du soleil et des astres. Il y en avait de plusieurs sortes, ayant double jeu, par la lumière et par les ombres. La balestrille fut remplacée en 1600 par le quartier anglais, qui lui-même fut abandonné pour l'octant, le sextant et le cercle de réflexion. On l'a appelée radiomètre, rayon astronomique, bâton de Jacob, verge d'or.

6 Il n'y a pas de doute, dit le P. G. Fournier dans son *Hydrographie*, que ce nom fut donné par les Basques ; car ils furent les seuls

morue, à l'île de Terreneuve. Ainsi donnèrent-ils des noms tirés de leur langue et propres à rappeler plusieurs des lieux où ils avaient vu le jour. Le nom de *Rognouse* attribué à la baie des Trépassés par Jacques Cartier, nom qu'elle portait probablement avant son passage, est celui du bourg d'Orrougne, situé à une demi-lieue de Saint-Jean de Luz. Le nom de cap de Raye (Pointe-Riche) a pour étymologie le mot basque *Arraico* qui signifie poursuite ou approche. Le Cap Breton [1] tire son origine d'un bourg du même nom, près du Vieux-Boucaut de Bayonne. Les Basques donnèrent à d'autres ports les noms de *Vlicillo* (trou à mouches), *Ophôr-Portu* (vase à lait), *Portuchoa* (petit port). C'est à eux que revient l'appellation du cap de Gratz, de *Grata*, qui signifie un lieu d'établissement pour les travaux de la pêche des morues. C'est l'origine de *degrat* que l'on retrouve si souvent mentionné par Nicolas Denys, dans son *Histoire Naturelle des peuples, et de l'Amérique septentrionale* [2].

Les Bretons et les Normands suivirent les Basques de près à la pêche des terres neuves où, peu de temps

Européens qui appelaient la morue *bacalaos* ou *bacallos* ; les aborigènes lui donnaient le nom d'*apagé*. L'appellation *Bacalaos* embrassait la Nouvelle-Ecosse, le Cap-Breton et Terreneuve.

Les Indiens du Cap-Breton appelaient la morue *Pahshoo*.

[1] Le nom indien du Cap Breton, suivant le Dr Gesner, était *Conumahgha*.

[2] Tel est le titre du second volume de l'ouvrage de Denys, gouverneur, lieutenant général pour le Roy, et propriétaire de toutes les terres et îles depuis le cap des Rosiers. Il parut la même année que le premier volume intitulé ; *Description géographique et historique des costes de l'Amérique septentrionale*. Paris, MDCLXXII.

après, les Portugais, les Anglais et les Espagnols, vinrent chercher une part de leur existence. Herrera [1] nous assure qu'en 1526, Nicolas Don, de Bretagne, faisant la pêche à Bacalaos, avec 30 matelots, fut chassé par les tempêtes au sud-ouest du Cap-Breton, et croyant qu'il avait découvert de nouvelles côtes, Don alla offrir ses services à l'empereur Charles-Quint [2]. Quelques auteurs croient que Don était natif de l'Aunis.

Purchas écrit, qu'en 1527, John Rut était à Terre-neuve [3] avec une flotte de onze voiles normandes, une bretonne et deux portugaises [4]. Quant aux pêcheurs

[1] " Escrivio Al Emperador, Nicolas Don, natural de Bretana, que iendo con treinta Marinero à la Pesqueria de Baccalaos." Herrera, édition de 1728, Dec. III, liv. X, c. 9, t. II, p. 289. Cet écrivain a publié un grand ouvrage intitulé : *Historia general de los hechos de los Castellanos en las islas y tierra firme del Mare Oceano*, Madrid, 1601-1615. L'édition la plus agréable est celle d'André Gonzalès Barcia, revue et accompagnée de gravures. Herrera n'alla jamais en Amérique, et il a beaucoup puisé dans Las Casas pour la rédaction de son livre.

[2] Brevoort, *Verrazano the Navigator*, New-York, 1874.

[3] Samuel Purchas, *His Pilgrimage*, London, 1625, t. V., p. 822.
" Ce qui semble faire supposer que le capitaine anglais accosté par Ginès Navarro était Rut, c'est que ce dernier rapporte également avoir rencontré des navires de nations diverses occupés à la pêche au pays des morues ; seulement, au lieu de quinze navires, cette fois il y en a cinquante : " *Cuyo Capitan declaro que habia ido a reconecer los bacallaos y hallo alli unas Cincuerta naos castellanas, e francesas, e portuguesas, que estaban pescando.* " — Harrisse, *Jean et S. Cabot*, p. 291.

[4] Purchas, vol. III, p. 809. Biddle dit, dans un *Mémoire* sur Sébastien Cabot, que Verrazano, pilote de Rut, fut tué et mangé par les sauvages au cours de cette expédition. Asher partage cette opinion dans son *Introduction* à la Biographie de Henry Hudson. Mais ceci est peu probable.

normands, il ne peut y avoir de doute sur leur présence en Amérique à cette époque.

Les règlements concernant la vente des morues étaient déjà en force dans la ville de Honfleur, en 1527[1]. En était-il de même ailleurs ? En Bretagne, l'organisation de la pêche avait été soumise à des lois spéciales, que l'on retrouve au temps de Jacques Cartier. Lorsqu'il voulut partir pour l'Amérique en 1534, l'enrôlement de ses équipages lui suscita une vive opposition de la part des armateurs malouins. Ils firent cacher les maîtres de navires, les maîtres mariniers et les compagnons de mer, afin d'empêcher le départ de leur compatriote. Cartier fut obligé de s'adresser à la justice pour faire lever cet obstacle, qui compromettait le succès de son expédition projetée. C'est à cette occasion qu'il obtint du roi une défense générale aux armateurs d'engager leurs matelots, avant qu'il en eût fait le prélèvement pour son service[2].

Donc, si on en juge par le va et vient des pêcheurs normands et bretons, et par les règlements de pêche aux terres neuves, dès 1527 et 1534, il est permis de dire que, depuis longtemps déjà, la France régnait en souveraine sur ces lieux de pêche, dont Cartier lui-même signalait en 1534 les plus importants. " La plus grande pescherie de grosse morue qu'on puisse voir, dit-il, (est) aux environs du Cap Royal [3]."

1 V. Appendice, pièce D.

2 A. Ramé, 1ère série, p. 4.—*Jacques Cartier*, N. E. Dionne, Québec, 1889, p. 116-117.

3 Cap nord de la baie des îles, sur la côte occidentale de Terre-neuve.

M. de la Borderie nous apprend qu'en 1510 les pêcheurs de Dahouet fréquentaient déjà le grand banc et apportaient leurs poissons sur le marché de Rouen [1]. En 1519, les Malouins faisaient sécher leur morue au Sillon [2], sur le littoral de la mer, près de Saint-Malo [3].

Suivant Lescarbot, le baron de Léry aurait, en 1528, déposé dans l'île de Sable une partie de son équipage, plusieurs têtes de bétail et tout un matériel agricole, dans le but d'y fonder une colonie [4]. Cette tentative de colonisation est la première que l'on signale dans cette partie de l'Amérique. Mais eut-elle lieu en 1528, ou en 1518, comme d'autres le prétendent ? Pourquoi avoir choisi cette île, pour ainsi dire perdue au milieu du golfe Saint-Laurent ? Voilà deux questions dont la première surtout est presque insoluble. Cependant, il est difficile de croire, malgré tout le respect que nous avons pour le témoignage de Lescarbot, qui place l'expédition du baron de Léry et de Saint-Just, vicomte de Gueu, vers l'année 1518, quatre-vingts ans avant celle du marquis de la Roche, qu'elle eut lieu avant les premier et deuxième voyages de Jacques Cartier. M. le docteur Taché en est arrivé, après une étude raisonnée de cette question de chronologie, à l'une des années 1538 ou 1539, et nous croyons qu'il est dans le vrai. Quant à la seconde question, elle se résout mieux. " En y réfléchissant, lisons-nous dans *les Sablons*, on ne peut qu'admirer la

---

1 *Mélanges d'Histoire et d'Archéologie bretonnes*, t. II, p. 153-6.

2 *Jacques Cartier*, p. 217-218.

3 *Registre des audiences de Saint-Malo*.

4 Lescarbot, *Hist. de la N. France*, 1612, p. 22.

sûreté de coup-d'œil dont fit preuve le baron de Léry en cette occasion ; avec cela que les Sablons,—étant donné l'énergie, le travail, la sobriété et la persévérance des hommes de cette glorieuse époque,—auraient pu être, avec le temps, transformés en une petite baronnie très sortable. Sept mille arpents de bons pâturages, avec chasse et pêche abondantes, ne sont point des biens à dédaigner. Le résultat est venu, du reste, justifier ce choix : les animaux, déposés sur l'île de Sable, s'y sont multipliés, au point de servir au ravitaillement des navires, à la nourriture des malheureux naufragés, et à des chasses fructueuses, pendant trois siècles [1]."

L'on constate qu'en 1544 et 1545, après le retour définitif de Jacques Cartier et de Roberval, deux vaisseaux partaient, presque tous les jours des mois de janvier et de février, des ports de Dieppe, du Havre et de Honfleur, pour aller aux terres neuves. Macé Jalobert y faisait la pêche, entre les années 1548 et 1560. Le beau-frère de Jacques Cartier était maître après Dieu de la *Marguerite Bonnadventure*. On le voit engagé, vers cette époque, dans des procès concernant les armements de ses vaisseaux, procès où étaient intéressés François Crosnier, et Guillaume Sequart qu'il ne faut pas confondre avec son homonyme, compagnon du Découvreur du Canada, à son deuxième voyage. Pierre Marquier, trompette, qui avait pris aussi du service sur les navires du capitaine malouin [2], figure également dans un procès de restitution de prise, en date du 9 novembre 1564, à la suite de la capture de l'*Andrée* de Bastable, apparte-

---

[1] *Nouvelles Soirées Canadiennes*, 1882, p. 474.
[2] Joüon des Longrais, *Documents*, etc. p. 137.

nant à Prégent Botherel, sieur de Beauvais. Nous retrouvons Jalobert, le 2 juin 1558, dans une signification de jugement de la juridiction de Saint-Malo, au sujet d'une promesse de quarante pipes de morue sèche à conduire à Bordeaux, sur la *Benoiste* [1].

La pêche se continua activement, pendant et après les découvertes de Cartier. Jalobert, Crosnier et Séquart, n'étaient pas seuls à sillonner les mers terreneuviennes. D'autres Bretons faisaient de l'industrie de la pêche une de leurs plus chères préoccupations. Thomas Maingart et Jehan Hamon apparaissent aussi aux annales du parlement de Rouen et de Rennes, en 1554 et 1555, comme intéressés dans des affaires de pêcherie [2]. Les Basques français ne se laissaient pas devancer par les autres Savalette, de Saint-Jean-de-Luz, avait commencé à fréquenter les côtes de l'Acadie vers l'année 1565, et il continua à s'y rendre tous les ans, sans aucune interruption, jusque vers 1608. Champlain fit sa connaissance dans une petite baie, située à environ six lieues au sud de Canseau. C'est là que le capitaine Savalette ancrait son unique navire, de 80 tonneaux, lequel pouvait porter cent milliers de morues sèches. " Ce bon vieillard, écrit Lescarbot, nous dit que ce voyage (en 1607) était le quarante-deuxième qu'il faisait par delà.... Il était merveilleusement content de sa pêcherie, et nous disait qu'il faisait tous les jours pour cinquante écus de morues; et que son voyage vaudrait dix mille francs [3].

---

[1] *Revue de Bretagne et de Vendée*, 1880, 2e série, p. 378.

[2] *Documents inédits sur Jacques Cartier et ses compagnons*, par M. de la Borderie (Revue de Bretagne et Vendée) 1880, t. II, p. 377.

[3] Lescarbot, liv. IV, c. XIX.

Le roi de France et le gouverneur de Saint-Malo émettaient de temps à autre des ordonnances réglant le départ des pêcheurs, suivant les besoins de la guerre et les vicissitudes de la politique. Quelquefois, comme en 1560 et 1562, la pêche était provisoirement suspendue, jusqu'à ce que l'ennemi eut fait connaître quelle direction il prenait. L'interdit fut levé dans le cours de ces mêmes années ; mais, en 1568, il se prolongea jusqu'au 6 mars 1569, que le gouverneur autorisa la sortie "pour le voiage des terres neufves, fors et réservé les navires, biens et portions d'iceulx, qui sont aux huguenots, dont la saesie est autorisée conformément aux Ordonnances [1]."

En 1560, trente navires quittaient les petits ports de Jumièges, Vatteville et La Bouille pour le voyage au nouveau monde, toujours dans le but d'y faire la pêche [2].

Quatre ans plus tard, le gouvernement français semble s'intéresser au sort de ses navigateurs, en leur accordant une plus grande protection. Le dix-huit avril de cette année (1564), Guillaume Le Beau, receveur général du roi, achetait de Robert Goüel, maréchal de blanche œuvre, comme l'attestent certains actes notariés enregistrés au greffe de Rouen, un matériel [3] qui devait

---

[1] Greffe d'office de S. Malo, 1566-68 ; sous le 22 février 1568.

[2] *Documents authentiques et inédits pour servir à l'hstoire de a marine Normande et du commerce Rouennais, pendant les XVIe et XVIIe siècles.* Par E. Gosselin, greffier du palais de Justice de Rouen, 1876 XV, 173.

[3] Voici un détail de cet armement :
50 louchets à 12 solz pièce ;
50 houzeaux à 10 solz pièce ;
25 haches à faire bois à 12 solz pièce ;
50 serpes à couper bois à 6 solz pièce.

être transporté dans la Nouvelle-France par les ordres du roi. Le sept du même mois, Le Beau payait 400 livres pour des armes et accoutrements nécessaires à " l'infanterie française qu'il plaira au roi d'envoyer présentement dans la Nouvelle-France pour sa défense [1]." Ce fut sous le règne de Charles IX que se fit cet armement inusité. Les rois de France n'avaient donc pas complètement perdu de vue les affaires du Canada. Il ne faudrait pas voir cependant, dans cette organisation confiée à Le Beau, autre chose qu'une mesure de protection de la part du gouvernement en faveur de ses sujets, qui avaient souvent maille à partir avec les Esquimaux et les pêcheurs de nationalité étrangère ; car, il est bien constaté qu'aucun essai de colonisation ne fut sérieusement tenté avant le marquis de La Roche.

Après 1564, les pêcheurs ne semblent pas diminuer en nombre dans les eaux du golfe et sur les grands bancs. Etienne Chaton, sieur de la Jannaye, et Jacques Noël s'y rendaient encore tous les ans. Nous retraçons, en 1570, l'existence d'une société pour l'exploitation des pêcheries à Terreneuve. C'est, du moins, l'opinion de MM. Charles et Paul Bréard, qui nous font ainsi connaître le résultat de leurs nombreuses et importantes recherches : " On croit qu'il existait à Rouen en 1570,

---

[1] 7 avril 1564.—Quittance par Jehan Garnier, sieur de Vestry, lieutenant de la compagnie du capitaine Lagrange, à Guillaume Le Beau, receveur général des finances du roi en sa marine du ponant, de la somme de 400 liv. qui devaient être employées en achats d'arquebuses et fournitures nécessaires à l'infanterie française *qu'il plaît au Roy envoyer présentement* en sa Nouvelle-France pour la défense d'icelle et pour le service de Sa Majesté sous les ordres du sieur Lagrange, colonel en la dite infanterie.

une association en vue d'exploiter la pêche à Terreneuve, mais nos actes notariés sont d'un faible secours pour en suivre les traces. Cependant, si on les examine attentivement, on sera convaincu que cette société avait pour chefs deux riches marchands rouennais : Thomas Legendre et Fernand de Quintanadoine, sieur de Brétigny. On sait qu'au milieu du XVIIe siècle, le premier de ces deux noms représentait encore avec éclat le grand commerce maritime.

" D'autres bourgeois de Rouen s'associèrent aux chances des voyageurs d'outre-mer ; les contrats d'armements font connaître : Adrien Le Seigneur, Charles Paviot, Robert Lebourg, Toussaint Puchet, Jean de Sahurs, Jacques Halley, Paul Baudry, Guillaume Potier, sieur de la Bigotière, Perrin Bezou, sieur de Bondois, Antoine de Premierasny, Corneille de Bellois, et d'autres encore [1]."

Le mouvement continua à s'accentuer après 1570. En 1578 les bancs étaient couverts de voiles. Les Espagnols y avaient 100 vaisseaux, les Basques de 20 à 30, les Portugais 50 à 60, les Français 150, et les Anglais environ 50 [2]. Ces derniers étaient encore les moins assidus, car ils avaient toujours conservé la coutume d'aller faire leurs provisions de morue le long des côtes de l'Islande [3]. Depuis quatre ans (1574) cependant, leur flotte s'était augmentée de vingt navires [4]. La morue

1 *Documents relatifs à la marine normande*, C. et P. Bréard, p. 50-51.

2 Hakluyt, III, p. 132.

3 *Ibidem*.

4 *Ibidem*.

était le poisson le plus recherché de tous les Européens, mais les Basques poursuivaient surtout les baleines.

Les Malouins avaient toujours la supériorité aux terres neuves, quoiqu'en dise Hakluyt. De temps à autre leur apparition était retardée, par suite de prescriptions spéciales, auxquelles il leur fallait se soumettre bon gré mal gré. Nous avons vu l'interdiction qui vint arrêter leur départ en 1568 jusqu'à l'année suivante. Il existe encore un exemple d'un arrêt analogue. En 1580, au moment où les navires allaient quitter la rade de Saint-Malo pour cingler vers l'Amérique, de Caunelaye, capitaine général des ports de l'Évêché de cette ville, fit publier, à son de trompe, par les carrefours et les cantons, des missives du roi défendant à tous les maîtres de la Bretagne de mettre à la voile pour Terreneuve, à moins d'un avis spécial [1].

Ce fut le seul arrêt de cette nature pendant les guerres de la Ligue (1576 à 1598). La pêche ne subit aucune interruption, depuis 1581 jusqu'en 1588 [2].

En 1581, Etienne Darmond et Richard Voilabauche se rendirent aux terres neuves, mais ils n'y firent aucune habitation [3].

En 1583, Etienne Bellenger, de Rouen, ami de Hakluyt, et engagé au service du cardinal de Bourbon [4],

---

1 Greffe d'office de S. Malo, 1577-81, sous le 12 avril 1580.
2 *Délibérations*, 1581-88 ; 12 avril 1582, etc.—*Office*, 5 août 1586.
3 Michelant et Ramé, p. 60.
4 Hakluyt, *Discourse of Western Planting*, p. 26 ; et Cabo de Boass, p. 6 ; aussi une note de G. Gravier dans *Magazine of American History*, IX, p. 214, sur le cardinal de Bourbon.

visita le Cap Breton et les côtes orientales de l'Amérique, en se dirigeant vers le sud. Le même marchand avait, l'année précédente, pourvu en société avec Louis de la Chandre, gendre de Raulin Secalart, à l'armement de l'escadre que la reine-mère dirigea, en 1582, vers les Açores, sous le commandement de Philippe Strozzi.

Parmi les navigateurs les plus assidus à la conduite des pêcheurs au grand banc, les greffes de tabellionnage de Honfleur ont conservé les noms de Jehan du Londel, Edmond de Sahures, Jehan Faroult dit Placidas, Richard Baril, Jehan Geffroy, Guillaume Roques, Guillaume Duglas, Nicolas Morin, Jehan Poesson, Jehan Auber et Guillaume Champagne. De 1574 à 1596, leur nom apparaît comme capitaine ou maître des vaisseaux en partance. Chaque année, il en était enregistré dans le port de Honfleur seul, de quinze à vingt navires. Des documents notariés en font foi [1]. Le même mouvement se faisait aussi à Saint-Malo, et dans tous les petits ports bretons. La Rochelle et le pays basque fournissaient également un nombre considérable. De sorte que l'on peut affirmer que les Français fréquentèrent, pendant tout le seizième siècle, les parages des terres neuves, pour y faire la pêche des baleines et des morues.

1 Voir Note 10.

CHAPITRE IX

LES SUCCESSEURS ET HÉRITIERS

DE

JACQUES CARTIER

Jacques Noël.—Etienne Chaton, sieur de la Jannaye.—Leur privilège de traite au Canada.—Sa révocation.—Jacques Noël et ses fils au Canada.—Lettres à Jean Groote.

Nous arrivons à l'année 1588, qui vit octroyer à Etienne Chaton, sieur de la Jannaye, et à Jacques Noël, un privilège spécial pour le trafic des pelleteries et l'exploitation des mines du Canada. Cette espèce de monopole n'entravait pas les droits des pêcheurs, qu'une coutume, vieille peut-être de plus d'un siècle, semblait avoir garantis aux Malouins et aux autres Français, pour un temps indéfini. Comme nous le verrons plus tard, la société Noël-Chaton fut éphémère, et les pêcheurs du littoral de la Bretagne et de la Normandie réussirent à conserver dans leur intégrité les anciennes prérogatives dont ils étaient si jaloux.

Seize ans avant sa mort [1], Jacques Cartier avait fait préparer ses dispositions testamentaires. Ses héritiers devaient être Catherine des Granges, sa femme, et Jehanne Cartier, sa sœur, mariée à Jehan Noël. Si sa compagne venait à décéder avant lui, Jacques des Granges, son beau-père, devenait l'usufruitier du jardin et de la maison de la rue de Buhen [2], à Saint-Malo. Tous ses biens, y compris le manoir de Limoilou, devaient, après sa mort, retourner à ses héritiers naturels, c'est-à-dire à sa sœur, ainsi qu'aux descendants de Jacques des Granges.

Jehanne Cartier avait épousé, en 1504, Jehan Noël. De ce mariage naquirent trois garçons, Pierre, Etienne

---

[1] Ce testament fut dressé le 17 mai 1541. Voir J. Cartier, pièce B, p. 308-10.

[2] Cette maison était située entre le vieux manoir de Buhen et l'hôpital Saint-Thomas ; le jardin bordait l'antique muraille de ville dont on voit encore les vestiges en arrière de la cour la Houssaie et qui allait de là au flanc de la tour Quiqu'en grogne.... Jacques Cartier ne possédait point cette maison du chef de sa femme, bien que les des Granges eussent alors plusieurs propriétés dans la même rue. Il l'avait acquise des héritiers d'écuyer Alain de la Motte, seigneur de Fontaines, avant 1541. Elle fut reconstruite au XVIIe siècle, et le jardin, qui y attenait, fut également remplacé par des constructions et des cours. Cette rue portait encore le nom de Buhen en 1802. - (Registre capitulaire de Saint-Malo.—*Etrennes Malouines* de 1793.)

et Jacques, et une fille, Guillemette. Pierre vint au monde le 13 avril 1506, Etienne, le 21 août 1510. Le Découvreur du Canada était petit compère au baptême de Jacques. Mais il y eut un autre Jacques Noël, né le 3 mai 1519, qui fut aussi le filleul de Cartier; il était issu du second mariage de Jehan Noël avec Servanne Le Doyen. C'est de ce dernier dont il est question, en 1588, comme héritier et successeur du célèbre navigateur malouin. Il avait donc atteint, à cette époque, l'âge avancé de 69 ans, et il avait deux garçons assez vieux pour faire le voyage du Canada. Un troisième Jacques Noël, fils d'Etienne, et petit neveu de Cartier, né en 1551, ne doit pas être celui que plusieurs historiens assignent comme le père de Jean et de Michel Noël, qui remontèrent le Saint-Laurent en 1587. Le Jacques Noël, dont le nom apparaît en 1588, était donc le neveu par alliance du Découvreur.

Etienne Chaton, né le 28 janvier 1543, était l'un des enfants d'Olivier Chaton, sieur de la Jannaye, procureur de la communauté de Saint-Malo, et de Catherine Le Gobien, alliée aux Des Granges, de la manière qui suit. Elle était fille de Pierre Le Gobien, sieur des Douets et de Frotu, alloué de la juridiction, lequel était fils d'une sœur de Catherine des Granges. Ses enfants, Catherine et Jean [1], sénéchal de Château-Neuf, étaient cousins au premier degré de la femme de Cartier. Jean avait accepté, à ce titre, l'héritage de sa cousine [2]. Voilà

---

[1] Fut anobli en 1572, pour le beau rôle qu'il joua aux Etats de Bretagne.

[2] Catherine Des Granges fit donation de ses biens, le 9 mars 1569, devant J. Jocet et Regnault, notaires.

pourquoi Etienne Chaton, enfant de Catherine Le Gobien, figure parmi les héritiers de cette dernière, et, par voie indirecte, de Jacques Cartier. Etienne Chaton n'avait donc qu'une parenté très éloignée avec ce dernier, qui se trouvait son grand-grand-oncle.

Jacques Odieure, un autre parent du Découvreur, que l'on retrouve sur la longue liste de ses filleuls, était né le 30 décembre 1548, du mariage de Michel Odieure, un des compagnons de Cartier au Canada, avec Perrine Jalobert, fille de Macé Jalobert et d'Allison des Granges, sœur de la femme de Cartier. Il était donc le petit-neveu par affinité du grand Malouin.

Noël, Chaton et Odieure avaient formé une société commerciale, en vue de l'exploitation des richesses naturelles du Canada. Il appert, par un document [1], daté du 26 novembre 1587, qu'Odieure, marchand de Saint-Malo, agissant par son frère Sébastien, de concert avec Noël, se fit délivrer par Etienne Gravé et Julien Lesieu, notaires royaux, aussi de Saint-Malo, un *transumpt* authentique d'un fragment des comptes liquidés en 1544 entre Jacques Cartier et Roberval, à l'effet d'appuyer sa demande de concession de privilèges au Canada fondée sur les pertes subies par Cartier. Il n'était pas encore question d'Etienne Chaton, sieur de la Jannaye, qui pourtant jouissait d'une certaine influence à la cour. Les services qu'il avait rendus pendant le siège de La Rochelle, lors de l'armement de navires fait à Saint-Malo contre les Rochelais, et surtout pour avoir capturé, comme commandant d'un de ces navires, le secrétaire du prince de Condé, lui avaient valu le bref de capitaine pensionné de la marine royale [1].

---

1 Ramé, 1ère série, p. 32-34.

L'abbé Manet raconte ce fait d'armes glorieux pour le marchand malouin : " L'escadrille, dit-il, se porta sur les côtes d'Espagne, que les rebelles infestaient déjà. Là une de nos frégates ne tarda pas à joindre un navire espagnol dévoué aux Rochellois et à leur parti, et le somma de se rendre. Celui-ci, en signe d'obéissance, baissa aussitôt ses voiles, mais en même temps il jeta ses dépêches à la mer. Nos concitoyens, ayant aperçu en cet instant une boîte de fer blanc qui surnageait, envoyèrent un esquif la prendre. On l'ouvrit, et l'on y trouva plusieurs lettres et mémoires "grandement préjudiciables au bien des affaires du Roy et au repos de ses sujetz." Les porteurs de ces pièces étaient un nommé Jean Abraham, secrétaire du prince de Condé, et un nommé Moissonnière. Ces deux individus furent amenés à Saint-Malo, où ils furent quelque temps détenus, et d'où on les transféra ensuite à Paris, pour leur trancher la tête [1]."

Chaton se joignit bientôt à Noël, soit qu'Odieure n'agît d'abord que pour la forme, soit qu'il eût fait rayer son nom de la liste des actionnaires de la nouvelle société mercantile ; car, plusieurs marchands de Saint-Malo avaient des intérêts dans cette entreprise, qui promettait de grands profits, et dont, en réalité, on pouvait attendre le succès, grâce au monopole de douze ans : ce qui ne s'était pas encore vu. Nous verrons maintenant Noël et Chaton agir de concert, pour rendre bonnes et valables leurs réclamations auprès du roi. Leurs raisons pouvaient se résumer ainsi :

1 Manet, *Notes inédites sur Saint-Malo.*

1º Les services rendus à la France par Jacques Cartier, leur oncle, par ses découvertes au Canada ;

2º Les dépenses que leur oncle avait pour cela encourues, sans avoir jamais été remboursé ;

3º Le zèle déployé par les successeurs et héritiers de Cartier, pour entretenir le commerce et conserver l'amitié avec les sauvages du Canada où ils étaient allés plusieurs fois, par respect pour la mémoire de leur oncle, qui leur avait recommandé, à ses derniers moments, la continuation de son œuvre ;

4º Les déboursés qu'ils avaient faits eux-mêmes dans ces voyages ; la perte de trois pataches [1] détruites par le feu, et d'une quatrième enlevée par des rivaux plus forts qu'eux ;

5º Le défaut de paiement à Chaton de 2,200 écus pour ses gages de capitaine de la marine royale, pendant les douze dernières années.

Ces raisons, pesées au poids de la plus stricte justice, devaient avoir quelque influence sur le roi. Aussi se laissa-t-il facilement gagner, et le 14 janvier 1588, il accordait à la société commerciale Chaton-Noël, un privilège de douze ans pour le trafic des mines et pelleteries au pays de Canada, Conjugon et autres, avec permission d'extraire des prisons soixante personnes pour servir à l'exploitation des mines [2]. Cette coutume de faire sortir des geôles les criminels pour les envoyer

---

[1] La *patache* était un petit vaisseau de guerre destiné au service des grands navires. La patache mouillait à l'entrée des ports, pour aller reconnaître les vaisseaux qui venaient ranger les côtes.

[2] Ramé, 1ère série, p. 34-44.

en Amérique, datait du temps de Colomb. L'objet n'était pas tant, comme on le pourrait croire, de coloniser le nouveau monde avec cet élément malsain, que de s'en servir pour la manœuvre des vaisseaux. Tout de même ce système, qui semblait être passé dans les mœurs de ce siècle, démontre qu'on n'était pas très particulier sur le choix des équipages.

Alarmés de ce monopole, qui menaçait de ruiner leur commerce aux terres neuves, les marchands de Saint-Malo se montrèrent mécontents, et firent de l'agitation. Dès le neuf février, ils se réunissaient, au nombre de vingt-cinq, pour délibérer sur ce qu'il fallait faire en cette grave occurrence. Réné Moreau, sieur de la Péraudière, présidait à cette assemblée, où l'on est surpris de rencontrer Jacques Noël en personne. Jean Picot, sieur de la Gicquelaye, procureur syndic, exposa le cas ; et, après avoir examiné le pour et le contre, il fut décidé de filer devant la cour du parlement une opposition à la mise à effet des lettres patentes récemment émises en faveur des deux parents de feu Jacques Cartier [1].

Le 27 février, nouvelle réunion des bourgeois, au cours de laquelle Germain Léveillé [2], soupçonné d'avoir des intérêts dans la nouvelle compagnie, donna sa démission comme greffier de la communauté, et fut remplacé par Pierre Le Roy, notaire royal [3].

L'affaire commençait à faire du bruit, et les mécontentements grandissaient. Les bourgeois provoquèrent

---

[1] *Jacques Cartier*, Pièce D, p. 312.
[2] Se démit de son greffe le 29 juillet 1588, à la suite de ces affaires.
[3] *Jacques Cartier*, Pièce E, p. 312.

une consultation d'avocats au parlement de Rennes. L'avis qu'ils en reçurent était en somme favorable à la révocation du privilège, mais à la condition que les habitants de Saint-Malo se substitueraient aux charges imposées par le roi à la compagnie de nouvelle formation. Cet avis est signé *Dourdin* [1], et est enrichi de notes marginales de main étrangère, lesquelles sont une réponse concise aux motifs allégués par Chaton et Noël. On soupçonne que ces annotations sont le fait du greffier de la communauté malouine. M. Joüon des Longrais est fondé à croire qu'elles y furent intercalées, soit par un des députés en cour, soit par un membre du conseil du roi. Ces notes peuvent ainsi se résumer :

—Jannaye (Etienne Chaton) n'est ni neveu, ni héritier de Cartier. Noël (Jacques) a été au Canada comme pilote, mais seulement comme marinier mercenaire. Il n'y est pas allé depuis deux ans. Quant à Jannaye, il n'a jamais fait de voyage au Canada.

—Cartier est resté débiteur envers la Communauté de Saint-Malo pour un montant égal, sinon plus élevé, que sa réclamation de 8,630 livres.

—Jannaye et Noël n'ont pas découvert de mines au cap de Conjugon, si tant est qu'il y en ait.

—Jannaye et Noël n'étaient pas propriétaires des pataches en question ; peut être ce dernier était-il quelque peu intéressé, mais dans une seulement.

—Si une récompense était due à Jannaye pour ses états de service comme capitaine de la marine, elle devait

---

1 Ramé, 1ère série, p 44-48.

tourner au profit et à l'honneur des habitants de Saint-Malo, qui avaient été les instigateurs de l'expédition entreprise, en 1575, contre les Rochelais. Eux seuls avaient fait les démarches voulues pour obtenir le brevet de capitaine en faveur de Jannaye.

Les Etats de Bretagne se réunirent à Nantes, le 17 mars, en session extraordinaire [1]. Après avoir pris en considération la requête des bourgeois malouins contre les capitaines Jannaye et Noël, les députés décidèrent de faire présenter au roi par leurs collègues en cour, des remontrances à ce sujet, dans l'intérêt de la liberté du commerce. Ces remontrances demandaient la révocation des lettres-patentes du 14 janvier précédent, ainsi que le privilège ordinaire pour tous les sujets français de continuer le trafic au Canada, avec la même liberté qu'auparavant.

Le roi agréa la révocation des lettres de faveur accordées à la société Noël-Chaton, à l'exception de la partie qui se rapportait à la découverte des mines au cap de Conjugon [2].

Le cinq mai, le Conseil d'Etat, en entérinant la requête des Malouins, déclarait que Sa Majesté n'entendait pas empêcher la liberté du trafic et du commerce des fourrures " aux îles de Canada et Conjugon [3]."

1 Archives d'Ille-et-Vilaine, Registre des Etats. Ramé, 2e série, p. 10-11.

2 M. Ramé n'a pas connu cette pièce. Elle a été insérée par M. Edouard Quesnet, archiviste d'Ille-et-Vilaine, dans les *Mélanges d'Histoire et d'Archéologie bretonnes*. M. Joüon des Longrais l'a publiée dans son ouvrage documentaire.

3 Voir Pièce F, dans *Jacques Cartier*, p. 313-314.

Le neuf juillet, des lettres de révocation pures et simples entraient dans le domaine officiel [1], et le seize du même mois le Procureur du roi faisait intimer ces lettres au capitaine Jannaye par Treust, sergent royal [2].

Les bourgeois de Saint-Malo restèrent donc paisibles possesseurs de leurs droits commerciaux, comme par le passé, et les héritiers du Découvreur ne donnèrent plus de suite à leurs prétentions. Au moins, il n'existe aucun document officiel qui nous porte à croire que Chaton et Noël renouvelèrent leurs réclamations de remboursement, soit en faveurs particulières, soit en espèces sonnantes.

Le sieur de la Jannaye se jeta ensuite avec ardeur dans la lutte des Ligueurs contre Henri IV, et il servit sous le duc de Mercœur, gouverneur de Bretagne [3]. Fut-il fidèle jusqu'au bout à la cause qu'il commença à servir ? Il est permis de croire qu'il abandonna son chef rebelle, car nous constatons son bannissement par les Ligueurs, après la prise du château de Saint-Malo. Chaton reprit le chemin de sa ville natale après les troubles et il mourut, le 15 mars 1613, à l'âge de 70 ans.

Les bourgeois de Saint-Malo s'opposèrent de tout temps à ces sortes de privilèges, qui étaient de nature à nuire à leurs affaires. La lutte qu'ils avaient entreprise avec tant de vigueur contre les héritiers et successeurs

---

[1] Plusieurs historiens font remonter ces lettres de révocation au cinq mai précédent, par une méprise facilement excusable.

[2] Ramé, 1ère série, p. 48-50.

[3] *Délibérations*, du 12 décembre 1584. Mission du capitaine Jannaye.

de Cartier, se renouvela plus tard, et avec non moins d'énergie, quand Chauvin voulut monopoliser à son profit exclusif le commerce des pelleteries au Canada. La même justice à laquelle ils s'adressèrent encore, ne leur donna pas cette fois gain de cause, malgré l'appel chaleureux qu'ils firent aux droits jusqu'alors méconnus de leur compatriote Jacques Cartier. Véritablement ils avaient mauvaise grâce de se réclamer d'un titre qu'ils avaient contesté aux héritiers et parents du Découvreur, dix ans auparavant.

Jacques Noël ne figure plus guère dans les annales de Saint-Malo. Son nom est cependant resté attaché à celui de son immortel parent, non pas tant par les liens du sang, que par deux lettres qui jettent un peu de lumière sur les travaux du navigateur malouin comme cartographe et chroniqueur. Ces deux documents, dont nous avons déjà dit un mot, étaient adressés à Jean Groote, étudiant à Paris, et cousin de Noël [1]. L'une de ces lettres est du 19 juin 1587, et la deuxième est veuve de date. Dans la première, Jacques Noël écrivait qu'il était tombé sous ses yeux une carte des îles occidentales, du royaume du Mexique, et des pays de Canada, Hochelaga et Saguenay, dédiée à Hakluyt, gentilhomme anglais. Sur cette carte la rivière de Canada (Saint-Laurent) n'est pas placée comme dans son livre "lequel est conforme à celui de Jacques Cartier". Dans cette lettre, Noël dit qu'il est allé sur le haut d'une montagne [2], qui

[1] Voir Appendice, Pièce E.

[2] Le *Mont-Royal* ainsi nommé par Jacques Cartier. Quelqu'un a prétendu que *Montreal* tirait son étymologie du nom d'un des compagnons de

est au pied des sauts, et qu'il a appris des sauvages qu'il fallait dix journées de marche, depuis les sauts jusqu'à un grand lac situé au-dessus d'eux.

En post-scriptum, Noël ajoute qu'il va s'informer s'il n'y aurait pas moyen de trouver les relations que le capitaine Jacques Cartier avait écrites après ses deux derniers voyages en Canada, c'est-à-dire après l'année 1543.

Dans cette lettre encore, Jacques Noël parle incidemment d'un nommé Gilles Wattier, beau-frère de Groote. C'est une erreur de nom popularisée par Hakluyt. Ce Gilles Wattier n'est autre que Guillaume Gauthier, sieur de Lambestil, receveur des Devoirs de l'ancienne coutume, en 1595, puis miseur de la ville [1]. Il avait épousé Françoise Groote, sœur de Jean, l'étudiant de Paris. Jean Groote, sieur de la Ruaudaye, était tout probablement fils de François Groote, sieur de La-Ville-ès-Nouveaux, et de Guillemette Colin [2]. Les Groote se disaient d'origine hollandaise et se rattacher à la famille

---

Jacques Cartier, Claude de Pontbriand, sieur de *Montréal*. Or, rien ne prouve que ce fut bien là son titre véritable. En effet, nous lisons dans le Récit du second voyage que Claude de Pontbriand est qualifié de sieur de Montcevelles. Mais nous croyons que c'est une erreur vulgarisée par l'édition canadienne des *Voyages de Cartier* ; car ce gentilhomme était sieur de *Montreuil*. Cartier dit expressément qu'il nomma cette montagne le *Mont-Royal*, et cela à diverses reprises. De *Mont Royal* on a fait par abréviation *Montréal*, nom que cette ville porte encore aujourd'hui.

1 Jouön de Longrais, *Documents* p. 144.

2 *Ibidem*. Il y eut un autre François Groote, sieur du Clos-Neuf, qui fut connétable de Saint-Malo vers la fin du XVI siècle.

dont sortit Grotius, auteur célèbre de *Marc Liberum* [1]. Cette famille était fixée à Saint-Malo, avant 1488, car on la trouve dans la liste de l'emprunt de la Trémouille [2]. Le 5 octobre 1518, au lendemain de son entrée à Saint-Malo, François I nomma un fils de Jean Groote le jeune et de Jeanne Brule [3].

Dans une seconde épître à son cousin, Jacques Noël, rappelant ce qu'il avait écrit dans la précédente, au sujet des relations de voyage de son oncle, déclarait n'avoir rien pu découvrir, excepté un livre en forme de carte marine, rédigé par le Découvreur lui-même et qui se trouvait entre les mains du sieur de Crémeur. Celui-ci s'appelait Jean Jocet, alors connétable de Saint-Malo. Il était fils de Nicolas Jocet [4], sieur de La Motte-Girault, alloué de la juridiction de Saint-Malo. Le sieur de Crémeur était marié à Catherine Langourla et n'avait aucun lien de parenté avec les Cartier et les des Granges. Une de ses filles, Denise Guillaume, avait épousé, en 1547, Grand Jehan Eberard, sieur de La Chapelle, dont le nom est resté mémorable pour le long procès qu'il eut à soutenir devant le Parlement de Bretagne contre Jacques Cartier [5].

Noël nous apprend enfin, dans sa dernière lettre, qu'il avait remis à ses deux fils, Michel et Jean, alors au Canada, le "livre fait en forme de carte marine."

1 D. Taillandier, tome II, p. 249, note.
2 J. Des Longrais, p. 144, note 1.
3 Arch. de Saint-Malo, GG 1 Baptêmes.
4 Le sénéchal N. Jocet fut anobli en 1575 pour services civils rendus à son pays.
5 *Jacques Cartier*, p. 137-140.

L'histoire des Chaton et des Noël cesse d'avoir quelque intérêt, après leur disparition de la scène du monde. Leurs exploits comme navigateurs, assez peu connus, jetèrent sur ces deux familles un lustre qui devait bientôt cesser, et leur plus grand titre de gloire est de compter parmi les héritiers du Découvreur du Canada.

CHAPITRE X

L'INDUSTRIE DE LA PÊCHE

AUX TERRES NEUVES

Le Rôle d'Oléron.—Ordonnances de Wisby. — Règlements des villes hanséatiques.—Le Guidon de la mer.—Bourgeois normands et bretons.—La Court-Précourt-Ravaillon.—Discours de Michel Hurault. —Industrie de la pêche.—La pêche au grand banc.—Pêche sédentaire et pêche permanente.—Nicolas Denys.—Colonisation des îles de la Madeleine.

Les navigations européennes furent soumises à des règles spéciales, quelques années après le milieu du treizième siècle. C'est de l'île d'Oléron que furent émanés ces beaux et grands privilèges que le monde est redevable à la reine Eléonore, duchesse de Guyenne. Elle fit dresser le premier projet des jugements intitulés *Rôle d'Oléron* [1], pour servir de Loy en la mer du Ponant." Son fils Richard, roi d'Angleterre et duc de Guyenne, fit des additions à ces règlements, tout en conservant le titre donné par sa mère.

Ce code de loi reçut l'approbation de tous les gens de bien allant en mer, et les coutumes louables, sur lesquelles il s'appuyait, s'insinuèrent petit à petit parmi les nations de l'Europe. Les Français, qui comprenaient mieux le sens du *Rôle*, rédigé dans leur langue, avec une légère teinte de gascon, en observèrent les premiers les dispositions. Au seizième siècle, Bois-Gelin de la Toisse, gentilhomme breton, dressa des commentaires qu'il promit de mettre en lumière dans son *Traité du Droit de bris, et des Brefs ou Sceaux*. Plus tard les bourgeois de la ville de Wisby, dans l'île de Gothland, sur la mer Baltique, dressèrent sur le *Rôle d'Oléron* les Ordonnances et Règlements connus sous le nom de Wisby, et rédigés en langue tudesque.

Enfin, en 1597, les députés des villes hanséatiques, (Bruges, Londres, Bergen et Novgorod) villes franches, dressèrent leurs règlements de navigation à Lubeck, sur le modèle des précédents, avec quelques additions.

Ces trois codes se complètent les uns les autres. Le *Guidon de la mer*, dont l'auteur est resté inconnu, sert de complément à cette grande œuvre, qui fut considérée

---

[1] Ces jugements sont conservés au Trésor des Chartes de la Comptablie de Bordeaux, au livre coté A, feuillet 191. (*Les Us et Coutumes de la Mer*, p. 1.)

pendant longtemps comme la jurisprudence officielle de la navigation. Les contrats maritimes, qui en sont l'essence, définissent à satiété les rapports entre les marins de toute condition, depuis le maître au plus humble matelot.

Les navires faisaient la navigation de deux manières : les uns allaient au fret, les autres au tiers. Tout navire de long cours était considéré en trois parties : bourgeoisie, équipage et ravitaillement. Le bourgeois ou propriétaire était tenu de fournir le vaisseau en parfait ordre " bien étoffé, bien étanche et pourvu de bons apparaus, et de tout le nécessaire à son entretenement, avec artillerie et autres armes avec leurs munitions." S'il n'avait pas le moyen par lui-même de pourvoir à l'appareillage du navire, il s'assurait le secours d'un victuailleur, qui se chargeait du ravitaillement pour le temps du voyage, et à son défaut, il empruntait de l'argent à profit sur le voyage. Il y avait le prêt à la grosse aventure ou *Bomerie*, par lequel le bourgeois s'engageait à rembourser la somme empruntée, avec l'intérêt et profit stipulé ; si le vaisseau se perdait en mer, l'obligation était éteinte. C'est ce qu'on appelait emprunter sur la quille du vaisseau. Les marins s'adressaient de préférence à des marchands ou à des particuliers, pour s'assurer des fonds nécessaires à l'armement. Dans ce cas, ils naviguaient au tiers. Par les contrats de nolisement ou de naulage, les bourgeois subrogeaient en leurs droits l'affréteur, et si ce dernier prenait sur lui les risques et les hasards de la navigation, il s'en réservait aussi les bénéfices.

L'équipage se composait de gens de guerre et de

mariniers. Le capitaine fournissait les soldats, bien armés et accoutrés. Le maître voyait aux marins, matelots, pages, garçons et gourmettes, pour le service.

Le victuailleur fournissait les victuailles, boulets, clous, chaînes, grenades, poudre, gamelles, coffres de chirurgie, lanternes, etc.

Tout navire était frété pour l'été, qui ne se terminait que le onze novembre, jour de la fête de saint Martin.

Le marchand était tenu de payer les subsides, impositions sur les marchandises, produits de pêche. Le maître payait les congés, les droits honorifiques, comme droit de Cordoan, la pièce de bœuf salé au Châtelain de Blaye, la branche de cyprès que les Anglais donnaient volontiers au gardien de la forêt du Cypressa, en face de Bordeaux, lorsque les rois d'Angleterre étaient ducs de Guyenne. C'est ainsi que les pèlerins de terre sainte rapportaient de Jérusalem une branche de palmier.

Après accord entre le bourgeois, le maître et le victuailleur, un contrat était passé devant les tabellions. Cet acte portait le nom du navire, ceux du bourgeois, du capitaine et des associés. Il énumérait le nombre des matelots, le jour du départ, le but du voyage, la région vers laquelle on se dirigeait, les deniers versés par avance, l'intérêt et le profit de l'argent emprunté.

Le taux moyen de l'intérêt s'élevait à 40 pour cent, pour Terreneuve et le Canada ; à 55 pour cent, pour la côte d'Afrique et les Antilles ; il montait parfois à 100 pour cent, pour les voyages au Brésil [1].

---

1 Bréard, p. 11 et 12.

Le navire étant de retour, on partageait le produit en trois parts : l'une pour le bourgeois et le maître, les deux autres revenaient aux "tiercements"; ou bien un tiers à ces derniers et les deux tiers aux bourgeois et aux victuailleurs ; dans ce dernier cas, les bourgeois se chargeaient du salaire des matelots. Les Basques distribuaient le provenu de leurs pêcheries, comme suit : le tiers à l'équipage, un cinquième aux bourgeois, et les victuailleurs recevaient le reste. Par exemple, sur une prise de vingt et une baleines, l'équipage en tirait sept, les bourgeois quatre et un cinquième, et les victuailleurs neuf et quatre cinquièmes.

Les navires de trente à quarante tonneaux devaient prendre 12 hommes ; ceux de 50 à 60 tonneaux, 18 hommes ; de 90 à 100 tonneaux, 36 hommes ; de 110 à 120 tonneaux, 45 hommes. [1]

Tels étaient, en substance, les règlements de la navigation dérivés des us et coutumes de la mer. Les Normands, les Bretons et les Basques y étaient astreints, comme tous les marins de l'Europe allant au long cours. En Bretagne, les mariniers ne retiraient que le prix de leurs pêches, dont ils étaient obligés de défalquer, au retour. le loyer du navire et les avances des armateurs.

Les principaux armateurs malouins au XVIe siècle, à part ceux déjà nommés, furent Olivier Le Breton, un des plus forts actionnaires dans le *Croissant*, la *Fleur-de-Lys* et le *Plumaz* ; Guillaume Pepin Vieille-Maison

---

[1] Voir Note 10.

partageant pour un douzième dans le célèbre terreneuvier le *Pranrien* ; Michel Frotet, sieur de la Bardelière ; Josselin Frotet Ville-ès-Ducs [1].

La Normandie comptait plusieurs riches marchands, dont nous retrouvons souvent les noms dans les contrats d'armement, comme Charles Paviot, Thomas Legendre, Fernand de Quintanadoine, sieur de Brétigny, Corneille de Bellois, de Rouen, François Andrieu, de Honfleur [2]. Tous ces bourgeois fortunés percevaient de l'industrie de la pêche des bénéfices importants, mais ils ne s'occupaient nullement de coloniser le Canada. Tel fut La Court-Précourt-Ravaillon [3], capitaine du navire *Bonne-Aventure*, qui, en 1591, fit voile pour les terres neuves. Il reconnut les îles de Saint-Pierre et de Miquelon, et une partie de l'archipel de la Madeleine [4]. Ce navigateur faisait la pêche des morses aux grandes dents, pour son propre compte, comme Jalobert et les autres. C'est le premier, après Roberval, que l'on pourrait soupçonner d'avoir eu des velléités d'établissement dans le golfe Saint-Laurent, et en voici la raison. Il parut à Chartres,

---

1 Joüon des Longrais, p. 198.

2 Voir Note 11.

3 Ce nom se trouve écrit : Ravaillon, Revaillon, Ravillon.

4 Cf. L. Guérin, B. Sulte, *Documents sur le Canada* et Bergeron. Ce dernier dit : " L'an 1591, il y eut un autre voyage entrepris par le sieur de la Court Pré Ravillon en Canada avec le vaisseau nommé *Bonaventure* pour le trafic des bestes appelées *Morses* aux grandes dens. Il découvrit l'isle Ramée, et passa par celles de S. Pierre, Aponas, Duoron, de Bain, des Cormorans et autres.

cette année-là, un livre [1] ou discours qui, suivant Harrisse, fut le point de départ des essais de colonisation tentés sous Henri IV. Son auteur, Michel Hurault, était Conseiller d'Etat et Chancelier de Navarre. La coïncidence de la publication de cet ouvrage avec l'expédition de Ravaillon, semblerait en effet prouver que l'esprit public était bien disposé, à cette époque, en faveur d'une émigration française par delà les mers atlantiques. Les rivalités de nation à nation, dans les affaires de pêcherie, commençaient à se faire jour en Europe. Les Français, jaloux d'une suprématie que l'on s'était plu à leur accorder jusqu'alors, ne pouvaient pas consentir à la perdre sans protester par les armes ou autrement. C'est ce qu'ils firent en plusieurs occasions. On cite le fait suivant, arrivé en 1596.

[1] Discours sur l'estat de la France (contenant l'histoire de ce qui est advenu depuis 1588 jusqu'en 1591). Chartres, 1591, petit-in 12 de 149 pages.

M. Charles Bréard nous a adressé au sujet de ce Michel Hurault la note suivante : " Je ne sais où l'on a relevé les traces d'une exploration dans le Saint-Laurent, en l'année 1591. Il n'y a rien de semblable dans l'ouvrage paru cette année-là à Chartres. Michel Hurault, sieur du Fay, a publié : 1o *Excellent et libre Discours sur l'état présent de la France*, 1588, sans lieu d'impression ; 2o *Discours sur l'Estat de la France*, etc. Ces deux écrits ont été réimprimés plusieurs fois, dans les *Mémoires de la Ligue*, comme le dit le Manuel de Brunet, puis dans un petit volume intitulé : *Quatre excellens Discours sur l'estat de la France*, ne portant aucun lieu d'impression et daté de 1593. Ce dernier volume contient le *Discours* en question ; il y occupe les pages 101-243. Je l'ai parcouru sans trouver une ligne relative ni au Canada, ni à l'Amérique. Ce discours est une apologie de Henri IV et une sorte de libelle publié contre le duc de Guise et les Ligueurs : l'auteur était calviniste. "

Deux marins français, Michel et Martin de Sancy, s'étant emparé, en face de Terreneuve, d'un navire anglais, firent l'amiral prisonnier et le retinrent captif pendant neuf jours, sans que l'on puisse se rendre compte pourquoi ils usèrent d'une telle rigueur [1]. Peut-être le navigateur anglais avait-il violé le règlement auquel les Malouins avait assujéti les pêcheurs étrangers, les obligeant à se munir de passeports que leur délivraient les bourgeois de la communauté [2]. Les armateurs de l'Angleterre s'étaient soumis à cette loi, et loin de s'en moquer, comme on pourrait le croire, ils se rendaient à Saint-Malo pour se mettre en règle avant leur départ, sans obtenir toujours les papiers qu'ils sollicitaient. Les Basques, les Rochelais et les Granvillais n'étaient pas astreints à cette mesure de protection, mais ces derniers, que les Malouins n'aimaient pas, se voyaient souvent enlever leur poisson, avant d'arriver dans le port de Granville. Ainsi, l'on constate qu'en 1590, Allain Du Chesne, capitaine du *Guy de Jersey*, amenait à Saint-Malo le *Croissant*, de Granville, qui ne portait pas moins de 32 millions de poisson sec, 19 millions de vert, et 5 milliers de menu poisson sec, dont la huitième partie, dévolue à la ville, s'adjugea 83 écus [3].

1 *Colonial Papers*, Vol. I, No. 8.
Nous lisons dans Bréard : "Les navires étaient en sureté dans ces parages (des terres neuves), du moins pendant la Ligue, car les bourgeois de Honfleur, comme ceux de Saint-Malo, avaient bruyamment juré l'Union ; les marins des deux ports pouvaient ainsi se joindre ensemble contre les Anglais ou contre les gens du ' parti '."

2 *Délibérations*, 1590-91, 11 mai 1591.

3 *Ibidem*, 8, 10, 22, 24 octobre 1590.

L'industrie de la pêche au XVIe siècle fut un des principaux facteurs de la vie des Malouins. La morue était pour eux d'une grande importance au point de vue fiscal. Elle était frappée de droits de gabelle. Chaque charge de cheval qu'on transportait en Bretagne ou en Normandie, payait un denier tournois. Le poisson exporté par la *grant mer* était exempt de tout devoir. Les Etats de la Ligue essayèrent de frapper les poissons d'exportation de droits exorbitants. Les Malouins protestèrent, et ne consentirent enfin qu'à laisser imposer certaines taxes d'entrée, qui retournaient à leurs profits. Après leur soumission à Henri IV, celui-ci ratifia cette imposition, afin de permettre à la communauté de payer les dettes qu'elle avait contractées pendant les guerres des années précédentes [1].

La pêche de la morue ou de la *molue*, comme on l'appelait alors, se faisait surtout au grand banc de Terreneuve. Denys a laissé une description de cette montagne sous-marine que l'on considérait comme le rendez-vous de toutes les morues de l'Atlantique.

" Le Banc qui s'appelle ainsi, dit-il, est une grande montagne qui est dans la mer et sous l'eau distante de vingt cinq lieues ou environ [2] de l'isle de Terreneufve, d'où la molue verte prend son nom. Ce Banc a environ cent cinquante lieues [3] d'un bout à l'autre, et quelque

---

1 Archives de Saint-Malo, 17 octobre 1594.

2 Trente-trois lieues du rivage.

3 Il a cent lieues de long et 26 de large.

cinquante lieues en son plus large. Cette montagne qui est en la mer a au-dessous d'elle en son plus haut vingt cinq brasses d'eau, et en d'autres endroits trente, trente cinq, quarante, cinquante, et soixante brasses d'eau. Tout autour elle est coupée quasi tout droit, et en ce tour-là on ne trouve point de fonds à douze et quinze cents brasses de cordages, par là vous pouvez juger de la hauteur de la montagne qui est de roche, tout le haut en est plat, quoy qu'elle aille en baissant, c'est ou se pesche la molue qui y trouve pour sa nourriture force coquillage de plusieurs sortes et autres poissons."

Le grand banc fut toujours, depuis le XVIe siècle, l'endroit favori des pêcheurs, et le nombre de navires qui le fréquentaient chaque année alla toujours croissant. Au commencement du XVIIe siècle, il y venait jusqu'à 250 navires de France, dont quelques uns s'en retournaient chargés de 30, 40 et même 50 millions de morue verte. Ceux qui faisaient la pêche à cette époque étaient les gens du Havre, de Honfleur, de Dieppe, de Boulogne, de Calais, de Bretagne, d'Olonne et de tout le pays

---

[1] Ces bancs qui s'étendent à l'est et au sud-est de l'île sur sept à huit degrés de latitude, doivent leur existence, d'après l'opinion de plusieurs géographes, au courant polaire. Celui-ci entraîne dans la direction du sud, depuis les rives du Groënland et des archipels arctiques, d'énormes glaçons, cimentant des rocs et des pierres. Dans les parages où le courant du pôle se choque au courant du golfe, les glaçons fondent et abandonnent leurs graviers. De la sorte s'est formé avec le secours des âges, dans une mer de 8,000 à 10,000 pieds de fond, ce banc, séjour privilégié des morues.

d'Aunis. La plus grande partie du poisson était transportée sur les marchés de Paris [1].

Quand l'Acadie fut connue des Français, ils y créèrent des établissements de pêche sédentaires, et le premier fut celui du cap de Sable, qui fut installé par Rivedou, sans succès. Le sieur de la Giraudière vint ensuite se fixer à Sainte-Marie, et ne put y rester longtemps. Puis arriva le capitaine François Doublet, de Honfleur [2], en qualité de représentant d'une association [3] qui avait obtenu de la compagnie des Cent-Associés la concession [4] des îles de la Madeleine, au préjudice de Nicolas Denys, reconnu par le roi comme propriétaire de toutes les terres et îles, à partir du cap de Canseau jusqu'au cap des Rosiers.

[1] Ces pêches, chaque année, occupent 50 mille personnes et plus de 3,000 bâtiments des Etats-Unis, de France et d'Angleterre.

La pêche commence vers le 10 mai et se continue jusqu'à la fin de septembre.

Sur la côte occidentale de Terreneuve, à la baie Saint-Georges, des Français, des Canadiens, des Acadiens ont fondé des établissements. Il y a là 12 mille personnes, c'est-à-dire 12 mille pêcheurs de morues.

[2] C'était le père du célèbre corsaire Jean Doublet.

[3] Cette association se composait de trois bourgeois de Rouen : Philippe Gaignard, François Gon, sieur de Quincé, et Claude de Landemare.

[4] Cette concession souleva une vive opposition de la part des armateurs bayonnais. Un sieur Pierre de Peyrelongne, bourgeois de Bayonne, exposait dans sa protestation, qu'en 1659, ayant envoyé à l'île de la Madeleine un navire équipé de dix-huit hommes pour hiverner, il avait bâti des maisons dans l'île et qu'il en avait joui paisiblement jusqu'alors ; il réclamait en conséquence le remboursement de ses frais et avances. (Bréard, p. 136).

La pêche sédentaire ne pouvait pas rapporter de profits au début, et Denys en donne de nombreuses raisons, dont une des plus graves était la difficulté de trouver, en dehors du temps consacré à la pêcherie, un emploi utile aux engagés. Après avoir travaillé pendant quatre à cinq mois, ces gens se trouvaient plongés dans le désœuvrement, et il n'y avait aucun profit pour les compagnies d'armateurs à les nourrir pendant tout l'hiver, en attendant le retour du printemps. Les Français non sédentaires quittaient leurs foyers dans la dernière quinzaine d'avril et retournaient au commencement d'août, et au plus tard en septembre [1]. L'heure du retour dépendait de l'abondance des prises. On cite tel navire qui faisait deux voyages transatlantiques la même année. Mais c'était la rare exception.

Les Français ne venaient pas aux terres neuves que pour y pêcher le poisson. Le trafic des pelleteries avec les insulaires de l'île de Baccalaos, les naturels du Labrador, et vers la fin du XVIe siècle, avec les sauvages du Cap-Breton, la chasse aux baleines et aux morses, les attiraient aussi dans les parages du golfe. A côté d'eux figuraient les Anglais, intéressés également dans ce genre d'exploitation industrielle. Ils y étaient en plus grand

---

[1] Jean Colin, parti dans la *Vache*, pour les terres neuves, il y a environ huit jours, attendu dans quatre ou cinq mois (*Office*, 2 avril 1565). La *Civière* dernièrement venue (11 septembre 1582). "On remarque dans le départ un caractère très apparent de régularité. Il avait lieu "en flotte" dans les premiers jours d'avril. Le retour, moins régulier, s'effectuait vers la première quinzaine d'août. Si l'on tient compte de la durée probable du trajet, on estimera que ces navires séjournaient trois mois environ aux Terres-Neuves." Ainsi lisons-nous dans Bréard, au sujet des pêcheurs normands.

nombre à la fin du XVIe siècle. Ainsi l'on voit, en 1594, un navigateur de Bristol poursuivre sur la *Grace* les baleines errant dans le voisinage de l'île d'Anticosti [1]. Les sauvages du Cap-Breton trafiquaient régulièrement avec eux. Henry May rapporte qu'il aborda, le 20 mai 1594, à cette île encore inhabitée par les blancs. Les indigènes vinrent au-devant de lui avec des pelleteries et des canards sauvages qu'ils offrirent d'échanger pour des objets plus brillants que dispendieux [2].

Trois années plus tard, en 1597, le capitaine Leigh, faisant une reconnaissance dans les eaux du golfe, s'aperçut que le Cap-Breton était une île, contrairement à l'idée qu'il avait toujours entretenue jusqu'alors.

Rice Jones dit aussi qu'il aperçut l'île du Cap-Breton. " C'est la première fois, écrit Richard Brown, que des navigateurs appellent le Cap-Breton une île [3] ". Erreur. Jehan Alfonce l'avait appelée de ce nom, plus de cinquante ans auparavant, et on la voyait ainsi figurer sur plusieurs cartes, dressées longtemps avant que Brown fît part de ses observations à ses compatriotes.

[1] Richard Brown, *A History of Cape Breton*. Hakluyt parle de ce voyage dans ses *Collections*.

[2] Hakluyt mentionne ce fait.

[3] Thevet dit que le Cap Breton est ainsi nommé "à cause que c'est là que les Bretons, Biscaïens et Normands vont et costoyant, allans en terre neuve pour pescher les molues."—Voir Note 9.

CHAPITRE XI

LE MARQUIS DE LA ROCHE

1598.—Troïlus du Mesgouez et ses lettres patentes de 1577 et 1578.— Phases de sa vie, depuis 1550 à 1589.—Son incarcération par le duc de Mercœur.—Agissements de ce dernier en Bretagne durant la Ligue.—Sa rébellion.—Sa soumission au roi en 1598.—Sa mort.

" Enfin en 1598 la France, après cinquante ans de troubles domestiques, ayant recouvré sa première tranquillité, par la valeur, l'activité et la clémence de Henry le Grand, et se trouvant en état de tout entreprendre sous le plus habile de ses rois, le goût des colonies revint aux Français, et le Marquis de la Roche, gentilhomme breton, obtint de Sa Majesté la même commission, et les mêmes pouvoirs, qu'avait eus M. de Roberval sous François I et que Henry III lui avait déjà accordés à lui-même, mais dont il ne s'était pas trouvé en situation de faire usage [1]".

Voilà comment le jésuite Charlevoix [2] ouvre ce nouveau chapitre de l'histoire de la colonisation du Canada. L'idée de peupler un pays, devenu attaché à la couronne de France par droit de découvertes, devait sourire à Henri IV que l'on considère, malgré ses faiblesses pour ses anciens coreligionnaires, comme le restaurateur de notre ancienne mère-patrie. Sa perspicacité et son génie avaient sans doute attiré son attention sur ce qui se passait en Amérique, où les Espagnols agissaient comme s'ils eussent été les seuls maîtres du nouveau monde. Ils l'étaient de fait, et leurs flottes puissantes chassaient impitoyablement les vaisseaux étrangers des îles où ils tentaient la fortune. De là des batailles et des actions de cruautés révoltantes. L'espace ne manquait pas cependant pour suffire à toutes les ambitions sur ce continent immense, beaucoup plus vaste que l'Europe. Mais les Espagnols, y ayant trouvé une abondance de richesses presque indescriptible, voulaient rester seuls à les exploiter. Assoiffés d'or, ils s'étaient jetés sur l'Amérique comme sur une proie, écartant, par tous les moyens, les

---

1 Charlevoix, *Histoire de la Nouvelle-France*, livre III.

2 Ce religieux, né à Saint-Quentin en 1682, vint terminer ses études à Québec. Il navigua sur le fleuve Saint-Laurent et sur les lacs, visita le pays des Illinois et Saint-Domingue, et publia, à son retour en France, plusieurs ouvrages intéressants, entre autres : *Histoire et description du Japon*, 1715 ; *Histoire générale de la Nouvelle-France*, 1744 ; *Histoire du Paraguay*, 1756, et une *Histoire de l'Ile de Saint-Domingue*, qu'il a composée sur les mémoires manuscrits de son confrère le Père Lepers.—Le Père Charlevoix mourut en 1761.

obstacles qui auraient pu les arrêter dans leurs conquêtes de richesses. L'Indien ne devint bientôt plus à leurs yeux qu'un ennemi qu'il fallait soumettre, sinon détruire. Il répugne de voir une nation civilisée oublier ainsi les premières notions de la justice et du droit des gens à l'égard de barbares paisibles chez eux, pour l'amour de quelques lingots d'or. Ce n'est pas de cette façon peu honorable qu'un peuple acquiert de l'ascendant et du prestige.

Henri IV reprit donc la politique d'encourager les explorations dans la Nouvelle-France, interrompue depuis près de soixante ans par les guerres civiles qui marquèrent les règnes de ses prédécesseurs, Henri II, François II, Charles IX et Henri III. Ce fut sous ce dernier que l'on vit éclore la célèbre guerre dite de la Ligue dont le but ostensible était de sauver la religion catholique contre les empiètements des calvinistes. Afin de neutraliser ses efforts, Henri III s'en déclara le chef, mais il ne réussit pas à ramener à lui les catholiques. Les États de Blois, sous l'influence des Ligueurs, le forcèrent à recommencer les hostilités. La guerre devint de plus en plus acharnée, surtout, en 1584, après la mort du duc d'Alençon, frère du roi, alors que Henri de Navarre fut devenu l'héritier présomptif de la Couronne. Henri III eut recours à lui pour assiéger Paris qui lui avait fermé ses portes, et il était sur le point de s'en emparer, lorsqu'il fut assassiné par Jacques Cœur, le 1er août 1589 [1].

---

[1] Henri III était né en 1551, et avait succédé à Charles IX. Avec lui s'éteignit la maison des Valois.

Au commencement de l'année 1598, Henri IV était paisible possesseur du trône de France ; la paix était virtuellement conclue et les chefs des Ligueurs étaient venus tour à tour prêter le serment d'allégeance. Le duc de Mercœur, gouverneur de Bretagne, le plus irréconciliable de tous, cédant aux instances de sa femme et de son entourage, avait fait des ouvertures de paix équivalant à une complète soumission, lorsque Troïlus du Mesgouez, marquis de la Roche, qui, depuis quinze ans, n'avait connu que les malheurs et les infortunes de tous genres, pour avoir voulu rester fidèle à la cause royaliste en résistant au puissant duc de Mercœur, s'adressa au roi pour obtenir la revivification des commissions que Henri III lui avait accordées, en 1577 et en 1578. Bien qu'elles n'eussent pas été révoquées dans l'intervalle— du moins rien ne l'indique—le marquis de la Roche ne pouvait pas s'en prévaloir sans l'autorisation du nouveau roi, qui d'ailleurs se prêta spontanément à sa demande, lui accordant beaucoup plus qu'il n'avait reçu de Henri III.

Donc, en 1577, Troïlus du Mesgouez, gouverneur de Morlaix depuis neuf ans, après avoir été attaché à la cour depuis 1550, avait reçu une commission qui lui permettait de lever, fréter et équiper tel nombre de gens, navires et vaisseaux qu'il désirerait pour aller aux terres neuves et autres terres adjacentes, avec pouvoir de descendre à terre, de s'y appatrier, d'y prendre des terrains, d'y construire des forts, enfin de se rendre maître de toute partie des terres neuves qui n'appartenaient pas alors aux amis, alliés et confédérés de la couronne française [1].

Il faut croire que le marquis n'eut pas le temps de se préparer à partir cette année même, ou qu'il ne se trouva pas satisfait de ces lettres royales, car dès le trois de janvier de l'année suivante, il réussissait à obtenir une seconde commission, beaucoup plus ample. Elle l'établissait " gouverneur, lieutenant général et vice-roi ès Terres neuves et païs occupés par gens barbares qu'il prendra et conquestra sur les dits barbares, lui donnant plein pouvoir et puissance et auctorité de faire là construire et édifier telles forteresses et lieux de retraite qu'il verra estre nécessaire pour la conservation de notre obéissance ès dites terres et pays tout ce qu'il verra appartenir au bien de nostre service et aux commodités de nostre Royaume............ [2]

Quand Troïlus du Mesgouez recevait cette marque d'estime et de confiance de la part de Henri III, il était gouverneur de Morlaix depuis dix ans. Catherine de Médicis avait usé de son ascendant sur Charles IX pour faire ériger en gouvernement, dès l'année 1568, la capitainerie de la ville bretonne. Comme on le sait, l'amitié de la reine n'était pas à dédaigner. D'humble page qu'il était à la cour, Troïlus était arrivé graduellement par sa protection au grade de chevalier, de conseiller au conseil privé et de capitaine de cinquante hommes d'armes des

---

[1] Michelant et Ramé, *Documents inédits*, p. 5-8.—Titres de Robien, Morice, Pr. III, 1439. Voir Appendice Pièce F.

[1] *Ibidem*, p. 8-10.—Titres de Robien. Morice, Pr. III, 1442. Voir Appendice, Pièce G.

ordonnances du roi. En 1576, une nouvelle faveur royale tomba sur sa tête. Il obtint pour lui-même l'érection de la terre de Coëtarmoal en marquisat, sous le nom de la Roche-Helgomarc'h, autre terre située dans la paroisse de Saint-Thoix. Sa femme, riche héritière de la maison du Juch, en Cornouailles [1], avait ajouté à son blason la baronnie de Laz et le comté de Gournoi.

Aux premiers mouvements de la Ligue, en 1586, il abandonnait volontairement le gouvernement de Morlaix pour celui de Fougères. On le voit à Blois à la fin de l'année 1588, auprès de la reine-mère mourante. A peine avait-il rendu les derniers devoirs à celle qui avait toujours été sa protectrice, qu'il apprit que le duc de Mercœur, alors gouverneur de Bretagne, et en pleine révolte contre le roi, s'était rendu maître de Rennes, et qu'il se dirigeait sur Fougères. Le marquis courut en poste à la défense du siège de son gouvernement ; mais un jour qu'il traversait la ville de Sablé [2], il fut aperçu et reconnu par les soldats de Mercœur, qui s'en étant saisi, le livrèrent à leur chef. De la Roche fut enfermé dans le château de Nantes, d'où il ne devait être élargi que longtemps après.

Ce fut en cette même année (1588) que le roi Henri III accorda aux héritiers et successeurs de Jacques Cartier le privilège d'exploiter les mines du cap de Conjugon

---

1 Petit pays de France qui faisait alors partie de la Basse-Bretagne. On donnait aussi le nom de Cornouailles à la ville même de Quimper-Corentin et à l'évêché dont elle était le siège.

2 Au confluent de la Sarthe et de l'Erve. Ville jadis très forte, prise par les Normands en 869. Elle se rendit à Henri IV en 1589 et fut érigée en marquisat en 1602.

et de faire le trafic des pelleteries au Canada, privilège dont il a été amplement question. Ce fait prouve que la commission accordée au marquis de la Roche en 1578 était ou tombée en désuétude, ou reléguée dans l'oubli. Du reste les protestations qu'on a vu s'élever contre Chaton et Noël de la part des Malouins, n'auraient pas manqué de se faire jour, si le noble marquis eut tenté de se servir de son vieux privilège.

Le gouverneur de Fougères resta enfermé dans les prisons de Nantes, jusqu'après la trève consentie par les ligueurs et les royaux, en 1596, c'est-à-dire pendant près de huit ans [1]. Les Etats royalistes de Rennes tentèrent, en 1590, de le faire élargir. Malgré l'échange de prisonniers qu'ils offrirent à l'inexorable duc, celui-ci refusa et retint soigneusement son captif, comme un otage de plus grand prix que ceux dont on lui faisait l'offre.

Pour mieux comprendre cette époque de troubles pendant laquelle le marquis de la Roche eut l'occasion de souffrir pour la cause de son roi, il importe de bien connaître quels furent les agissements de la Ligue en Bretagne. Ce petit bout d'histoire servira à prouver combien il était difficile, pour ne pas dire impossible, au marquis de laisser son gouvernement de Morlaix d'abord, et celui de Fougères ensuite, c'est-à-dire depuis 1576 à 1588, pour se rendre aux terres neuves. Troïlus du Mesgouez était trop intimement inféodé à la couronne

[1] Depuis le commencement de l'année 1589 jusqu'à la fin de 1596 ainsi que l'attestent les mémoires contemporains de Jean du Matz, sieur de Terchaut et de Montmartin, gouverneur pour le roi des ville et château de Vitré.—D. Morrice, t. II, hist. col. p. 277 et suiv.

pour abandonner, même temporairement, le théâtre des hostilités. Pour lui c'était une question d'honneur de rester ferme à son poste, afin de battre en brèche la puissance du duc de Mercœur, le plus ardent et le plus dangereux peut-être des tenants de la Ligue. Qu'était donc ce petit potentat qui pouvait ainsi emprisonner impunément les amis du roi ?

Philippe-Emmanuel de Lorraine naquit à Nonmény,[1] le 9 septembre 1558. Le 12 juillet 1575, il épousait Marie de Luxembourg-Martigues, cinq mois après avoir été fait duc de Mercœur. (15 février). Il avait d'abord pris du service dans les armées royales, sous le duc de Brouage et de Fère, en Picardie[2]. Mercœur se déclara dès le principe partisan de la Ligue, œuvre des princes de sa maison, et il l'avait jurée en 1576. Le titre de gouverneur de Bretagne lui fut décerné en 1582, au détriment du duc de Montpensier, qui avait été pourvu de ce gouvernement depuis la mort de M. de Martigues, et surtout du prince de Dombes, son petit-fils auquel la survivance en avait été promise.

Depuis que le duc de Mercœur, beau-frère de Henri III, avait donné son adhésion à la Ligue, la ville de Nantes lui servait de quartier général. La duchesse, son épouse, alla s'y fixer le 19 ou le 20 mai 1582, mais le duc n'y fit son entrée triomphale que le premier jour de septembre de l'année suivante. Ce choix était habile en même temps qu'avantageux pour servir à ses fins d'ambition. Nantes était une ville forte ; elle offrait

---

[1] Nomény, d'après Bouillet.
[2] Pierre Biré, *All. gén.* p. 246.

un port convenable, facilement accessible du côté de la mer. Rennes n'apportait pas autant de sécurité.

Mercœur avait comparu, le trente novembre précédent (1582), devant les Etats assemblés à Vannes, pour y faire lire et enregistrer ses provisions du gouvernement de Bretagne. A partir de ce moment, il se donna beaucoup de mal pour parvenir à son but, qui était, à ce que nous pouvons voir, de s'emparer de la couronne ducale de Bretagne. La mort en 1584 du duc d'Alençon, frère du roi, sembla augmenter ses chances de succès, en lui faisant entrevoir, dans un avenir assez rapproché, tous les embarras que susciterait la future succession de Henri III, prince d'une santé débile, sans enfants, et sans espoir d'en avoir jamais. Henri IV était bien l'héritier légitime du trône, mais il pouvait en être autrement quant à la province de Bretagne, parce qu'il ne descendait que par les femmes de la branche royale des Valois, et nullement d'Anne de Bretagne ni de Jeanne la Boiteuse. Marie de Luxembourg, duchesse de Mercœur, héritière directe et par aînesse de cette dernière, pouvait renouveler par le sort des armes un procès qui n'avait été décidé que par la force des armes.

Voilà qui explique pourquoi Mercœur se réfugia à Nantes pour s'y fortifier contre des attaques probables. Il se contint d'abord dans une certaine tranquillité, mais l'assassinat du duc de Guise, aux Etats de Blois, en 1588, lui offrit le prétexte de manifester ouvertement son mauvais vouloir contre le roi. Cependant les événements qui eurent lieu à Nantes, au commencement de 1589, furent tellement graves, que le Parlement de Rennes, par arrêt du 15 avril, déclara Mercœur rebelle à la royauté. Cet arrêt fut approuvé par Henri III, qui, le 7 juin suivant, nomma le prince de Dombes, gouverneur général de la Bretagne [1].

L'horizon commençait à s'assombrir pour le rebelle de Nantes. Pendant qu'il était occupé à surveiller les mouvements des huguenots dans le Poitou, il apprit sa déchéance. Alors il se hâta d'envoyer des troupes pour défendre sa ville où cependant la duchesse, sa femme, était à peu près reine et maîtresse. Toutefois elle ne pouvait compter sur le concours de tous, car le maire Harouis et quelques-uns des notables du corps municipal voulurent s'opposer à l'entrée des soldats du duc dans les murs de leur ville. Informée de cette intervention, Marie de Luxembourg fit appel à un certain nombre de citoyens Nantais dont elle avait eu la précaution, en diplomate habile qu'elle était, de se faire un parti puissant. Grâce au secours qu'elle obtint d'eux en cette circonstance, elle put faire arrêter le maire et ses amis, et les logea au Château comme *contraires à ses desseins.*

Mercœur rentra bientôt chez lui, et il consacra les trois années qui suivirent (1590-93) à se fortifier avec plus de soin encore. Il fit ajouter deux bastions et deux courtines au Château, portant les doubles croix de Lorraine. Ce fut dans ces jours de prospérité, mais qui en réalité cachaient de terribles appréhensions, qu'il fit cette réponse à quelqu'un qui lui demandait s'il songeait à se faire duc de Bretagne : "Je ne sais si c'est un songe, répondit-il, mais je sais qu'il y a plus de dix ans que j'y songe."

[1] Cf. Levot, *Biographie Bretonne.*

TROSLIUS DU MESGOEZ LAROCHE
[Lieutenant pour le Roy en pays de Canadas, isle de Sable, etc.]

CHEFDHOSTEL
[Capitaine du navire la *Catherine*.]

GIROT
[Capitaine du navire la *Françoise*.]

L'arrestation du marquis de la Roche avait eu lieu quelque temps avant ces derniers événements, qui furent suivis de meurtres, de trahisons et de massacres, dont Philippe de Lorraine fut l'auteur et la Bretagne, le théâtre [1].

L'abjuration de Henri IV, en 1593, vint achever de gâter la cause du duc, toujours retranché dans Nantes. Le roi voulait sa soumission, mais il la voulait par des mesures conciliatrices, et non à main armée. Dès les premiers mois de l'année 1594, la reine Louise, sœur de Mercœur, et veuve de Henri III, s'était rendue à Ancenis, ouvrir des conférences de paix. Elle réussit par son influence sur son frère à le ramener à de meilleurs sentiments, mais la nature reprenant bientôt son empire, le duc se porta à de nouveaux excès. Les trèves se renouvelèrent ainsi jusqu'en 1598, sans apporter aucun changement à la situation. Cependant Mayenne, Nemours, Joyeuse et tous les autres chefs de la Ligue avaient fini, de guerre lasse, par jurer fidélité au roi légitime. Seul Mercœur résistait toujours, mais avec d'autant moins de chances de succès, que l'isolement se faisait de plus en plus autour de lui.

Enfin Henri IV, fatigué de cette rébellion qui tenait la Bretagne dans une position équivoque, résolut de se rendre en personne au cœur même du pays où son sujet rebelle faisait la loi. Il arriva à Angers au milieu d'octobre 1596. Marie de Luxembourg courut à sa rencontre, et entra en négociations avec lui, au sujet des affaires de son mari. Après quelques pourparlers, le roi

---

[1] *Art de vérifier les dates.*

accepta les conditions qui lui parurent raisonnables, et une trève fut signée, le dix-huit du même mois. Ce fut probablement après cet armistice, qui devait durer jusqu'au 15 janvier suivant, que le duc de Mercœur ouvrit les portes des prisons de Nantes au marquis de la Roche, moyennant une rançon de 4,000 écus.

La soumission définitive et complète du rebelle à son roi ne fut plus qu'une question de temps. Voyant que son cas prenait une mauvaise tournure, et que le roi ne lui accorderait jamais le duché de Bretagne qu'il convoitait depuis si longtemps, et plutôt que de s'exposer à des représailles sanglantes, il fit proposer à Henri IV le mariage de sa fille avec César Vendôme, fils légitimé de Gabrielle d'Estrées. Cet arrangement était la condition de la paix. Le roi l'agréa, et l'édit de pacification fut vérifié au parlement de Paris, le 26 mars 1598, puis enregistré à celui de Rennes quelques jours plus tard.

Nous avons lieu de croire que le duc et la duchesse ne retournèrent plus à Nantes. Quelque temps après Mercœur choisissait un noble exil en Autriche, et le samedi, 23 mars de la même année, Marie de Luxembourg arrivait à Rennes " en assez pauvre et simple train, eu esgard au temps passé, et logea en l'hostellerie de l'Escu de France, chez Robert de la Prinse, dit Robin, près Saint-Germain...... Elle s'en retourna le jour au Petit Sacre, 28 may audit an 1598 [1].

Mercœur mourut à Nuremberg, le 19 février 1602,

---

[1] *Journal* de Pichart.

après avoir donné des preuves d'une grande bravoure dans des guerres entre l'Autriche et la Turquie [1].

La Ligue était écrasée, la Bretagne soumise, et le marquis de la Roche, sorti des cachots, va reparaître, non pas découragé, mais rempli d'une ardeur toute nouvelle pour mettre enfin à exécution le projet qu'il nourrissait depuis vingt ans d'aller tenter fortune du côté de l'Amérique.

La première mention que l'on voit de son nom est à la date du 12 novembre 1596, dans un acte notarié passé à Honfleur devant maîtres Boudart et Valsemey. C'est une procuration générale et spéciale à Guillaume Ravend, sieur de Crussy, lui donnant plein pouvoir de faire verser entre ses mains par la maréchalle de Matignon la somme de 5,500 écus soleil, avec les intérêts qui lui étaient dus pour rentes retirées par la dite dame en vertu d'un transport des fermiers du domaine de Carentan.

Le 4 mars de l'année suivante, Troïlus du Mesgouez s'adressait de nouveau à ses notaires, à Honfleur, pour dresser l'acte d'affrètement du navire de Thomas Chef-

---

[1] Lahaye rapporte au sujet de ce personnage quelques particularités intéressantes à connaître : " Homère l'accompagnait toujours dans ses voyages ; Ronsard était son poète, Guichardin son historien, Sénèque son philosophe, Plutarque son politique, Clavius son mathématicien. Sa bibliothèque était composée de 15,000 volumes, toutes les œuvres d'un auteur prises pour un seul volume, et 18,000 livres en toutes facultés, dont les sieurs de Fumée et de Saint-Rémi avait la garde."

Saint François de Sales fit son panégyrique lors du service qui fut célébré en son honneur, avec une pompe royale, le 27 avril 1602.

dhostel [1], de la paroisse de Vatteville [2], pilote renommé et dont la famille entière appartenait à la marine. Voici les conditions du marché conclu entre eux :

1° Le bâtiment devra être prêt à partir à une date que le document du tabellion n'indique pas.

2° Chefdhostel ira d'abord à Brouage faire sa provision de sel, et puis cinglera vers les parages de l'île de Sable pour la pêche.

3° L'équipage sera composé de 33 matelots.

4° Le commandement d'une compagnie d'hommes de guerre sera confié au capitaine Kerdement, au lieutenant de Kéroual, et à l'enseigne de Mondreville, gentilhomme normand.

5° Chefdhostel fournira les vivres de l'équipage et des soldats, plus la moitié des gages des compagnons.

6° Il louera son navire en bon état et bien ammunitionné.

7° Il suivra la route indiquée, et à son retour il devra toucher à Honfleur. Si le marquis est absent de cette ville, Chefdhostel devra donner avis de son arrivée

---

1 Ce nom a été écrit de bien des manières : *Chédotel* (Champlain et Charlevoix), Chidotel (Le Père Leclercq), Chefd'hostel (Lescarbot) Chefdhostel et Chefdostel dans les Registres d'audience du Parlement de Rouen. Il en est de ce nom comme de beaucoup d'autres de ce temps qu'il est toujours facile, sinon correct, de moderniser en les simplifiant. On le prononçait Chédotel.

2 Canton de Caudebec, (Seine-Inférieure) est situé dans la presqu'île que recouvre en partie la forêt de Brotonne, sur la rive gauche de la Seine. Au XVIe siècle, toute la population de ce village appartenait à la marine marchande, au long cours et au cabotage. (Bréard, p. 61-62).

au gouverneur M. de Lestang et à Martin Le Lou, lieutenant de la romaine à Honfleur, son représentant.

8° Les profits de la pêche seront partagés par tiers.

9° Une première somme de 350 écus est remise à Chefdhostel[1] pour achat de biscuits et avances aux matelots.

Il ressort du document qui renferme ces conventions, que le marquis n'eut pas, en 1597, l'intention de coloniser l'île de Sable, et que cet affrètement de navire avait pour but unique de faire la pêche dans les eaux du golfe Saint-Laurent, ou, si l'on veut s'en tenir au texte, dans les parages de l'île de Sable. Son absence de Honfleur n'est que problématique. Pour parer à toute éventualité, il se choisit un représentant qu'il charge, en son absence, de surveiller ses intérêts dans le partage des profits. Ce voyage eut-il lieu ? Rien ne l'indique, mais, en tous cas, il n'avait d'autre fin que la pêche de la morue, car le marquis n'apparaît pas dans l'acte de tabellionnage en qualité de " lieutenant général du roi au pays de Canada, isle de Sable, Labrador, Hochelaga, Saguenay et autres pays adjacents," comme on le voit plus tard figurer dans un acte postérieur aux lettres patentes qui lui échurent de par la volonté royale.

---

[1] Les Chefdhostel, famille de marins. On trouve Jean Chefdhostel, capitaine du navire la *Pie*, en 1526 ; Pierre Chefdhostel, pilote, en 1583 ; Thomas Chefdhostel, en 1597 ; Guillaume Chefdhostel, capitaine de navire, en 1601 ; Nicolas, l'aîné, en 1606 et ses fils ; Pierre, demeurant à Vatteville, en 1614 ; Abraham, sieur de Gouberville, demeurant à Quillebeuf, en 1624.—Bréard, *Documents*.

CHAPITRE XII

LE MARQUIS DE LA ROCHE

A L'ILE DE SABLE

Le marquis de la Roche à l'île d'Ouessant.—Expédition avortée.—Armement de 1597.—Lettres patentes de 1598.—Affrètement de deux vaisseaux pour l'île de Sable.—Tentative infructueuse de colonisation.—Retour du marquis.—Colons délaissés sur l'île de Sable.—Chefdhostel rapatrie les survivants.—Le marquis de la Roche voit échouer ses projets.—Quelques détails sur sa vie.—Sa mort.

Se voyant alors dépourvu de tout, car son expédition de pêche s'était faite sans profit, le marquis de la Roche crut le moment opportun de faire un coup d'éclat, en s'emparant de l'île d'Ouessant que Sourdéac avait soumise en 1592. A cette époque de troubles, l'on ne semblait pas plus respecter les amis que les ennemis. Sourdéac avait assujéti les insulaires d'Ouessant à l'autorité de Henri IV. Or, il est difficile d'expliquer comment l'ancien prisonnier de Mercœur, incarcéré pour être resté fidèle à la cause royaliste, put ainsi entreprendre une besogne nécessairement désagréable à Henri IV. Agit-il par inimitié contre Sourdéac, ou seulement dans le but d'attirer l'attention sur sa personne ? C'est là un de ces points d'histoire qui peuvent difficilement être débrouillés.

De la Roche confia son projet à un nommé l'Estang [1], capitaine, de Honfleur, qui avait été arrêté par Sourdéac en 1592. Il ne pouvait mieux s'adresser, car L'Estang avait toujours gardé rancune à cet adversaire puissant, se réservant la première occasion favorable pour s'en venger. On résolut de séduire quelques habitants par des promesses d'argent, et puis de diriger cinq cents hommes sur l'île pour s'en rendre maîtres. Mais les quelques insulaires qui s'étaient d'abord prêtés à ce plan ourdi dans l'ombre, changèrent subitement de résolution. Au lieu d'aller recevoir le prix de leur trahison, comme il avait été stipulé, ils mirent Sourdéac au courant de l'attaque projetée du marquis et de son capitaine. Sourdéac envoya un prévôt et des hommes armés au lieu du rendez-vous, afin de s'emparer du marquis qui devait y être présent. Mais, celui-ci ayant flairé le truc, se fit remplacer par un affidé, qui fut pris et pendu plus tard devant la porte de Brest.

[1] François du Val, sieur de L'Estang, capitaine des gardes du duc de Montpensier ; gouverneur de Honfleur, du mois de juin 1594 au mois d'octobre 1597.

Cette tentative infructueuse du côté d'Ouessant ne découragea pas le marquis de la Roche, et il résolut de tenter fortune ailleurs et d'une façon toute différente. Plus heureux qu'on pourrait s'imaginer après la bévue qu'il venait de commettre, il demanda et obtint en 1597 le gouvernement des vicomtés de Saint-Lô et de Carentan en Normandie, en même temps qu'il contractait mariage avec Marguerite de Tournemine, veuve de François Massuel, sieur de la Bouteillerie, et fille de Réné de Tournemine, sieur de la Guerche, et de Françoise Hingart. Sa première femme était morte durant sa longue captivité, et elle ne lui avait pas laissé d'enfants.

Ce fut pendant les préliminaires de la mémorable paix de Vervins, qui fut le tombeau de la Ligue, que le marquis obtint une troisième commission pour aller fonder une colonie au Canada [1]. Les nouvelles lettres patentes ajoutaient à ses titres déjà nombreux, ceux de seigneur de la Joyeuse-Garde et de Kermoalec, vicomte de Trévarez, seigneur de Botigneau et de Lescoat. Le document royal, dont il est à propos de se rappeler au moins les grandes lignes, disait : " Le feu roi François I, sur les avis qui lui auroient esté donnez, que aux isles et païs du Canada, isle de Sable, Terres-neuves, et autres adjacentes, païs très fertiles et abondans en toutes sortes de comoditez, il y avoit plusieurs sortes de peuples bien formez de corps et de membres, et bien disposez d'esprit et d'entendement, qui vivent sans aucune connoissance de Dieu, auroit (pour en avoir plus ample

---

[1] Edits et Ordonnances royaux, III, p. 7. Voir Appendice, Pièce H.

connaissance) iceux païs fait decouvrir par aucuns bons pilotes et gens à ce connoissans. Ce qu'ayant reconneu véritable il auroit poussé d'un zèle et affection de l'exaltation du nom chrétien, dès le quinze janvier mil cinq cens quarante, donné pouvoir à Jean François de la Roque, sieur de Roberval, pour la conquête des dits païs. Ce qui n'ayant été exécuté dès lors, pour les grandes affaires qui seroient survenues à cette couronne, nous avons résolu pour perfection d'une si belle œuvre et de si saincte et louable entreprise, au lieu du dit feu sieur de Roberval, de donner la charge de cette conqueste à quelque vaillant et expérimenté personnage, dont la fidélité et affection à notre service nous sont connues, avec les mêmes pouvoirs, authoritez, prérogatives, prééminences qui estoient accordées au dit feu sieur de Roberval par les dites lettres patentes du dit feu Roy François premier.

Savoir faisons...
........Pour ces causes et autres à ce nous mouvant, nous avons, conformément à la volonté du feu roi dernier décédé, notre très honoré sieur et frère, que jà avoit fait élection de sa personne pour l'exécution de la dite entreprise, icelui fait, faisons, créons, ordonnons et établissons par ces présentes signées de notre main, notre lieutenant général ès dits pays de Canada, Hochelaga, Terres-neuves, Labrador, rivière de la Grande Baye de Norembègue, etc., etc."

Les pouvoirs accordés au marquis de la Roche étaient à peu près identiques à ceux de Roberval ; mêmes facilités pour recruter ses équipages, sans qu'il soit cependant question de criminels ou de repris de justice pour grossir le nombre des marins; mêmes injonctions à tous les lieutenants généraux, gouverneurs des provinces, amiraux, vice-amiraux, maîtres des ports, etc., " de lui bailler, chacun en son pouvoir, aide, confort, passage, secours et assistance, et à ses gens avoués de lui dont il aura besoin."

De la lecture attentive de ces lettres patentes il ressort que Henri IV avait sous ses yeux, lorsqu'il les dressa, celles que François I avait émises en faveur de Roberval, et qu'il ne tenait aucun compte, sinon pour en rappeler le souvenir, des commissions accordées au marquis de la Roche par Henri III. Le roi donne clairement à entendre dans ce document du douze janvier 1598, que le marquis n'avait pas utilisé ses deux premières commissions, celles de 1577 et de 1578. Ce passage seul où il est dit que Henri III avait déjà fait élection de sa personne pour l'exécution de cette entreprise, est un très fort argument au crédit des écrivains qui ont assigné la date de 1598 à l'expédition du marquis de la Roche en Amérique. Ainsi opinent Bibaud, Garneau et M. le docteur J. C. Taché [1].

Muni de ses pouvoirs, très amples sans doute, le marquis de la Roche résolut de partir la même année pour les terres dont il venait d'être constitué lieutenant général. Il affréta, le 16 mars [2], la *Catherine* de Thomas Chefdhostel, et suivant la coutume de l'époque, il en fit rédiger par ses notaires le contrat en bonne et due

[1] Voir Note 12 au sujet des commissions du marquis.
[2] Voir Pièce I.

forme. Le capitaine normand s'obligeait à partir, à la première occasion favorable, du port de la Hune ou la Hougue où le marquis de la Roche devait s'embarquer avec ses gens. De là il devait s'acheminer vers l'île de Sable, de conserve avec les autres vaisseaux qui devaient faire partie de la flottille. Après avoir déposé tout son monde dans l'île, Chefdhostel faisait sa pêche, après laquelle il s'engageait à aller reprendre le marquis sur son île pour le ramener à Honfleur.

Mais un seul navire ne suffisant pas à transporter tout l'attirail du marquis et des futurs colons de l'île, il engagea, deux jours après, la *Françoise*, de 90 tonneaux, dont Jehan Girot était le capitaine [1]. Celui-ci prenait les mêmes engagements que Chefdhostel, et recevait d'avance la somme de 400 écus soleil valant douze cents livres tournois.

Le jour suivant, 18 mars, le marquis donnait procuration *ad lites* à Martin Le Lou pour gérer ses affaires [2], en son absence, " comme vendre, fieffer, engager, eschanger, bailler, affermer toult et chacun ses héritages, rentes, maisons, revenus et aultres choses tant héréditales que mobiles, audict seigneur appartenant, etc."

Le marquis était encore présent à Honfleur, le 14 avril, car ce jour là même, il donnait autorisation par devant notaires, à le Gac, sieur de Collespel, de Saint-Malo, pour vendre ses biens *a remere*, jusqu'au montant de 4,000 écus soleil [3].

1 Voir Pièce J.
2 V. Pièce K.
3 V. Pièce L, inédite.

Le départ de la flottille dut donc se faire après le 14 avril ; de plus on constate qu'à cette date, Girot et plusieurs bourgeois de Honfleur et de Vatteville, reconnaissent avoir reçu de Jacques Halley, bourgeois, pour subvenir à une partie de l'achat du sel, la somme de 150 écus, évalués à 450 livres tournois, et que Martin Le Lou se porte caution pour cet emprunt, destiné évidemment à l'entreprise du marquis de la Roche. Le personnel des deux navires, non compris l'équipage, pouvait former en tout une soixantaine de personnes de différentes conditions, dont la plupart, à ce qu'il paraît, étaient peu propres à constituer le noyau d'une saine colonisation Une tradition peu vraisemblable nous apprend que le navire qui portait la fortune du marquis était si petit que, du pont, l'on pouvait aisément se laver les mains à la mer. Nous n'y ajoutons aucune foi, car il est difficile de se figurer que soixante personnes auraient pu se loger ainsi à l'étroit, quand on sait en outre que le navire de Chefdhostel jaugeait environ 180 tonneaux [1].

L'histoire ne nous apporte aucun détail sur la traversée de l'océan. Tout ce que l'on peut savoir, c'est que la première terre où se fit le débarquement fut l'île de Sable. Le marquis ne s'y arrêta pas ; il avait d'autres plans en tête. Il y déposa quarante de ses passagers, avec les bestiaux et les instruments d'agriculture, puis il poursuivit sa route, dans l'espoir de trouver ailleurs un endroit plus favorable à l'établissement de sa petite colonie. Après avoir exploré les côtes de l'Acadie, il re-

[1] C'est de Pontrincourt, dit l'abbé Ferland, que Champlain et Lescarbot tenaient ce renseignement.

broussa chemin, et voulut aborder à l'île de Sable pour rejoindre les gens qu'il y avait laissés. Mais le vent le poussa vers l'est avec une violence telle, qu'en moins de douze jours il atteignait les côtes de France.

Les quarante Français restèrent sur l'île de Sable, abandonnés à leur triste sort, attendant que la Providence vînt à leur secours. Combien de temps dura leur séjour sur cet îlot perdu dans l'Atlantique, à une grande distance des terres les plus voisines ? Champlain, et après lui, Charlevoix, disent sept ans, et Lescabot dit cinq ans. Mais peu importe maintenant, le plus intéressant est de savoir comment ils y vécurent. La nourriture ne pouvait leur manquer, car l'île était abondamment peuplée de bétail. Plus d'un demi-siècle auparavant, le baron de Léri y avait déposé des vaches et des chevaux qui, durant cette longue période, s'étaient multipliés en grand nombre. La pêche dut être aussi une excellente ressource pour leur subsistance. Ils se confectionnèrent leurs vêtements avec les peaux des bêtes qui servaient à les alimenter. Les délaissés de l'expédition du marquis de la Roche, a écrit M. le docteur J. C. Taché, ne couraient aucun risque de souffrir de la faim, ni de l'intempérie des saisons, dans l'île de Sable, armés et outillés comme ils l'étaient ; ils devaient être fournis de grains de semence, car le souvenir traditionnel de leurs cultures s'est conservé jusqu'à aujourd'hui ; un quartier de l'île a toujours depuis, porté et porte encore le nom de " Jardins français " [1].

[1] M. J. C. Taché, *Les Sablons, Nouvelles Soirées canadiennes*, 1882, p. 441-541. Voir Note 13, qui renferme une brève analyse de cette magistrale monographie de l'île de Sable.

Laissons ces pauvres gens en proie à l'isolement et à toutes ses conséquences, pour revenir au marquis de la Roche. Rentré en France, il songea à reprendre de nouveau la route du Canada. Mais pour diverses raisons que nous ferons bientôt connaître, l'infortuné marquis échoua complètement dans ses instances à la cour. De sorte qu'il ne put lui-même rapatrier ses compagnons dont il n'avait pas sans doute perdu le souvenir. Il avait cependant informé le roi du malheur qui lui était arrivé, et de l'abandon où se trouvaient ces quarante Français. Ce ne fut qu'en 1603 que la cour du Parlement de Rouen donna l'ordre au pilote Chefdhostel d'aller à leur recherche et de les ramener dans leur pays [1]. Pour le récompenser de son trouble, on lui accordait la permission de défalquer à son bénéfice personnel la moitié des objets utiles que ces malheureux auraient pu fabriquer durant leur longue absence, ainsi que les cuirs, les peaux de loups-marins et de renards, et les huiles. Le pilote s'acquitta bien de sa mission, et ramena avec lui les survivants de cette tragique aventure. L'histoire nous a conservé leurs noms. C'étaient Jacques Simon dit la Rivière, Olivier Delin, Michel Heulin, Robert Piquet, Mathurin Saint-Gilles, Jacques

---

[1] "Ainsi réduits en toute extrémité pour la stérilité dudit pays avoient été contraincts de se nourrir et sustenter de la chair des bestes sauvages... restant néantmoins dudit nombre de quarante ou cinquante hommes restez que les unze qui sont présents." *Arrêt rendu contre Chefdhostel qui ramena en France les hommes restant des 45 ou 50 laissés par le marquis de la Roche dans l'île de Sable.* 27 novembre 1603. *MS.* archives du Parlement de Rouen. Registre d'audience, No. 1. V. aussi E. Gosselin, *Nouvelles Glanes,* p. 16.

Simoneau, Gilles Le Bultel, François Provostel, Loys Deschamps, Geoffroy Viret et François Delestre. Henri IV voulut les voir dans le curieux accoutrement qu'ils portaient quand Chefdhostel les avait retrouvés après cinq ans, tout couverts de peaux de loups-marins. Ils avaient laissé pousser leur chevelure et leur barbe. Le désordre de leur personne les avait rendus, au dire de Charlevoix, assez semblables aux prétendus dieux des fleuves. Sully reçut l'ordre de compter cinquante écus à chacun d'eux, et de les renvoyer avec le pardon des fautes dont ils avaient pu se rendre coupables avant leur passage aux terres neuves.

Le partage des pelleteries et des cuirs donna lieu à un procès entre Chefdhostel et les rapatriés de l'île de Sable. Le pilote avait voulu accaparer à son profit les produits de l'industrie des autres, malgré les conditions, qui ne lui en accordaient que la moitié. Ce procès ne fut pas de longue durée, et les parties s'arrangèrent à l'amiable [1].

Le marquis de la Roche était revenu ruiné du Canada, mais nullement découragé. Il s'adressa à la cour afin d'obtenir " les choses que Sa Majesté lui avait promises pour son dessein ", suivant l'expression de Champlain. Mais il échoua dans sa demande, à la suite d'une pression très forte exercée par les huguenots, qui craignaient qu'un établissement confié à sa direction n'eût pour résultat l'avancement de la religion catholique. C'est la raison apportée par Champlain, témoin oculaire de ce qui se passait alors en France. Les obstacles sus-

---

1. Lescarbot, Vol. II, p. 393.

cités plus tard à la colonisation française en Acadie, et même à Québec, par les sectaires calvinistes, nous donnent lieu de croire que ce fut le véritable motif qui fit tourner les esprits, encore sous le coup de la surexcitation, contre le catholique marquis. Son chagrin fut si profond, qu'il en contracta la maladie qui devait le conduire au tombeau. Le marquis de la Roche termina obscurément sa longue et orageuse carrière, en l'année 1606 [1].

Le nom de Mesgouez s'éteignit avec lui. Ses armes, enregistrées au livre d'or de la noblesse française, nous rappellent seules sa mémoire. Il portait écartelé : aux 1 et 4 d'azur au dextrochère ganté d'argent, soutenant un épervier de même, qui est la Roche ; aux 2 et 3 d'azur à deux épées d'argent posées en sautoir, qui est Coëtarmoal ; sur le tout : d'or au chevron d'azur, accompagné de trois trèfles de gueules, qui est Mesgouez ; et pour devise : Rien de trop.

Certains écrivains modernes ont jugé le marquis de la Roche avec une sévérité que ne justifient ni le caractère de l'homme ni sa conduite dans les événements où son nom se trouve mêlé. Qui pourrait lui reprocher son dévouement à la couronne de France ? Attaché à la cour dès sa jeunesse, il contracta envers Charles IX, Henri III et Catherine de Médicis, sa grande bienfaitrice, une dette de reconnaissance qu'il ne paraît pas avoir oubliée. Les huit années d'incarcération, qui furent l'expiation de son trop grand dévouement à Henri III, le rendirent créancier plutôt que débiteur de la royauté. C'est ce que comprit Henri IV lorsqu'il lui confia la

[1] Ramé donne cette date, et il ajoute qu'il mourut sans postérité.

lieutenance générale du Canada, avec tous les bénéfices qui pouvaient en résulter.

Blâmerait-on le noble marquis pour avoir vu misérablement échouer son plan de colonisation, car c'était, il n'y a pas à en douter, le but qu'il se proposait ? Il faut se reporter à cette époque de bouleversements et de troubles, après des guerres épuisantes, pour comprendre combien il était difficile alors d'organiser une expédition parfaitement ordonnée : difficultés dans l'affrètement comme dans le choix des recrues d'équipage, dangers du côté de la mer, sur des vaisseaux de faible tonnage, obstacles de toute nature, sans compter le manque de ressources pécuniaires.

Pourrait-on reprocher au marquis de la Roche d'avoir voulu seulement s'enrichir dans son expédition au Canada ? Ecoutons Champlain. Son témoignage mérite considération : " Poussé d'une sainte envie d'arborer l'étendard de Jésus-Christ dans ces terres,...... le Marquis de la Roche prit commission du grand Roi Henri le Grand...."

Donc, d'après le fondateur de Québec, qu'on ne saurait soupçonner d'ignorance en cette matière, et encore moins de partialité, le but du marquis de la Roche, en venant en Amérique, n'était pas tant de refaire des finances délabrées, que de travailler à la glorification du nom de Dieu, en arborant l'étendard du Christ sur nos rivages peuplés d'infidèles.

Il fut desservi dans son œuvre, qu'il aurait voulu continuer, par des compatriotes qui entretenaient une toute autre idée que la sienne en matière religieuse. Est-ce lui qui eut tort ?

Telle est, d'après Champlain, l'explication de l'insuccès de ses démarches à la cour après sa déconvenue de 1598. Voici ce qu'il en disait quelques années plus tard : " En ce dit dessein se remarque deux défauts : l'un, en ce que le dit marquis n'avait fait découvrir et reconnaitre le lieu par quelque homme entendu en telle affaire, et où il devait aller habiter, premier que s'obliger en une dépense excessive. L'autre, que les envieux qui étaient en ce temps près du Roi en son conseil, empêchèrent l'effet et la bonne volonté qu'avait Sa Majesté de lui faire du bien. Voilà comme les Rois sont souvent déçus par ceux en qui ils ont quelque confiance. Les histoires du temps passé le font assez connaître, et celle-ci nous en peut fournir d'échantillon [1]."

Encore une fois, est-ce le marquis de la Roche qui fut en faute, à part le vice d'organisation signalé par Champlain ?

L'historien Garneau l'exonère de tout reproche, même aux sujet de l'exécution de ses projets, restés inachevés bien malgré lui : " On ne saurait blâmer, dit-il, des plans qu'il n'a pas eu le temps de développer. Qu'il suffise de dire que, comme victime de ses efforts pour la cause de la colonisation, il a laissé un nom qui sera toujours respecté en Amérique [2]."

---

[1] Champlain, *Voyages*, 1632, p. 40.
[2] Garneau, *Histoire du Canada*, I, p. 41.

Ce beau témoignage est d'accord avec celui de Champlain, et nous ne pourrions le rejeter, sans faire injure à la vérité historique, qui s'impose à tout esprit non préjugé.

CHAPITRE XIII

LE COMMERCE DE FOURRURES

AU XVIe SIÈCLE

Les voyages en Orient aux XIIIe, XIVe et XVe siècles.—La Trapobane.
—Les Basques, Bretons et Normands.—Les Français font le commerce des fourrures avec les sauvages.—Historique de ce trafic.—
Tadoussac, rendez-vous des gens de traite au XVIe siècle.—Sauvages du Nord.

Charles VI, roi de France, écrivait un jour à Tamerlan : " Il importe que vos marchands viennent dans notre pays. De même que nous aurons soin d'avoir pour eux tous les égards qui leur sont dus, de même aussi nous espérons que vous rendrez aux nôtres les honneurs propre à leur rang, car le monde prospère par les marchands, *mundus per mercatores prosperatur.*"

Cet échange de bons procédés entre deux des plus grandes puissances de l'époque, ne faisait que continuer une tradition de paix inaugurée sous Charlemagne. L'histoire se plaît à rappeler la visite d'Haroun-al-Raschid, calife de Bagdad, au pieux empereur, et l'amitié qui résulta de cette solennelle entrevue. Quand, en 1403, Charles VI adressait à Tamerlan le frère Jean, archevêque d'Orient, les communications avec les pays mongols ou tartares n'étaient encore que peu fréquentes. On n'était pas plus avancé alors qu'au milieu du XIIIe siècle, lorsque Marco Polo, vénitien, mit douze ans à parcourir l'Asie, et qu'au siècle suivant, quand Jean de Mandeville employa trente-trois ans à visiter le Levant jusqu'au Cathay. Ce ne fut qu'à la fin du XVe siècle, après les découvertes de Barthélemy Diaz et de Vasco de Gama, que les navires français purent communiquer avec les insulaires de la Tropobane que d'Anville, dans son *Orbis veteribus notus*, indique comme l'endroit où est l'île de Ceylan. Jusque-là les Français et les Anglais achetaient des négociants allemands les produits des Indes orientales. Ces derniers s'approvisionnaient à Venise, dont les armateurs étaient en rapports réguliers avec les Algériens. Aden était l'entrepôt où ceux-ci se rendaient pour faire le commerce avec les Mahométans. Cette succession d'achats et de ventes faisait hausser le prix des épices, et les Vénitiens, qui rivalisaient d'habileté avec les Génois et les Pisans, en retiraient les plus gros profits.

La découverte d'une route navigable par le cap de Bonne Espérance, fut donc un grand bienfait pour les nations de l'Europe, et l'on vit dès lors leurs vaisseaux sillonner les mers du sud pour se rendre en Chine et au Japon. Ce fut une nouvelle ère de prospérité pour le commerce des Occidentaux. La France ne fut pas la dernière à diriger ses flottes vers le Levant. Nous avons vu les pilotes de Jean Ango y aller préparer la fortune de leur maître. Paulmier de Gonneville et d'autres navigateurs de Normandie doublèrent le cap des Tempêtes, dès le commencement du XVIe siècle.

Preque dans le même temps, le génois Christophe Colomb révélait à ses contemporains un monde inconnu. L'Amérique allait à son tour ouvrir ses trésors à l'avidité des peuples de l'Europe. Le nord du nouveau monde était encore presque inconnu, quand les Espagnols, les Portugais et les Français avaient déjà parcouru tout le littoral du Brésil, et visiter les îles du golfe du Mexique. Mais comme nous l'avons vu, les Basques, les Bretons et les Normands devinrent bientôt les hôtes assidus des terres neuves, et soit avant, soit après Cartier, ils pénétrèrent dans les eaux du fleuve St-Laurent, les uns, pour y chasser les baleines et les morses, les autres, pour s'y livrer au commerce des fourrures avec les indigènes.

A partir du milieu du XVIe siècle, la traite des pelleteries prit des proportions considérables, et l'avidité des marchands, que l'on remarque surtout au commencement du siècle suivant, est facile à expliquer. Cependant, il n'en avait pas toujours été ainsi ; car, si on étudie l'histoire de ce genre de trafic, on constate que sous le règne d'Elizabeth, la mode l'emportant sur le goût, avait puissamment servi à le ruiner momentanément. Durant tout le moyen âge, la dépouille de l'hermine avait fait fureur. Tout le monde voulait s'habiller de fourrures. La passion fut poussée à un tel excès, que les rois d'Angleterre et de France, certains princes italiens, furent obligés de décréter des lois somptuaires pour mettre un frein à cette espèce de frénésie. Henri II, d'Angleterre, par un acte du parlement daté de l'année 1158, fit défendre l'usage du vair [1] et du petit gris. Deux autres lois, de 1334 et de 1363, interdisaient l'usage des fourrures à toute personne qui aurait moins de cent livres de revenu.

La Russie devint, au milieu du XVIe siècle, le grand comptoir pour le commerce des pelleteries. Les pays situés à l'ouest et au nord-est des monts Ourals, fournissaient aux chasseurs abondance de martes zibelines, d'hermines, de renards rouges, noirs et blancs, de castors, etc. Les Samoyèdes payaient leurs tributs en fourrures, et la Sibérie, alors indépendante, donnait aux Russes et aux Anglais, en échange des objets dont elle avait besoin, les peaux les plus précieuses. Telles avaient été jusqu'alors les sources auxquelles s'alimentaient les marchés européens.

Les explorations françaises dans les parages du Saint-Laurent ranimèrent le goût de ce commerce, profitable à ceux qui s'y livraient, et la mode, toujours capricieuse, redevint ce qu'elle avait été avant les lois prohibitives des souverains anglais et français. C'est alors que commença cette guerre d'extermination contre

---

1 Fourrure blanche et grise.

les animaux qui peuplaient les vastes régions tombées sous la domination de la France. Ce furent d'abord les Sauvages seuls qui firent la chasse aux bêtes à la riche toison, pour les troquer avec les marchands et les capitaines de vaisseaux français. Avec eux ils échangeaient des bagatelles européennes contre des peaux de martes, castors, orignaux, loups-cerviers, loutres, renards, blaireaux et rats musqués [1]. Ils avaient à offrir aux indigènes des fers de flèche, des alènes, des épées, des haches, des tranchets pour couper la glace en hiver, des couteaux, des chaudières ; également des capotes, des chemises, des draps ; enfin du blé d'Inde, des pois, du biscuit ou galette, du petun, des pruneaux et des raisins.

Durant la seconde moitié du XVIe siècle, Tadoussac fut l'endroit favori pour ces ventes ou foires annuelles. Le témoignage des vieux marins dont parle Champlain à l'occasion de la traite de 1610, d'après lequel ils paraissaient avoir fréquenté cet endroit depuis plus de soixante ans, c'est-à-dire avant 1550, prouve que depuis

---

1 Le commerce ne se limitait pas à ces seuls animaux. Les sauvages troquaient en outre les peaux de putois que Sagard appelle les *enfants du diable*, en montagnais *babougi manitou* ou *ouincsque* ; les lapins, en huron *queutonmalisia* ; les écureuils, dont on reconnaissait trois variétés : l'écureuil volant, les suisses, et celle que les Hurons appelaient *arouessen* ; enfin les ours noirs.

Les martes les plus estimées venaient des régions septentrionales. Mais de tous ces animaux les plus recherchés étaient les castors, surtout les castors gras d'hiver. Ces derniers étaient pris durant l'hiver ; les sauvages s'en faisaient des robes, qu'ils portaient assez longtemps pour les *engraisser*, en les pénétrant de leur sueur jusqu'à la racine du poil. Les Montagnais appelaient un castor *amiscou*, et les Hurons *Toutayé*.

le passage de Cartier et de Roberval dans le fleuve Saint-Laurent, les Français avaient eu des rapports constants avec les aborigènes du Canada. Le motif de ces visites annuelles devait être plutôt dans les intérêts du commerce de fourrures que pour la pêche de la baleine.

Les sauvages de Tadoussac ne formaient qu'un tout petit rameau de la grande famille indienne, éparpillée un peu partout, le long des rivières et sur le littoral des lacs. Tout de même ils entretenaient des relations suivies avec leurs congénères disséminés vers le nord et l'ouest, depuis la région du Saguenay jusqu'au pays des Hurons, et même avec les peuplades de la baie d'Hudson. Leurs voisins les plus rapprochés étaient les Kahouchakis [1] ou la nation du Porc-épic, qui demeuraient sur les bords du lac Saint-Jean, à l'endroit où la rivière Saguenay prend sa source. " C'était autrefois, dit la *Relation* [2], l'endroit où toutes les nations qui sont entre les deux mers, de l'Est et du Nord, se rendaient pour faire leur commerce." J'y ai vu plus de vingt nations assemblées, s'écrie le Père Albanel [3]. C'était le pays par excellence des loutres, des orignaux, des castors, et principalement du porc-épic [4].

En gagnant la hauteur des terres, dans la direction du nord-ouest, l'on trouvait des sauvages, établis d'une façon plus ou moins sédentaire, à Paslistaskau. L'endroit

1 De *kakou*, qui signifie porc-épic.
2 Relation de 1672, p. 44.
3 *Ibidem*.
4 *Ibidem*.

est charmant ; c'est une petite langue de terre, dont les deux extrémités, terminées en pointe, sont arrosées par deux petits lacs d'où s'échappent deux rivières : l'une, allant à l'est, et l'autre vers le nord-ouest. La première déverse ses eaux dans un des tributaires du lac Saint-Jean ; l'autre va se jeter dans la baie d'Hudson, en formant sur son parcours le lac appelé Nemiskau. Paslistaskau était justement situé à la hauteur des terres, et le lac Nemiskau indiquait aux sauvages qu'ils étaient rendus à mi-chemin entre la baie d'Hudson et le fleuve Saint-Laurent [1].

Continant à pénétrer dans la profondeur des bois, le lac des Mistassins se présentait bientôt à la vue des chasseurs. Ce lac immense, dont on ne pouvait faire le tour qu'en vingt journées de canot et de beau temps, est rempli d'îles où l'on trouvait en abondance les orignaux, les ours, les caribous, les porcs-épics et les castors.

A quelque distance de cette mer intérieure, on rencontrait le lac Nemiskau, de dix journées de circuit. Il est entouré de hautes montagnes, du sud au nord, lesquelles forment un demi-cercle. Cinq grandes rivières s'y déchargent. Les castors, les orignaux, les cerfs et les porcs-épics y séjournaient en telle quantité "qu'il

---

1 La *Relation* de 1661 nomme ce lac, *Nekouba*, et le place sous la latitude 49o 20', et long. 305o 10'. Nekouba, à cette époque, " était un lieu célèbre à cause d'une foire qui s'y tient tous les ans, à laquelle tous les Sauvages d'alentour se rendent pour leur petit commerce." L'écrivain de cette même Relation ajoute que Nekouba était éloigné de Tadoussac d'environ cent lieues. En doublant ce trajet, pour atteindre la baie d'Hudson, celle-ci n'aurait été distante de l'embouchure du Saguenay que de 200 lieues. Ce chiffre est loin d'être exagéré.

semble que ce fut là leur demeure de prédilection "[1]. Aussi y voyons-nous, vers 1660, les Iroquois venir s'y fixer et même s'y fortifier, pour y devenir la terreur des nations du voisinage.

Les Sauvages entraient dans la baie d'Hudson par la rivière Nemiskausipiou, qui prend sa source dans le lac Nemiskau. Cette rivière, dont la largeur atteint presque une demi-lieue, vient du sud-est et se dirige vers le nord-ouest sur un parcours d'environ 80 lieues. Son embouchure est au 50°. Les Kilistinons [2] étaient cabanés à la pointe de l'ouest, et dans cet endroit de la baie résidaient les Mataouakirinouègues et les Monsouniks. Le commerce des fourrures se faisait à vingt lieues plus loin, en gagnant le nord-est, sur une longue pointe de rochers, située au 51°. Il y avait là plusieurs nations occupées à faire la chasse et la pêche.

Cette longue course, de Tadoussac à la Mer du Nord, ne se faisait pas sans quelques difficultés. Il fallait éviter deux cents sauts ou chutes, et traverser quatre cents rapides. Mais, pour les Sauvages, accoutumés à la vie des bois, ce long trajet, estimé, suivant les uns, à 400 lieues, et, suivant d'autres, à environ la moitié de cette distance, pouvait être franchi en vingt jours, bien que le

---

1 Relation de 1672, p. 49-50.

2 Appelés aussi Cristinos et Cris. Il y en avait de quatre tribus : 1° ceux de la baie d'Hudson appelés *Ataouabouscatoucks* ; 2° les *Kilistinons Alimibegoucks* ; 3° les *Kilistinons* des *Nipissiriniens*, ainsi nommés parce que les Nipissiriniens avaient découvert leur pays et venaient y faire la traite. Ils jouissaient d'un bon naturel ; 4° enfin les *Nisibourouniks*.

Père Albanel mît, en 1672, plus d'un mois à le parcourir. Cependant cet intrépide religieux déclare avoir fait, dans ce voyage de découvertes, 600 lieues en 40 jours, une moyenne de quinze lieues par jour. Ce rapport est exagéré, car les sauvages eux-mêmes atteignaient rarement cette proportion dans des lieux beaucoup plus faciles à franchir que les forêts du nord. Ordinairement ils faisaient quinze lieues en descendant les rivières, et sept ou huit lieues en les remontant. Le voyage de Tadoussac au lac Saint-Jean exigeait cinq jours de canot, et cependant la distance n'est que de quarante lieues en ligne directe.

Les Kilistinons et les autres peuplades de la baie d'Hudson avaient des relations régulières avec les Sauvages échelonnés le long du Metaberoutin (Saint-Maurice). Ils en remontaient le cours jusqu'au lac Ouapichiouanou, distant du fleuve d'environ 150 lieues. De là ils se rendaient directement à la rivière des Ouakoungouachiouek, parcours de 40 lieues, et ils franchissaient en quatre jours les 60 ou 70 lieues qui les séparaient de la baie des Kilistinons, appelée Nisibourounik.

Les Nipissiriniens et les Algonquins supérieurs fréquentaient aussi les Kilistinons, peuplade nombreuse et puissante, parlant la même langue que les Atticamègues ou Poissons blancs et les Sauvages de Tadoussac. On les appelait aussi gens de terre et gens de la Mer du Nord. Nous avons vu qu'ils habitaient vers le sud-ouest de la baie d'Hudson. Bien que sédentaires dans le principe, ils finirent par se répandre dans les environs du saut Sainte-Marie, après avoir été chassés de leurs foyers par la famine. Cette émigration n'empêchait pas cependant les grandes ventes annuelles et la célébration de leurs fêtes publiques. L'on comprend aisément que cette nation puissante, vivant au cœur même du pays des animaux recherchés pour le commerce, avait eu pendant longtemps le monopole des échanges avec toutes les tribus de la région boréale, depuis le lac Huron jusqu'au Saguenay, grâce aux nombreuses rivières qui arrosent ce vaste territoire. Quand, plus tard, les Anglais pénétrèrent dans la baie d'Hudson, ils accaparèrent à leur tour ce commerce énorme dont ils surent tirer un bon parti. Mais, en attendant qu'Hudson parvînt à reconnaître la baie à laquelle il donna son nom, les Français avaient amené à eux, par le moyen d'intermédiaires ou d'entremetteurs, les produits de la chasse de ces peuples, d'abord par la voie du Saguenay et des tributaires du lac Saint-Jean, avec Tadoussac comme poste de rendez-vous, et bientôt après, par le Saint-Maurice, aux Trois-Rivières, et puis en dernier lieu, par la rivière des Outaouais, les trois grandes artères de communication avec le fleuve Saint-Laurent où ils furent les maîtres absolus durant le XVIe siècle.

L'exploitation du trafic des fourrures fut laissée d'abord, faute d'organisation, à l'initiative privée. Les marchands bretons et normands faisaient négoce, presque sans contrôle, avec les aborigènes du Canada. Pendant la ligue, les Malouins durent payer certains impôts, mais ces droits n'affectaient pas la vente des pelleteries. Nous avons vu qu'en 1587 et les années précédentes, Jacques Noël et ses fils remontèrent le fleuve Saint-Laurent et qu'ils y firent du commerce sans se préoccuper de se pourvoir de permis royaux. Le marquis de la Roche, dix ans plus tard, dut se mettre en règle avec la couronne, et nous verrons, dans le chapitre suivant, Pierre de Chauvin se faire délivrer en bonne forme des lettres patentes, qui l'autorisaient lui et ses associés, à l'exclusion de tout autre, à acheter les peaux de castor des Sauvages de la Nouvelle-France.

Sauuin

CHAUVIN
[Capitaine]

Jeanne

GRAVEY
[Lieutenant]

Jourdain

JOURDAIN
[Associé de Chauvin]

AAAgiondiez oAAA

GION DIERES
[Capitaine à bord de l'*Espérance*]

CHAPITRE XIV

PIERRE DE CHAUVIN

SIEUR DE TONTUIT

Chauvin associé de François Gravé, sieur du Pont, et de Pierre du Guast sieur de Monts.—Demandent et obtiennent les mêmes privilèges que le marquis de la Roche.—Colonie de Tadoussac.—Détails sur la vie de Chauvin.—Les Malouins et les Rouennais entravent ses projets.—Jugement porté sur Chauvin.

Malgré le sort malheureux des expéditions de Roberval et du marquis de la Roche, il existait toujours en France des personnages que le goût des aventures, joint à l'espérance de réaliser un peu de fortune, atti-rait vers le nouveau monde. Les Bretons avaient ouvert la voie du Saint-Laurent à leurs compatriotes. Jacques Cartier, et après lui les pêcheurs et armateurs de Saint-

Malo et de Honfleur, avaient recueilli sur ses plages des notions peut-être exagérées des richesses naturelles du Canada, mais suffisantes cependant pour faire croire qu'il y avait lieu de s'y enrichir par l'exploitation des fourrures et même des mines qu'on rêvait toujours d'y rencontrer [1]. Pour parvenir plus sûrement à ce résultat, il fallait nécessairement se rendre les Sauvages favorables, afin d'obtenir de leur bouche des renseignements sur les régions aurifères. Le meilleur moyen d'arriver à ce résultat, eût été sans doute de coloniser le Canada, afin d'établir entre les Français et les sauvages aborigènes des rapports d'amitié plus directs et mieux suivis. Mais, c'était une tâche difficile à laquelle succombèrent Cartier et Roberval.

Ces tentatives de colonisation ne furent cependant pas inutiles, car elles servirent à attirer l'attention de la France sur le Canada. L'heure que la Providence avait fixée pour ouvrir ce pays à nos ancêtres, n'était que retardée, et quand elle sonnera, nous assisterons à un spectacle beaucoup plus consolant. Chaque nation a sa destinée particulière, et les peuples ne deviennent forts, que s'ils marchent dans la voie qui leur est indiquée par le doigt du grand Maître. Les rois de France avaient rêvé la formation d'une France nouvelle en Amérique, mais Dieu permit qu'elle ne donnât signe de vie qu'à l'arrivée de ses apôtres ou missionnaires. Les grands explorateurs du XVIe siècle n'avaient apporté

---

[1] Les mines du *Cap de Conjugon*, que l'on trouve mentionnées dans les documents officiels, avaient de la réputation à la cour. Quel était ce cap ? Quelle était la nature de ces mines ? Personne ne l'a jamais su.

avec eux que des éléments de colonisation éphémères. A l'exception de Jacques Cartier, aucun d'eux n'avait songé à se faire accompagner de prêtres qui, de tout temps, ont été regardés comme les seuls hommes susceptibles de donner de la vigueur à une colonie naissante, en ranimant les courages, et faisant respecter l'autorité de Dieu et des hommes. Champlain comprit bien, après sept années de travail au développement de sa ville, qu'il ne réussirait jamais à grouper ses compatriotes sur le rocher de Québec, s'il n'amenait avec lui quelques religieux. Ce sont eux aussi qui donnèrent à son œuvre, aussi téméraire que celle de Cartier, la solidité qui lui avait fait défaut jusqu'en 1615. A peine ont-ils mis le pied sur notre sol, que nous les voyons à la peine, usant leur santé, prodiguant leurs labeurs, pour donner à l'entreprise de Champlain une vigueur nouvelle. Ils iront tour à tour déposer aux pieds du trône royal les plaintes et les besoins des colons, demander pour eux des secours aux âmes généreuses, sans jamais se lasser dans l'accomplissement d'une aussi pénible mission.

On ne songeait guère, sous Henri IV, à s'adresser aux religieux, quand on voulait assurer le succès d'une entreprise. L'édit de Nantes, du mois d'avril 1598, en mettant les huguenots sur le même pied que les catholiques, leur ouvrait toutes les charges, dans la judicature comme dans la finance. Le résultat fut que les calvinistes, huguenots et tous ceux qui appartenaient à la religion prétendue réformée, occupaient souvent les postes les plus importants à la cour, et les catholiques ne pouvaient obtenir quelque faveur, qu'en subissant le joug de ces gens que les vieilles querelles religieuses avaient rendus fanatiques à l'excès. Les calvinistes avaient souvent plus de chances de voir agréer leurs demandes ; et voilà comment il se fait que, durant les dix dernières années du règne de Henri le grand, les sectes purent conserver le haut du pavé dans presque toutes les branches de l'administration. Il va sans dire que dans les entreprises à l'étranger, elles trouvaient moyen d'exercer un contrôle toujours porté au bénéfice de leurs adeptes. La suite des événements va nous en apporter une preuve bien manifeste.

Pendant que s'organisait en France une compagnie de marchands de Saint-Malo, Laval et Vitré pour disputer aux Portugais leur prépondérance dans certaines contrées du nouveau monde, François Gravé, sieur du Pont [1], négociant de Saint-Malo et marin expérimenté pour avoir déjà remonté le fleuve Saint-Laurent jusqu'aux Trois-Rivières, s'ouvrait à un riche marchand de Honfleur nommé Pierre Chauvin ou de Chauvin, sieur de Tontuit [2], afin de l'engager à demander pour lui-même le privilège de faire la traite des pelleteries dans la grande " rivière de Canada." Plusieurs raisons militaient en faveur de ce choix. Chauvin était calviniste ; il avait de la fortune, de l'influence de bons états de service.

Pierre de Chauvin portait plusieurs titres : capitaine

---

1 Aussi bien connu sous le nom de Pont-Gravé ou Dupont-Gravé.

2 Les anciens documents écrivent Tonnetuit. Mais il en est de ce nom comme de celui de Honfleur que l'on trouve originairement orthographié *Honnefleur* et *Honnefleu*.

pour le roi en la marine, maître-de-camp d'un régiment d'infanterie française, gentilhomme ordinaire de la chambre. Sa qualification d'écuyer n'est probablement qu'une présomption de noblesse, car il est difficile d'affirmer qu'il était d'origine noble, ou même s'il reçut des lettres d'anoblissement de Henri IV en récompense des services rendus à la cause royale. Sa famille était très répandue dans la Haute-Normandie, où plusieurs de ses membres jouissaient de la fortune, et brillaient même aux premiers rangs de la bourgeoisie [1].

Chauvin servit la royauté sous la Ligue. En 1590 on le voit agir en qualité de capitaine d'une compagnie de garnison, à Honfleur [2]. Le roi lui avait destiné cette marque de confiance, afin qu'il conservât cette ville à son allégeance. Mais là ne se borna pas son rôle. En 1591, il quittait Honfleur, traversait la Seine pour prendre part à la campagne de Henri IV dans le pays de Caux. Il y a tout lieu de croire encore que l'année suivante Chauvin et sa troupe de " gens de pied " se joignirent aux contingents amenés au roi et dirigés contre le duc de Parme.

---

1 Ce renseignement nous est fourni par MM. Bréard qui eux-mêmes le tiennent de M. Ch. de Beaurepaire.

2 1590, 29 octobre.—" Guillaume Le Long, capitaine du navire, bourgeois au total du navire le *Courtenay*, de 50 tonneaux, estant de présent sur les escores du havre neuf à Honnefleu vend à noble homme Antoine Herman, capitaine-enseigne de la compagnie du capitaine Chauvin, tenant garnison audit Honnefleu, et à honorable homme Guillaume Le Cordier, l'aisné, bourgeois du lieu, un quart du corps de la dite navire, preste à faire le voyage en mer à la coste du Pérou et aultres par le prix de 110 écuz soleil." (Reg. de tabellionage, Bréard, p. 162).

Chauvin et Gravé ne se présentaient donc pas les mains vides d'influences et de raisons ; ils les firent valoir avec autant d'habileté que de persistance. En unissant leurs intérêts, ils couraient moins de risques de se voir refuser leur demande, sans compter que Gravé lui-même comptait des amis puissants à la cour. La grande fortune de Chauvin devait être mise à contribution pour l'équipement des navires, l'expérience de Gravé dans la navigation du Saint-Laurent servirait à diriger l'expédition.

Tout avait été calculé et bien organisé en vue du succès. Mais, comme le but des associés était de se faire substituer au marquis de la Roche, qui faisait de fortes instances pour que le roi lui renouvelât sa commission, ils comprirent qu'ils n'obtiendraient des lettres-patentes que s'ils s'engageaient à transporter des colons au lieu de leur futur établissement. Le grand point était de s'assurer d'abord le monopole, quitte ensuite à agir comme bon leur semblerait. Chauvin était un spéculateur entreprenant et habile. Gravé comptait parmi les capitaines de mer les plus expérimentés de la Bretagne et de la Normandie [1]. " C'était, dit Moreau, un armateur

[1] François Gravé, sieur du Pont, était breton, et comme Jacques Cartier, originaire de Saint-Malo. Il était entré en société de commerce avec Pierre de Chauvin, vers l'année 1598 ... A Honfleur, il résidait sur la paroisse Saint-Etienne ; les registres des baptêmes de cette paroisse font connaître sa femme, qui se nommait Christine Martin, et ses deux enfants, Robert et Jeanne. Le premier fit plusieurs voyages au Canada, commanda un des navires qui fit voile vers les îles de la Sonde avec le capitaine Beaulieu. Robert Gravé mourut en mer le 9 novembre 1621. Sa sœur Jeanne épousa un officier d'infanterie nommé Claude de Godet des Maretz, qui vint plusieurs fois à Québec du temps de Champlain.— Bréard, *Documents*, etc., p. 94.

intelligent et actif ; ce n'était ni un politique ni un administrateur " ¹.

Les associés s'adjoignirent Pierre du Guast, sieur de Monts, qui mit des capitaux dans l'entreprise. Ils obtinrent aisément le privilège qu'ils convoitaient. Une des conditions, sinon officielle mais nettement formulée de cette faveur particulière, comportait la formation d'un établissement fixe à Tadoussac ou dans tout autre endroit jugé plus favorable. Chauvin avait donné à entendre qu'il y transporterait cinq cents hommes, et qu'il y construirait un fort.

Cette nouvelle concession de privilèges ne fut pas plus tôt répandue à Saint-Malo, que les bourgeois s'assemblèrent pour délibérer, comme ils avaient fait en pareille circonstance, dans l'affaire Noël-Chaton, onze années auparavant. Les Malouins couchèrent leurs protestations sur papier, puis ils les soumirent aux tribunaux, alléguant, entre autres motifs propres à faire révoquer le monopole de la société Chauvin-Gravé-Du Guast, que la découverte du Canada par Jacques Cartier créait en leur faveur un droit tout spécial de faire librement le commerce dans ce pays. Les habitants de Saint-Malo, ajoutaient-ils, ont toujours continué la navigation et le négoce avec les sauvages qu'ils ont rendus traitables, doux et familiers, et s'il y a lieu d'espérer quelque nouvelle découverte au profit de Sa Majesté, personne n'est plus en état qu'un Malouin, qui serait envoyé auprès des sauvages pour se mettre en communication avec eux, et puis faire un rapport fidèle de sa mission.

1 Moreau, *Histoire de l'Acadie Française*, p. 12.

Les bourgeois alléguaient en outre que leurs vaisseaux étaient déjà prêts à prendre la mer, et qu'en interrompant ainsi leur négoce, le roi allait ruiner les armateurs [1].

Ces remontrances, signées par Jean Gouverneur, député spécial de la communauté des marchands malouins, furent remises aux députés du parlement de Bretagne, qui les transmirent au roi. Mais leurs protestations furent inutiles. Plus heureux que les héritiers et successeurs de Jacques Cartier qui, eux aussi avaient invoqué en leur faveur, et avec beaucoup plus de raison, les découvertes de leur illustre parent, Chauvin et ses associés conservèrent dans son intégrité leur privilège de traite, et ils se préparèrent en conséquence à partir pour Tadoussac au printemps de 1600. Dans l'intervalle, les bourgeois de la communauté s'étaient assemblés de nouveau et avaient remis à Jean Martin Guiraudaye et consorts, des lettres de faveur [2] pour empêcher l'entérinement de la commission récemment accordée à Chauvin.

L'équipement de la flotte en destination pour le Canada se fit avec célérité. Chauvin possédait quatre navires : le *Don-de-Dieu*, *l'Espérance*, le *Bon-Espoir* et le *Saint-Jean*. Le plus grand des quatre, le *Don-de-Dieu* jaugeait 400 tonneaux, et les autres seulement 230 à eux trois. Nicolas Tuvache commandait le *Saint-*

---

[1] Michelant, *Documents*, p. 51-53.

[2] *Documents inédits*, p. 12. Dans cette pièce Chauvin apparaît comme résidant au Havre-de-Grâce. Partout ailleurs on voit qu'il était de Honfleur. La vérité est qu'il était originaire de Dieppe, mais plus tard il choisit Honfleur pour y demeurer. Dans la protestation signée par Gouverneur, il est désigné à tort sous le nom de *Jean*.

Jean, Guyon Dières *l'Espérance*, Henry Couillard était maître à bord du *Don-de-Dieu* qui portait Chauvin, Gravé et Pierre du Guast.

Au lieu de prendre cinq cents hommes, comme il l'avait laissé croire, Chauvin n'en engagea pas même un cent. Parmi eux se trouvaient quelques artisans et des gens de métier. Jehan Brouët, de Honfleur, était le chirurgien de l'escadre [1]. Gravé avait été chargé de la lieutenance, ainsi que du commandement de l'un des navires.

La flottille vint mouiller à Tadoussac, où une installation immédiate fut résolue. Gravé, qui connaissait déjà le pays, aurait préféré se rendre jusqu'aux Trois-Rivières, qu'il considérait comme un lieu beaucoup plus favorable à la traite et plus propre à une habitation. Du Guast partageait cette idée. Mais tous deux durent céder devant l'obstination de Chauvin, qui tenait à Tadoussac. L'endroit ne pouvait être plus mal choisi, car, suivant la juste réflexion de Champlain[2] c'était le lieu le plus désagréable et le plus inculte du pays. On n'y trouvait que des montagnes et des rochers presque inaccessibles, et des arbres de maigre venue, comme des pins, des sapins et des bouleaux. Et puis, "s'il y a un once de froid à quarante lieues amont la rivière, il y en a là une livre,[2]" ajoute l'immortel fondateur de Québec.

[1] M. Charles Bréard dit dans sa Préface de l'*Histoire de Pierre Berthelot, pilote et cosmographe du roi de Portugal aux Indes orientales*, (Paris, 1889) que Thomas Jourdain fut l'associé et le compagnon de Pierre de Chauvin dans ses entreprises de 1600 et 1602. Pierre Berthelot débuta dans la marine sous cet habile navigateur, qui venait tous les ans à Terreneuve et au Canada.

[2] Champlain, *Voyages*, éd. canad. 1632, p. 42.

Chauvin se hâta de remplir ses vaisseaux de peaux de castor, de marte et d'autres fourrures de prix, et partit pour la France avec Gravé et du Guast, ne laissant à Tadoussac que seize hommes, exposés aux intempéries d'un hiver dont ils ne prévoyaient pas les rigueurs, sans autre abri qu'une chétive cambuse en bois rond que Champlain appelle ironiquement *une maison de plaisance*. Ce misérable taudis pouvait mesurer quatre toises de longueur sur trois de largeur, était couvert de planches et entouré d'une palissade de claies, avec, tout autour, un petit fossé que l'on avait creusé dans le sable de la grève. "Les voilà bien chaudement pour leur hiver,[1]" s'écrie Champlain.

La saison des neiges fut bien rude. "Ce que Chauvin avait laissé de vivres et d'autres objets, était à l'abandon des uns et des autres; c'était la cour du roi Pétaud, où chacun voulait commander"[2]. La paresse les rendit insouciants, et puis la maladie les réduisit à un état tellement lamentable, que les Sauvages des environs, émus de pitié, les amenèrent dans leurs cabanes pour les empêcher de mourir de faim et de froid. Onze d'entre eux succombèrent à la maladie durant l'hiver, et deux autres, sur les cinq qui restaient, partagèrent bientôt le triste sort de leurs compagnons. Les trois survivants attendirent, au milieu des plus terribles perplexités, le retour du printemps, qui devait ramener des vaisseaux français dans ces parages.

Chauvin ne fut pas heureux dans son premier essai de coloniser le Canada. Il ne pouvait en être autrement,

---

1 *Ibid.* p. 42.   2 *Ibid.* p. 43.

vu que lui-même, le principal actionnaire, ne songeait à rien autre chose que d'arrondir ses capitaux par le trafic des fourrures. La colonie de Tadoussac n'était qu'un trompe-l'œil. Eût-il voulu fonder un établissement sérieux, il aurait pu facilement trouver mieux que Tadoussac pour l'y asseoir. " Combien de fois me suis-je étonné, s'écrie Champlain, ayant vu ces lieux si effroyables sur le printemps " [1]. Mais Tadoussac était un lieu de rendez-vous pour les sauvages échelonnés le long de la rivière Saguenay et même pour ceux du lac Saint-Jean. Ces derniers avaient des relations avec leurs congénères des tribus du nord, qui avaient leurs postes de traite, à la façon des Français. Les Montagnais de Tadoussac et du Saguenay s'approvisionnaient de marchandises européennes, pour les trafiquer ensuite avec les pelleteries des nations septentrionales. Les Français qui abordaient chaque année au port de Tadoussac, mettaient en définitive la main sur cette énorme quantité de fourrures qu'ils obtenaient à vil prix, pour les vendre chez eux avec des profits considérables.

Chauvin réalisa-t-il de gros bénéfices dans son premier voyage au Canada ? C'est peu probable, quoiqu'il menât un gros train de vie, mais il paraît certain que son commerce avec le Canada ne contribua en rien à augmenter le chiffre de sa fortune, qu'il avait acquise autrement. Il possédait, depuis plusieurs années, la terre de Tontuit, et en 1597 la duchesse de Longueville lui en avait aliéné les rentes seigneuriales. Nous avons vu qu'en 1599 il possédait quatre navires. Il avait aussi

[1] *Ibid.*

des barques, des maisons et un opulent mobilier. Ce fut de sa résidence, située rue Haute, à Honfleur, que les membres du corps municipal tirèrent des cuirs dorés et des tapisseries pour décorer l'hôtel royal, quand Henri IV séjourna dans cette ville, au mois de septembre 1603 [1]. Sa fortune resta fort obérée après sa mort. La veuve renonça à la succession, et son fils, ne voulant pas se charger des dettes commerciales dont elle était grevée, ne l'accepta que sous bénéfice d'inventaire.

En 1601, Chauvin n'entreprit pas le voyage du Canada, comme beaucoup d'historiens l'ont cru. Mais il est certain qu'il y expédia un de ses navires, l'*Espérance*, sous la conduite de Guyon Dières [2]. Pierre Deschamps et Jehan le Roux, de Dieppe, recevaient, le 3 mai, 16 écus pour faire le voyage, en qualité de matelots. Le même jour, Charles Andrieu, bourgeois de Honfleur, prêtait à Chauvin 25 écus pour " mettre hors en mer en pays de Canada l'un de ses navires dont est maître Guyon Dières, lequel est en ce port prêt à partir à faire le voyage de Canada."

Voici ce que dit Champlain de cette seconde expédition : " Le sieur Chauvin, voyant ses gens humer le vent du Saguenay, fort dangereux, poursuit ses affaires pour refaire un second voyage, qui fut aussi fructueux que le premier " [3].

Au mois de mars 1602, le *Don-de-Dieu* et *l'Espérance* étaient de nouveau prêts à faire voile pour le

---

[1] Arch. com. de Honfleur. Compte des deniers, 1603.
[2] Bréard, *Documents*, etc., p. 69.
[3] Champlain, éd. can. 1632, p. 44.

Canada, sous le commandement de Chauvin. On cite trois actes qui ont rapport à ce voyage, et par lesquels les maîtres des deux navires, Guyon Dières et Henry Couillard, empruntaient à 35 pour cent sur l'expédition projetée. C'était le taux ordinaire des profits sur les prêts aux armateurs de navires de pêche et de traite à la Nouvelle-France.

Le départ se fit de Honfleur au mois d'avril. Après un séjour de quatre mois environ à Tadoussac, Chauvin revint en France où il arriva au mois d'octobre. Il devait passer par le Portugal et La Rochelle à son retour, mais il dut modifier son plan et s'en venir directement à Honfleur. Ce fut à ce voyage que Henry Couillard ramena avec lui du Canada trois Malouins qui y avaient été délaissés par le capitaine Soynard [1], de Saint-Malo. Leurs noms étaient Jehan Bibes, Jacques Oulquin et Jehan Hérizon. Ce fut aussi au cours de cette expédition "mieux ordonnée" que les autres, suivant Champlain, que le sieur de Tontuit contracta la maladie qui devait bientôt le conduire au tombeau.

Chauvin n'avait pas ainsi conservé son monopole, pendant trois années consécutives, sans avoir subi l'assaut des Malouins, les plus obstinés des Bretons. La lutte, commencée avant qu'il mît le pied en Canada, se continua avec non moins d'ardeur à son retour, dans l'automne de 1602. Nonobstant cette opposition faite dans toutes les formes, Chauvin vit ses pouvoirs réitérés, comme le

---

1 Ne serait-ce pas François Crosnier Souesnaye que l'on trouve cité dans les *Archives de Saint-Malo*, à la date du 24 novembre 1608 ?

comporte une lettre missive du roi, en date du 28 décembre 1602, et dont voici le passage le plus saillant :

" Ayant depuis peu esté particulièrement informé par plusieurs bons rapportz et fidèles avis combien il est important pour le bien de notre service de fere promptement parachever et accomplir nostre desseing de la descouverture et habitation de terres et contrées de Canada, dont nous avons cy devant donné et *réitéré* notre pouvoir et commission au capitaine Chauvin......[1] "

Cette lettre signée *Henry* et contresignée *Potier*, avait été provoquée par les marchands de Rouen ; ils avaient suscité un procès à Chauvin, qui avait refusé de payer certaines impositions sur treize milliers de morues rapportées des terres neuves par Henry Couillard dans le *Don-de-Dieu*. L'affaire avait d'abord été portée devant la juridiction de l'élection de Pont-L'Evêque, par Guillaume Morin, receveur des nouvelles taxes ; puis, appel avait été interjeté à la chambre des Aides à Rouen. Le roi convoquait, par sa lettre, le sieur de la Cour, premier président au parlement de Normandie, et le vice-amiral Aymar de Chastes, afin qu'il se rendissent à Rouen pour s'entendre avec les principaux négociants de cette ville et régler le litige.

Sept jours auparavant, c'est-à-dire le 21 décembre, les Malouins, ayant appris par une lettre envoyée de Paris par le doyen de leur Communauté à Thomas Porée, sieur des Chesnes, procureur de la ville de Saint-Malo, que les marchands rouennais et malouins avaient obtenu du roi des lettres portant interdiction à tout autre

---

1 *Documents inédits*, p. 15.

qu'à eux de trafiquer au Canada, avaient résolu de supplier Sa Majesté de lever cet interdit [1]. De là l'édit royal du 28 décembre, et la convocation des marchands de Rouen et des principaux officiers de la cour.

Les bourgeois de Saint-Malo se réunirent de nouveau le 26 janvier (1603) pour prendre communication des lettres du roi. Après délibération, il fut décidé que le procureur Porée écrirait à Bertrand Lefer Lymonnay, député à la cour, pour qu'il informât Henri IV que la ville de Saint-Malo, ne tirant que peu d'avantages de son commerce avec le Canada, n'entendait pas encourir de frais dans le procès alors pendant. La communauté préférait laisser aux intéressés dans ce commerce le soin de poursuivre les débats qui pourraient s'élever à ce sujet [2].

Le trois janvier précédent, Charles de Montmorency avait adressé aux bourgeois, manants et habitants de Saint-Malo, une lettre par laquelle ils étaient informés que le roi avait résolu de substituer à Chauvin des négociants de Rouen et de Saint-Malo, " sachant qu'il ne pourroit seul suffir à tel desseing. " Pour faciliter le règlement de cette question épineuse, Henri IV leur enjoignait, par l'intermédiaire du duc de Montmorency, d'envoyer à la fin du mois des députés à Rouen, où Chauvin avait été également averti de se trouver en personne. Le premier président du tribunal et le commandeur Aymar de Chastes étaient chargés d'entendre les raisons des deux parties. Dans l'intervalle, défense

---

[1] *Documents inédits*, p. 12 et 13.
[2] *Ibidem* p. 14 et 15.

formelle avait été faite à tous les pilotes et marins habitant la Normandie, la Bretagne, la Picardie, la Guyenne, la Biscaye, les pays Boulonnais, Calais et toutes les villes maritimes, d'aller plus loin qu'à Gaspé, sous peine de confiscation et d'emprisonnement.

L'assemblée en effet eut lieu à Rouen, vers la fin de janvier, mais il n'appert pas que les Malouins s'y firent représenter. Au lieu de perdre leur temps et leur argent dans des procès qui pouvaient porter préjudice à leurs intérêts, ils avaient préféré attendre le résultat des négociations d'un des leurs qu'ils avaient envoyé à la cour dans le but de soutenir leur cause. Ce délégué était Messire Guillaume le Gouverneur [1], chanoine-doyen du chapitre de l'évêché de Saint-Malo [2], un des membres les plus éminents du clergé breton. Entre autres missions, il était chargé de régler la question du monopole commercial au Canada.

Après avoir pris l'opinion de son conseil d'Etat, Henri accordait, le treizième jours de mars, à Gilles Eberard, mieux connu sous le nom de capitaine Coulombier, de Saint-Malo, la permission de fréter, pour cette année-là (1603) seulement, un navire pour se rendre, soit séparément, soit conjointement avec François Gravé, sieur du Pont et le sieur Prévert, " au traficq et descouverture des terres de Canada et païs adjaczans," à la charge de contribuer pour un tiers dans les dépenses [3].

---

[1] Le vénérable et discret Messire Guillaume le Gouverneur, doyen et chanoine de l'église de S. Malo, devint évêque de cette ville. Ce fut un prélat de grande distinction. Cet évêque mourut le 25 juin 1630.

[2] Voir Note 14.

[3] *Documents inédits*, p. 24 et 25.

Cette décision du roi avait été déterminée par les représentations du vénérable chanoine de Saint-Malo qui, le 7 avril suivant, voyait sa ligne de conduite approuvée et ratifiée par la communauté, " particulièrement pour le faict de Canada."

Le privilège du trafic au Canada finit par échoir au commandeur Aymar de Chastes, qui, sans doute, pour accommoder les Malouins et les Rouennais, fit une association avec des armateurs des deux villes. Prévert fut envoyé à Gaspé, Gravé à Tadoussac, tous deux avec la mission de faire la traite avec les sauvages. Champlain vint aussi au Canada en même temps qu'eux, mais lui était chargé de s'occuper des découvertes et des explorations.

Quant à Chauvin, il était mort peu de jours après l'assemblée de Rouen. Il est difficile de préciser la date de son décès. Henry Harrisse dit que ce fut avant le 15 mai 1603, car le Prévôt de Paris rendit, ce même jour, une ordonnance contre certains individus accusés de s'être appropriés une somme d'argent provenant de la succession de Chauvin. D'autre part, il est constaté que le 20 janvier précédent, il donnait une procuration générale et spéciale à sa sœur Madeleine, veuve de Jean Plastrier [1]. Cet acte est de bien peu antérieur à son décès, que l'on pourrait fixer avec assez de vraisemblance au mois de février. En tous cas, il mourut entre le 20 janvier et le 15 mai 1603.

[1] 1603, 20 janvier.—" Pierre de Chauvin, sieur de Tonnetuit, demeurant à Honfleur, pour procuration générale et spéciale à Madeleine Chauvin, sa sœur." (Bréard, Reg. de tabell. p. 91).

Un inventaire des " lettres et écritures du sieur de Tonnetuit " fut fait les 17 et 26 mai 1603.

Le 8 juillet 1604 et les jours suivants, on procédait à la vente de ses navires et de ses meubles, en présence de deux conseillers au parlement de Rouen [2].

Pierre de Chauvin avait épousé, en premières noces, Jeanne de Mallemouche, de laquelle il eut un fils, vers l'année 1588. François de Chauvin porta, comme son père, le titre d'écuyer et de sieur de Tontuit. Il fit alliance avec Anne Desson, fille de Jean Desson, sieur de Torpt, et il mourut en 1661 ou 1662, sans laisser d'enfants [3].

Pierre de Chauvin avait épousé, après la mort de sa première femme, Marie de Brinon, veuve de Jean Fréard, lieutenant-général en la vicomté d'Auge. Cette dernière se maria trois fois et, en dernier lieu, avec Pierre Sausay, sieur de Sienne, en 1606 [4].

Comme nous l'avons dit déjà, la famille Chauvin était très répandue en Normandie. Il y avait aussi les Chauvin, sieur de la Pierre. L'un deux est assez intimement lié à l'histoire primitive de la Nouvelle France. C'est sous les ordres d'un autre Pierre de Chauvin, sieur de la Pierre, que Champlain laissa son établissement à Québec, à son retour en France, au mois de septembre 1609. Le mois de février 1603 est la date la plus ancienne à laquelle on rencontre le nom de ce capitaine, qui, originaire de Dieppe, paraît s'être fixé à Honfleur

---

[1] Bréard, note, p. 71-72.   [2] *Ibid*.   [3] Voir Note 15.
[4] Bréard, *Documents, etc.*, p. 72.

après la mort de son parent, le sieur de Tontuit, avec lequel il ne doit pas être confondu.

Le Canada ne doit guère de reconnaissance à Pierre de Chauvin, qui ne fit rien de plus pour la colonisation française en ce pays que les autres négociants ou armateurs de son temps. Son établissement de Tadoussac ne fut qu'un simulacre de colonie. Chauvin désirait avant tout faire de l'argent, en monopolisant, pour lui et ses associés, les profits d'un trafic d'ordinaire très lucratif.

Quels motifs d'ailleurs auraient pu induire le spéculateur normand à coloniser la Nouvelle-France ? Appartenant au calvinisme, il ne se souciait pas plus qu'il ne fallait d'implanter sur notre sol une croyance qui n'était pas la sienne. Car les rois n'accordaient de charte qu'à la condition expresse que les Sauvages seraient évangélisés suivant les dogmes de la foi catholique. Pour certains fanatiques, cette clause pouvait être un obstacle à leurs visées de sectaires. Chauvin n'appartenait peut-être point à cette catégorie, car, alors comme aujourd'hui, beaucoup de protestants se prosternaient plutôt devant le veau d'or que devant le Dieu du Ciel. La conduite de Chauvin est toujours moins à blâmer que celle des marchands huguenots, qui, plus tard, ruinèrent la colonie française par un zèle religieux poussé au-delà des bornes que la cour leur avait tracées. La manie qu'ils eurent de jeter sur les rivages du Saint-Laurent, des colons de toute croyance, semble avoir débuté sous Chauvin. Champlain le laisse entendre, quand il dit : " Ce qui fut à blâmer en cette entreprise, est d'avoir donné une commission à un homme de contraire religion, pour pulluler la foi catholique, apostolique et romaine, que les hérétiques ont tant en horreur et abomination [1]."

Malgré son abjuration, qui aurait dû en faire un homme dévoué à la cause catholique, Henri IV ne put jamais se résoudre à briser complètement avec ses anciens coreligionnaires. Il avait pour eux des faiblesses. Souvent il les favorisait, sous le ridicule prétexte d'être juste et impartial envers tous ses sujets indistinctement. C'est dans sa politique vis-à-vis le Canada qu'il donna de fortes preuves de son manque de fermeté religieuse. Aussi le catholicisme n'y eut-il guère droit de cité, au début, les huguenots ayant partout la prépondérance. L'avancement matériel des premières fondations ressentit le contre-coup des querelles qui s'ensuivirent. Le privilège, accordé à Pierre de Chauvin, fut le premier pas dans cette voie néfaste. Plus tard, un autre calviniste, Pierre du Guast, sera à son tour l'objet des munificences royales. Quand, après les particuliers, les compagnies mercantiles prendront charge des affaires du Canada, Louis XIII, suivant la politique désastreuse de son prédécesseur, ouvrira lui aussi les premières places aux officiers huguenots. Aussi que d'animosités et de dissensions religieuses en Acadie, à Tadoussac et à Québec ? Que d'ennuis causés aux missionnaires récollets et jésuites ? Par bonheur ces religieux possédaient à côté d'eux, pour les encourager et les soutenir dans leur œuvre de pacification, un homme capable de faire face aux ennemis du catholicisme, et de sauvegarder à la fois les intérêts de sa religion et ceux de sa patrie adoptive : cet homme s'appelait Champlain.

[1] Champlain, édit. canad. 1632, p. 44.

CARTOGRAPHIE

DE LA

NOUVELLE-FRANCE

AU

XVIe SIÈCLE

CARTOGRAPHIE

DE LA

NOUVELLE-FRANCE

—

APERÇU GÉNÉRAL

———

Cartes et planisphères des terres neuves, antérieurs aux voyages de Verrazano et de Cartier.—Mappemondes de Juan de la Cosa, de Cantino, de Palestrina, de Pedro Reinel, de Maggiolo, de Jehan Denys.—Carte de Verrazano et la Nouvelle-France.—Cartes de Ribeiro, de Viegas, d'Agnese, de Münster, de Ruscelli, de Mercator. Globes de Nancy et d'Ulpius.—John Rotz et sa carte manuscrite.— Mappemonde de Cabot.—Cartes de Vallard, de Vopellio.—Mappe de Henri II, dressée par Pierre Desceliers.—Cosmographes de la dernière moitié du XVIe siècle.—Leurs travaux informes.

Les cartes, planisphères et mappemondes des terres neuves, burinés avant que les expéditions de Verrazano et de Cartier fussent connus, sont très informes. Ces travaux revêtent souvent un caractère d'authenticité contestable à bon droit. Ainsi, l'une des plus anciennnes de ces cartes, attribuée à Jehan Denys, de Honfleur, a dû être fabriquée longtemps après le voyage transatlantique du navigateur normand. La mappemonde de Juan de la Cosa (1500), la carte dite de Alberto Cantino (1501), la mappemonde attribuée à Salvat de Palestrina (1503-1504), et enfin la carte de Pedro Reinel (1505), ne nous font connaître que Terreneuve et d'autres terres mal définies, se rapportant aux Cabot.

Le plus ancien document qui retrace les terres neuves et les régions circonvoisines, est le portulan de Vesconte de Maggiolo, dressé en 1511. Mais il n'y est fait aucune mention du golfe Saint-Laurent. Les cartes de 1527 donnent le premier indice de la Nouvelle-France, si toutefois on ne tient pas compte des travaux cartographiques dont Jehan Denys serait l'auteur, et qui remontent à l'année 1508. Le Père Biard mentionne la carte de Denys. Ce qui doit nous faire croire qu'elle a réellement existé. M. Sulte croit aussi à l'existence de cette carte, mais, dit-il, sur les copies que nous avons, il a été ajouté un bout de fleuve.

M. Ben Perley Moore, dans ses *Documents* recueillis en France, et consignés aux archives de l'Etat du Massachusetts, dit avoir cherché cette carte à Honfleur, sans pouvoir la trouver.

Harrisse dit aussi l'avoir cherché dans les archives de Paris, sans succès.

Bancroft reconnaît l'existence de cette carte de Denys.

Il nous paraît plus probable cependant que cette

carte est de beaucoup postérieure à l'année 1508. Ce qui n'empêche pas que Denys ait fait un voyage dans le golfe Saint-Laurent, en 1506, accompagné comme nous l'avons vu, d'un pilote rouennais du nom de Gamart. Ramusio mentionne cette expédition [1].

Il existe aux archives du Massachusetts [2] un fac-similé d'une " Carte pour servir à l'intelligence du mémoire sur la Pesche de Moluës, par Jean Michel, en 1510." Cette dernière est certainement antidatée, car elle paraît contemporaine de Champlain. On y voit figurer *Mallebarre,* nom donné par le fondateur de Québec au havre de Nauset, le long des côtes atlantiques, par les 41° 50'.

La carte de Maggiolo, de 1527, retrace les terres neuves et une terre désignée sous le nom de *Francesca.*

La carte de Verrazano (Hieronimo da), datée de 1529, est beaucoup plus complète que celle de Maggiolo. Trois drapeaux français sont arborés au lieu marqué *Nouvelle-France.*

C'est la première fois que l'on trouve ce nom mentionné dans un document cartographique.

Murphy, dans son *Voyage of Verrazano* [3], et l'abbé Faillon [4] tombent tous deux dans l'erreur, en attribuant

1 On lit dans la collection de ses voyages : " Sono circa 33 anni che un nauilio d'Onfleur, del quale era Capitano Giovanni Dionisio, e il Pilotto Gamarto di Roano primamente v'ando.—*Raccolta,* édition de 1556, t. III, p. 359 ; édition de 1565, t. III, f. 423, F.

2 *Documents recueillis en France,* I, p. 345.

3 Pages, 87, 88 et 105.

4 *Hist. de la colonie française,* I, p. 511.

à Jacques Cartier l'honneur d'avoir le premier donné au Canada le nom de Nouvelle-France, car il paraît établi qu'il revient à Verrazano, au moins si on s'en rapporte à la carte dont il est présumé être l'auteur.

Dans sa traduction du grand ouvrage de Charlevoix sur la Nouvelle France [1], M. John Gilmary Shea fait remonter le nom de *Nova Gallia* à l'époque de l'apparition de la mappemonde d'Euphrosynus Ulpius, en 1542. Charlevoix lui-même a cru que le Canada ne commença à être connu sous le nom de Nouvelle-France que du temps de Lescarbot, en 1609 [2].

Le Père Biard, jésuite, qui écrivait en 1614-16, est d'opinion que Verrazano est l'auteur de cette appellation.

Pierre Crignon, auteur supposé du *Discours d'un grand Capitaine*, ouvrage anonyme où l'on trouve le récit de voyage des frères Parmentier, et qui, en 1539, lorsqu'il écrivait son livre, n'avait probablement pas vu la carte de Verrazano, dit que les navigateurs français, et même les Portugais, appelaient le Canada la *Terre Française* [3].

Dans son Routier, Jehan Alfonce dit que les terres du Canada étaient appelées Nouvelle France [4].

---

1 Shea, *Charlevoix*, II, 20.

2 *Hist. de la N. France*, t. I, liv. IV, p. 149.

3 Léon Guérin, *Histoire maritime de France*, t. II, p. 117, donne le passage de ce discours où il est dit : "La partie à peu près mitoyenne de ce continent porte le nom de Nouvelle France."

4 Ed. canadienne, 1843, p. 86.

Jean-Baptiste de Rocoles [1], historiographe de Louis XIV, écrivait en 1660 : "La Nouvelle France a ce nom, principalement parce que ce pays a été découvert par des Français Bretons, l'an 1504, et que, depuis, les Français n'ont cessé de le pratiquer. Jean Verazzan, Florentin, prit possession de ce pays, l'an 1523, au nom du roi François I, et l'on tient que ce Verrazan fut le premier qui donna le nom de Nouvelle France à ces contrées qu'il découvrit."

La carte de Verrazano, disparue vers le milieu du XVIe siècle, fut enfin retrouvée à Rome, en 1852, par M. Thomassy.

La carte de Ribero est aussi de 1529. On n'y trouve rien de nouveau, si ce n'est l'indication des découvertes du Labrador (par les Anglais) [2], des Terres neuves [3] (par les Cortereal) et du Cap des Bretons (par Estevam Gomez) [4]. Cette carte indique que les côtes du Labrador furent découvertes par des Anglais de Bristol.

Une carte de 1534, signée par Gaspar Viegas, donne une description de Terreneuve et du golfe Saint-Laurent. On ne connaît rien de son auteur.

La mappemonde de Baptista Agnese, de 1536, indique la terre de Baccalaos et *El viage de France*. Harrisse prétend que le travail d'Agnese, retraçant la

---

1 *Quelques particularitez du pays des Hurons*, par le sieur Gendron, ouvrage publié dans la *Description générale de l'Amérique*, édité par Jean-Baptiste de Rocoles. Troyes et Paris, 1660, et réimprimé à New-York, en 1868.

2. Voir Note 16.
3 Voir Note 17.
4 Voir Note 18.

route de l'Inde, est plutôt une réminiscence des voyages de Verrazano que de ceux de Jacques Cartier. Cette mappe porte pour légende : *El viazo de fransa.*

Une des cartes qui ont obtenu le plus de vogue au XVIe siècle, est celle de Münster [1], publiée pour la première fois, en 1538. Elle définit un peu mieux que ses devancières la région terreneuvienne, mais l'édition de 1540 indique la Nouvelle-France sous le nom de *Francisca.*

Nous n'apercevons jusqu'en 1540 aucune allusion aux découvertes de Jacques Cartier dans le golfe et le fleuve Saint-Laurent. Il faut croire que les récits de l'illustre navigateur malouin n'avaient pas encore franchi les Pyrennées, ni les Alpes, ni la Manche. Les idées de l'époque étaient concentrées vers les régions arctiques, et l'on croyait à l'existence d'une ceinture de terre circonscrivant la limite du monde. On s'imaginait que l'Europe était unie au Groënland par une bande terrestre, et que le chemin par terre ferme se continuait ainsi jusqu'au continent américain, qui n'était qu'un prolongement du continent asiatique. Cette théorie, restée chère aux Italiens, même après qu'elle eût été à peu près abandonnée par les autres nations de l'Europe, fut mise en évidence par l'apparition de deux mappemondes, l'une

---

1 Sébastien Münster, savant hébraïsant, né à Ingelheim en 1489, mort en 1552, était cordelier dans un couvent de Tubingue, lorsqu'il embrassa avec ardeur les opinions de Luther. Il fut appelé à Bâle en 1529 pour y enseigner l'hébreu et la théologie. On a de lui des *Traductions* d'Elias Levita, de *Ptolémée*, une *Grammaire* et un *Dictionnaire hébraïques*, une *Bible hébraïque*, etc., et divers ouvrages de théologie.

en 1544, que le Dr Kohl attribue à Ruscelli, géographe italien, et l'autre à Jacobo Gastaldi, qui la fit insérer dans l'édition de 1548 de *Ptolémée* [1]. Gastaldi fut un cartographe célèbre. Lelewell l'appelle " le coryphée des géographes de la péninsule italique." Ruscelli inséra sa mappe dans le *Ptolémée* de 1551, laissant dans la plus complète obscurité la question de l'union de l'Europe à l'Amérique par le chemin des terres boréales.

La carte de Mercator [2], de 1538, et sa mappemonde de 1541, le globe de Nancy en 1541, celui d'Ulpius, en 1542, sont tous plus ou moins confus, et ne nous apprennent rien du passage de Cartier dans le Saint-Laurent. Harrisse dit que le globe d'Ulpius a été copié

---

[1] Astronome grec, né, à ce que l'on croit, à Ptolémaïs, en Thébaïde, dans les premières années du IIe siècle de Jésus-Christ. Savant laborieux, qui a donné son nom à ce système astronomique suivant lequel le soleil, les planètes, les astres, décrivent leurs orbes autour de la terre qui reste immobile, système conforme à l'apparence, mais contraire à la réalité, et que renversa Copernic. Ses œuvres ont été souvent imprimées. L'édition la plus complète est celle de Bâle, 1551. Elle renferme plusieurs de ses ouvrages géographiques et astronomiques. On a des éditions séparées de sa *Géographie*, 1619, par Bertius et 1838 par Wilberg.

[2] Géographe né à Rupelmonde le 5 de mars 1512, mort en 1594, fut honoré de l'estime de Charles Quint qui l'attacha à sa maison, et eut le titre de cosmographe du duc de Juliers. On a de lui : *Chronologica a mundi exordio, ex eclipsibus, observationibus*, etc., Cologne, 1568 ; *Tabulæ geographicæ ad mentem Ptolemæi restitutæ et emendatæ*, 1578 ; et un *Atlas*, précédé d'une dissertation *De creatione ac fabrica mundi*, 1595 et 1609. Mercator a donné son nom à la projection employée dans les cartes marines, où les parallèles coupent les méridiens à angle droit, et où les uns et les autres sont des lignes droites ; c'est en 1569 qu'il publia la première carte de ce genre.

d'un globe en cuivre fait à Venise, et reproduit en fac-similé par Buckingham Smith dans son ouvrage : *An Inquiry into the authenticity of documents concerning a discovery in North America claimed to have been made by Verrazano*. Les documents en question sont la *Lettera di Fernando Carli a suo padre*, de Lyon, du 4 avril 1524, publiée pour la première fois dans l'*Archivo Storico Italiano*, Florence, 1853.

Ce n'est qu'à partir de 1540, année qui précéda le troisième voyage de Cartier au Canada, que l'on commence à trouver des traces de découvertes dans les parages du golfe et du fleuve Saint-Laurent. Dans la carte du *Ptolémée* de Bâle, le Canada est appelé *Francisa*, et l'on voit tomber dans le golfe une grande rivière, qui s'enfonce à l'intérieur des terres. Est-ce le Saint-Laurent que l'auteur a voulu indiquer, ou n'est-ce qu'un fleuve imaginaire ? Cette dernière conjecture est assez probable, car on n'avait pas encore à cette époque de données justes sur le Saint-Laurent, que Cartier, lui-même, n'avait connu que d'une façon bien imparfaite. La géographie était aussi très obscure ; les cartes et les livres du temps sont incomplets et très souvent inexacts. Oviedo [1], pour ne citer qu'un exemple, dans son *Historia*

---

[1] Gonzalo Fernandez d'Oviedo y Valdez, voyageur et historien espagnol, né en 1478, mort en 1557, fut alcade de l'île de Saint-Domingue, en 1553 jusqu'en 1554, et en devint Regidor en 1549, pour démissionner en 1556. Voulant se justifier aux yeux de Charles-Quint, il calomnia la population indienne dans tous ses rapports. On a de lui une Histoire générale et naturelle des Indes occidentales, écrite en espagnol et en 50 livres, dont les premiers parurent à Madrid en 1534 ; les 30 autres ne furent publiés qu'en 1783.

General de las Indias [1], donne une description des côtes de Terreneuve, mais il ne s'avance pas plus loin. Son travail, du reste, est calqué sur celui d'Alonso de Chaves, auteur d'un ouvrage de même nature, publié en 1536, sur l'ordre de Charles-Quint.

En 1542, Jean Rotz, français portant un nom flamand, fit une carte, restée manuscrite au musée britannique, des côtes de l'Amérique septentrionale, où l'on voit se dessiner un fleuve innommé. Dans le golfe Saint-Laurent, s'étalent cinq grandes îles, dont deux sont là pour désigner les terres neuves que l'on croyait encore divisées en deux parties. A l'embouchure du fleuve Saint-Laurent sont deux autres îles à contours très irréguliers. Rotz avait eu, sans doute, une vague connaissance du premier voyage de Cartier, par la relation ou par des cartes que le Découvreur avait faites après son second voyage et que l'on n'a jamais pu retrouver.

La grande mappemonde de Cabot, publiée en 1544, et dont il fut tiré trois ou quatre éditions, bien qu'il n'existe qu'une seule copie de l'unique édition connue, indique de manière à ne pas se tromper, que l'on commençait alors à soupçonner les découvertes du navigateur malouin. Cette mappemonde parut à peu près dans le même temps que les cartes coloriées de Jehan Alfonce.

Nicolas Vallard, de Dieppe, donna, vers 1545, une description assez détaillée des lieux visités par Cartier et Verrazano. Si la carte de Vallard est bien de 1545, elle doit être considérée comme la plus complète

---

[1] Madrid, 1852, lib. XXI, cap. X, t. II, p. 148 *sequitur*.

de toutes celles qui avaient paru avant elle. Mais cette date est contestable, quoique M. Justin Winsor, bibliothécaire du collège de Harvard, pense qu'elle fut certainement dressée avant 1547.

L'étude de la cartographie de cette époque primitive de notre histoire, nous force à conclure que, vers 1545, la découverte du Saint-Laurent était encore inconnue aux Italiens, aux Anglais et aux Hollandais. Ainsi la mappe de Gastaldi, publiée pour la première fois en 1548, n'indique aucune trace du grand fleuve. Cependant elle laisse apercevoir sur les rivages de l'océan avoisinant les terres neuves, du côté occidental, une dépression assez profonde, comme une grande baie, à moitié remplie par une île.

Plus tard, en 1553, d'autres disent en 1556, Ramusio [1] inséra dans le troisième volume de ses *Navigationi et viaggi*, qui renferment le récit du troisième voyage de Cartier, une édition rafraîchie de sa carte intitulée : *Terra de Hochelaga nella Nova Francia*, avec une vue à vol d'oiseau d'une bourgade indienne. Harrisse prétend que cette carte, ainsi que celle de *Labrador et Nova Francia*, sont les plus anciennes spécialement affectées à une délinéation de la Nouvelle-France qu'il ait pu se procurer. Cette dernière aurait été faite pour illustrer

---

[1] J.-B. Ramusio, né à Venise en 1485, mort en 1557, remplit diverses missions politiques en France, en Suisse, à Rome, puis fut secrétaire du Conseil des Dix à Venise. On a de lui un *Recueil des Navigations et Voyages* (en italien) en 3 vol. in-fol., Venise, 1550, souvent réimprimé et traduit en partie dans la *Description de l'Afrique* de J. Temporal, 1566.

les voyages du mystérieux *Gran capitano di mare Francese* (Parmentier), et l'autre, ceux de Jacques Cartier.

La carte de Vopellio, de 1556, et celle de Bellero, insérée dans l'ouvrage de Gomara [1], d'Anvers, en 1554, prouvent que l'on ne savait rien encore, à ces dates, en Italie et en Hollande, des découvertes faites par les Français dans l'Amérique septentrionale.

Les Français semblent être les seuls, en Europe, à cartographier avec une certaine exactitude les terres récemment visitées par les navigateurs de leur pays, depuis Denys jusqu'à Jehan Alfonce. Outre la carte de Nicolas Vallard déjà citée, il en existe une autre, mieux faite, que l'on attribue à un prêtre du nom de Pierre Desceliers, hydrographe distingué. C'est la fameuse mappe, dite du Dauphin ou mappe de Henri II, la plus détaillée qui existe à cette époque.

Cette carte est incomplète et souvent inexacte, bien qu'elle élargisse le cadre des connaissances géographiques, si restreintes jusqu'alors. En tous cas, elle est la mieux faite de toutes celles que nous possédons sur l'époque contemporaine de Jacques Cartier et de Roberval [2].

De la France passons à l'Angleterre. Les cartes anglaises concernant le Canada sont absolument insigni-

---

[1] Gomara a publié en 1552-53 un ouvrage intitulé : *Primeria y segunda parte de la historia general de las Indias, con todo el descubriminento y cosas notables que han aeaecido dende que se ganaron ata el ano de* 1551.

[2] M. B. Sulte en a fait une longue description dans le *Courrier du Canada* du 11 mars 1889, et il croit que c'est la plus ancienne carte du Canada.

fiantes à venir jusqu'en 1558, alors que parut l'Atlas du musée britannique. La cartographie de la Nouvelle-Angleterre est restée informe jusqu'en 1569. La mappemonde de Gérard Mercator, de cette année-là, ne fait aucune mention du Saint-Laurent et des grands lacs. C'est assez dire que les Anglais ne s'occupaient guère de cette partie du continent américain qui devait plus tard leur appartenir. Les navigateurs et explorateurs de cette nation se contentaient de faire de courtes apparitions dans le golfe pour y faire la pêche et vers les régions arctiques dans le but de découvrir un passage aux Indes orientales, le grand *desideratum* des Européens.

Les cartes de Gastaldi, de Desceliers, d'Ortelius [1] et de Cabot, ont été la source inspiratrice de presque toutes celles qui ont vu le jour durant la seconde moitié du XVIe siècle. Les cosmographes les ont copiées plus ou moins servilement. Ainsi André Thevet et Cornelius a Judæis (1593) ont basé leurs travaux sur Ortelius. Girolamo Ruscelli (1561) a imité la carte de Gastaldi, de 1556. Quadus, en 1600, a tout simplement plagié Mercator, Ortelius et C. a Judæis. C'est une confusion presque générale, et demeurée telle jusqu'à Champlain et Lescarbot. M. B. F. de Costa exprime la même opinion lorsqu'il dit : " Un examen attentif de ces cartes démontre

---

[1] Abraham Ortelius, géographe, né à Anvers en 1527, mort en 1598, avait beaucoup voyagé. Il composa le premier Atlas connu, sous le titre de *Theatrum orbis terrarum*, Anvers, 1570, auquel il faut joindre le *Theatri orbis terrarum parergon sive Synonymia geographica*, 1578. C'est le premier dictionnaire géographique. Ces savants ouvrages lui valurent, en 1575, le titre de géographe de Philippe II, roi d'Espagne.

que, depuis la mappemonde du Dauphin jusqu'au premier voyage de Champlain au Canada, en 1603, les cartographes de tous les pays n'avaient fait aucun progrès dans la description des lieux ouverts aux Français par les entreprises de Cartier et de ses successeurs.... Ce fut à Champlain qu'échut la tâche de débrouiller ce chaos ténébreux [1]."

Jamais, dans l'histoire de la cosmographie, il n'y eut, croyons-nous, pareil acharnement à dresser des planisphères, des mappemondes, des portulans, à graver sur le cuivre l'indication d'un pays, aussi imparfaitement connu que l'était l'Amérique, au premier siècle qui suivit sa découverte. Le Canada, en particulier, était comme une sorte de contrée mythique, et pourtant ses cartographes furent légion. Nous nous contenterons de ne citer, dans la classification qui suit, que les plus renommés, en procédant par ordre chronologique, et ne donnant, sur chacun de ces travaux informes, que des données générales.

[1] *Narrative and critical history of America*, IV, p. 80.

CLASSIFICATION

DES

TRAVAUX CARTOGRAPHIQUES

AU XVIe SIÈCLE

1500

CARTE DE JUAN DE LA COSA

Cette mappemonde, conservée au musée naval de Madrid, est sur une feuille ovale de 1^m, 80 × 0^m, 96. Sur sa partie supérieure, on remarque une miniature représentant saint Christophe portant le Christ, et la légende : "*Juan de la cosa lafizo enel puerto de s : m^{a}j [Santa Maria] en an^o de 1500.*" Ce célèbre marin, dit Harrisse, s'embarqua avec Alonso de Hojeda, le 18 ou le 20 mai 1499, revint en Espagne au mois de février, voire seulement en juin 1500, et repartit avec Rodrigo de Bastidas vers octobre 1501, pour ne revenir en Andalousie qu'au mois de septembre 1502. Tout ce que ce document comporte, se résume donc en une délinéation plus ou moins vage des découvertes accomplies par les Anglais avant la fin de l'année 1500 [1].... On y remarque une ligne de pavillons anglais échelonnés sur une étendue de côtes incompatible avec ce que nous savons du voyage de 1497.... La section que de la Cosa alloue aux Anglais comprend l'espace qui, sur nos cartes actuelles, s'étend à peu près du milieu du détroit de Davis au cap Hatteras [2]."

Cette carte a été publiée en fac-similé par M. Jomard dans les *Monuments de la géographie*. Une réduction se trouve aussi dans Lelewell, *Géographie du moyen-âge*.

1501

CARTE DITE DE ALBERTO CANTINO

Ce document est ainsi décrit : " *Carta da navigare per le Isole nuovamente trovate in la parte dell' Indie, attribuita a Alberto Cantino dell' anno 1501-03 (3o viaggio di Cristoforo Colombo). Il originale si conserva nella Bibl. Estense di Modena.* "

Cette carte indique la route suivie par Christophe Colomb lors de son troisième voyage (1498), ainsi que la découverte de la péninsule de Goa et de la côte de Pescherie faite par Vasco de Gama (1498-99) ; la découverte

---

[1] *Jean et Sébastien Cabot*, p. 52.
[2] *Ibidem*, p. 103.

de Terre-Neuve par Corte Real (1501) et celle accomplie par Cabral (1500) de la terre de S. Cruz, qui est le Brésil.

Harrisse nous fournit les renseignements qui suivent sur cet important document, le plus ancien que l'on connaisse où mention soit faite des découvertes accomplies au nord-ouest américain en 1500 et 1501. " Dans une lettre très longue, datée de Lisbonne, le 17 octobre 1501, Alberto Cantino parle d'une expédition envoyée neuf mois auparavant (janvier 1501) par le roi de Portugal à la partie Nord pour découvrir des *Terres* ou des *Iles*. Des indications recueillies par Cantino il parait qu'il s'agissait d'une navigation aux régions septentrionales de l'Amérique, pays de chasse et de pêche très froids, dont les habitants étaient vêtus de fourrures de renard, de zibeline, etc. Cette expédition pourrait être celle de Cortereal, qui est bien précisément en 1501, et qui est indiquée sur la carte nautique donnée par Cantino à Hercule d'Este en cette même année [1].

1503-1504

MAPPEMONDE ATTRIBUÉE A SALVAT DE PALESTRINA

L'original de cette carte est conservé aux archives de l'armée bavaroise à Munich. On en attribue la paternité à Salva de Palestrina, cosmographe vénitien ou

---

[1] Cantino remplissait la charge d'agent diplomatique d'Hercule d'Este, duc de Ferrare, auprès de Manuel, roi de Portugal.

romain établi à Majorque. Il en existe un fac-similé exécuté par M. Otto Progel qu'on trouve à la bibliothèque nationale de Paris.

1505

CARTE DE PEDRO REINEL

Non datée et sans titre. On y lit en grosses lettres semi-gothiques : " *Pedro Reinel a fez.*" Conservée à la bibliothèque royale de Munich. Le Dr Kohl la fait remonter à l'année 1505. Pedro Reinel était un "*piloto de mucha fama*" et le collègue de Sébástien Cabot.

Nous trouvons une reproduction de cette carte, avec une description très détaillée, dans l'ouvrage du Dr Kohl intitulé : *Discovery of Maine.*

1508

CARTE ATTRIBUÉE A JEHAN DENYS

Le catalogue de la bibliothèque du parlement d'Ottawa fait mention d'une copie d'une " *Carte de l'embouchure du St-Laurent faite et copiée sur une écorce de bois de bouleau, envoyée du Canada, par Jehan Denys ; une feuille,* 1508."

Cette carte mesure 25 centimètres dans les deux sens et porte la légende qui suit : *Embouchure du fleuve de St-Laurent sur vne Ecorce de Bois enuoiee de Canada.*" Au-dessous, on lit : Jehan Denys 1506.

La composition indique qu'elle fut dressée au commencement du XVII⁰ siècle. Les légendes sont évidemment de date beaucoup plus rapprochée de nous. On lit : *Partie de Isle Anticosty ditte de l'Assumption, Partie du Fleuve de Canada dict de S. Laurent, Monts N. Dame, R. Douce, cap des Roziers, Gaspay, I. platte, Baye des Molues, Cap despoir, port Dameline, Paboc, port Daniel, cap à l'Anglois, R. de St-Sauveur, Miscou.* La Baie des Chaleurs est nommée *Baye de la Chaudière.* Sur le littoral septentrional de la Gaspésie, on lit : *Ance Dvefe* (Anciennes Défences ?)

Harrisse dit que cette carte est absolument apocryphe.

1511

PORTULAN [1] DE VESCONTE DE MAGGIOLO

Bel atlas composé de dix feuilles de 0ᵐ, 40 × 0ᵐ, 28. Propriété de M. R. de Heredia, de Madrid. On y lit cette légende : " *Vesconte de maiolo cujus Janue Conposuy. In neapoly de anno. 1. 5. 11. die XX January.*"

[1] Nom donné, au moyen âge, aux cartes marines, indiquant les ports de mer, les fleuves dans lesquels les navires pouvaient stationner, etc. Plusieurs de ces monuments sont précieux pour l'histoire de la géographie. Les plus anciens portulans italiens sont ceux du génois P. Visconti (1318), conservés à Vienne, et de Marino Santo, (1320) possédés par la bibliothèque de Paris. Il existe aussi beaucoup de portulans arabes, portugais, etc. Les derniers datent du XVIe siècle.—Le nom de portulan s'emploie aujourd'hui pour désigner un guide à l'usage des pilotes côtiers.

M. d'Avezac décrit ainsi la partie supérieure de la sixième feuille : " Les terres polaires, dans un rayon de près de trente-cinq degrés, offrent les configurations les plus singulières et les plus curieuses, entourant la mer glaciale d'un rivage continu depuis la *Norvega* jusqu'à une *Terra de los Ingres* plus boréale d'une dizaine de degrés que la *Terra de Lavorador de rey de portugall.*"

Dix degrés plus au sud on distingue une autre terre dénommée " *Terra de corte reale de rey de portugall* " suivie de la légende : " *terra de pescaria.* "

1527

CARTE DE MAGGIOLO

Mesure 29½ pouces × 19½. Porte pour légende : *Vesconte de Maiollo composuy hanc cartam in janua anne dny 1527, die XX Decembris.* On y trouve les noms de *Laboradore, Cortereale, Francesca.* Elle rappelle des souvenirs de Florence, patrie de Verrazano, et aussi de la France. Le mot *Francesca* indique que la Nouvelle-France était connue à cette époque.

Cette carte est conservée à l'Ambrosienne de Milan. M. C. Desimoni l'a reproduite dans son ouvrage intitulé : *Allo studio secondo interno a Giovanni Verrazzano.*

1529

CARTE DE HIERONYMO DA VERRAZANO

Cette carte fut dressée sur trois feuillets de parchemin formant 260 centimètres de longueur sur 130 de largeur (environ 102 pouces sur 51). Comme nous l'avons vu, trois drapeaux français s'étalent à l'endroit dénommé *Nouvelle France*. L'inscription qui suit s'étale en grosses lettres sur ces drapeaux : NOVA GALLIA SIVE IUCATANET, avec cette légende : " *Verrazana seu Gallia nova quale discopri 5 anni fa giovanno di verrazano fiorentino per ordine e comandato del cristianissimo Re di Francia.* "

Le golfe Saint-Laurent est appelé *G. di S. Joanni*, et le *cap de Breton* est placé cinq degrés et demi trop au nord.

Cette carte est conservée dans la bibliothèque de la congrégation de la Propagande, au Vatican. MM. Brevoort et H. C. Murphy en ont donné de bonnes reproductions dans leurs ouvrages sur Verrazano. Disparu vers le milieu du XVIe siècle, ce planisphère fut retrouvé à Rome, en 1852, par Thomassy.

1529

CARTE DE DIEGO RIBEIRO

Dessinée sur parchemin, de 2 pieds et 9 pouces de hauteur sur 6 pieds et 8 pouces et demi de longueur. Porte le titre suivant : *Carta Universal en que se con-*

tiene todo lo que del mundo. Se ha descubierto fasta agora: Hizola Diego Ribero Cosmographo da Su Magestad...... La Propagande en possède un exemplaire. Sur la *Tiera del Labrador* on lit : *Esta tierra descubrieron los Ingleses no ay en ella casa de provecho.* Le fond du golfe Saint-Laurent est terminé par un cul-de-sac.

Ribero était d'origine portugaise, et en 1523 il apparaît en qualité de cosmographe de S. M. le roi d'Espagne, et de professeur de cartographie. Il mourut en 1533.

1534

CARTE DE GASPAR VIEGAS

Fragment de portulan, de $1^m \times 0^m,58$. On la voit exposée dans la galerie de géographie de la bibliothèque nationale de Paris.

On lit ces mots : " *Gaspar Viegas, Dat° 1534.* "

Harrisse dit : " Cette carte est particulièrement intéressante à cause de sa date, qui est celle du premier voyage de Jacques Cartier. Quant aux contours, ils sont aussi dignes d'attention, car on y remarque des réalités géographiques que nul cartographe n'avait encore relevées, et que des cartes subséquentes continuent à ignorer pendant de longues années."

1534

CARTE DE WOLFENBUTTEL

Carte de 2^m, 21 × 0^m, 75, où l'on voit Terre-Neuve soudée au continent, et sur la terre du Canada paissent de grands oiseaux. On y remarque trois légendes, qui ont pour but de nous laisser connaître les découvreurs des trois terres désignées ainsi : *Tiera de Estevam Gomez ; Tiera nueva de los bacallaos ; Tiera del Labrador.* Ces légendes comportent que la terre de Gomez fut découverte par les Espagnols, la terre neuve par les Portugais, et le Labrador par les Anglais.

Cette carte anonyme et sans date n'offre de remarquable qu'une grande île, placée dans l'intérieur du golfe Saint-Laurent, et dénommée " *I. de S. Juhan.* " Elle est conservée dans la bibliothèque ducale de Wolfenbüttel.

1536-1564

PORTULANS DE BAPTISTA AGNESE

Agnese vécut à Venise, de 1536 à 1564. Il a composé, durant cette période, neuf portulans. L'habile cartographe génois est aussi regardé comme l'auteur de plusieurs travaux du même genre, mais non signés. Un de ceux-là expose une route ponctuée d'un port de Normandie, tranverse l'Atlantique, atterrit à la hauteur du Canada, au sud des terres neuves, traverse un isthme imaginaire, et, franchissant le Pacifique, va aboutir au Cathay. " Le fait que cette route française est marquée sur un portulan de mars 1536, c'est-à-dire avant le retour de Jacques Cartier de son second voyage, nous porte à supposer, dit Harrisse, que ce n'est même pas à la première expédition de ce navigateur qu'Agnese fait allusion, bien que les résultats de celle-ci fussent connus en France au mois de septembre 1534, car cette dernière semble avoir passé inaperçue hors de ce pays. Cette ligne serait donc plutôt une réminiscence du voyage de Verrazzano."

1538-1540

CARTE DE MUNSTER

Publiée d'abord en 1538, mais l'édition de 1540 vaut mieux. On y lit : *Francisca* sur le continent de l'Amérique du nord, le *Cap Britonum (des Bretons)* et l'*île Cortereal*. Cette carte a été souvent reproduite jusqu'en 1572, mais toujours avec des altérations de noms.

1542

MAPPEMONDE HARLEYENNE

Anonyme. Dimension : $2^m, 85 \times 1^m, 20$. Conservée au Musée britannique. Elle porte les armes de France surmontées d'une couronne ouverte, et les armes du Dauphin. On y rencontre une délinéation toute nouvelle de la partie supérieure du continent américain qui se termine par une péninsule dénommée : "*Terre du Laboureur.*" Terre-Neuve est un groupe d'îles et d'îlots.

Le détroit de Belle-Isle est appelé " *Baye des Chastieulx.*" On reconnaît les contours du golfe Saint-Laurent, de la baie des Chaleurs, de la péninsule gaspésienne, et le fleuve Saint-Laurent. Une île marquée " *Ye de Saint-Jeh* " se montre en plein océan parallèlement à la Nouvelle-Ecosse. En examinant le littoral, depuis la partie supérieure de la Nouvelle-Ecosse jusqu'à l'embouchure de la rivière Hudson, on lit : *R. de S. Jeh., coste de Rinny, capa de haranasie b.* ou *S. peq. (baya pequena), entrée du destroit* (passage entre l'île de *Saint Jehan* et la terre ferme), *c. ragras, R. de ilheo, p. aguada, panono, R. de paleia, R. grande, R. de buelta, R. de paleia, costa de brada, R. de Volta, Ancon das yllas, C. dangra, R. de môtes, R. de casrond, Sarras, acuneconda, Los Rios, R. de ozo, Costa da ta Goumcaieres, Gouffre de lat +*".

Harrisse dit : " Ces noms donnés ici tels que nous les donnons, sans prétendre les expliquer, démontrent que la carte Harleyenne n'a pas emprunté ses configurations, ses noms et ses légendes à l'hydrographie lusitano-sévillane, mais bien à une carte portugaise, modifiée et complétée dans ses parties les plus septentrionales sur les épures rapportées par Jacques Cartier en 1536."

1542

HYDROGRAPHIE DE JEAN ROTZ

Jean Rotz était français et c'est en français qu'il rédigea son *Hydrographie*. Dans une épitre au roi d'Angleterre écrite en français, il déclare qu'il a composé cet ouvrage parceque depuis longtemps il était animé du désir " de faire quelque œuvre plaisante et agréable au Roy de France quy adonc estoyt son souverain et naturel seigneur."

Le titre de cette Hydrographie se lit ainsi : "*This boke of Idrography is made by me Johne Rotz, sarvant to the Kinges mooste excellent Majeste. God save his Majeste.*"

L'ouvrage se termine comme suit : "*Heir endeth this booke of Idrography, made by me Johne Rotz, sarvant to the Kinges mooste excellent Majeste in the yer of our Lord Gode J^m. V^e. XLIJ, and of his regne the XXXIIIJ yere.*"

L'*Hydrographie* de Rotz renferme trois cartes. La moins importante nous fait voir la Nouvelle-Ecosse qu'il nomme " *the new fonde Illande.* Terre-Neuve est fractionnée en cinq îles.

La seconde est assez identique à l'Harleyenne. Le littoral du Groënland est appelé " *cost of Labrador.* "

La troisième trace nettement l'entrée méridionale du golfe, le détroit de Belle-Isle, celui de Canso, la baie des Chaleurs. Terre-Neuve est en dix fragments. L'île d'Anticosti est omise.

" Quant au texte qui accompagne les cartes, écrit Harrisse, il ne contient aucune description géographique. Ce sont surtout des calculs. Si Rotz a évité soigneusement de reconnaitre les explorations de Jacques Cartier par des noms français, tels que Belle-Isle et la baie des

Chaleurs, qu'il a certainement connus, le lecteur remarquera que Rotz omet aussi de mentionner les découvertes des Anglais. Le fait est, qu'au milieu du XVIᵉ siècle, les voyages des Cabot étaient oubliés. Il fallut le retour de Sébastien dans l'année 1547, pour en raviver le souvenir."

1544-1549

PLANISPHÈRE DE SÉBASTIEN CABOT

Ramusio mentionne cette mappemonde dans ses *Raccolta*. Elle porte pour légende ces mots : " *Sebastian Caboto capitan, y piloto mayor de la S. c. c. m. del Imperador don Carlos quinto deste nombre, y Rey nuestro sennor hizo esta figura extensa en plano, anno del nassimº de nro salvador Jean Christo de M. D. XLIIII, annos.* "

Harrisse est d'opinion que cette carte fut gravée à Anvers, parce que cette ville, au milieu du XVIᵉ siècle, était un grand centre de productions géographiques, et que les cosmographes espagnols de l'époque y faisaient graver ou publier leurs cartes. Cependant, ajoute-t-il, comme, en 1544, Charles-Quint était empereur d'Allemagne et que la carte porte ses armes en grand format, elle peut aussi provenir d'une des villes de l'empire, Augsbourg par exemple.

Le seul exemplaire connu se trouve dans la galerie de géographie de la bibliothèque nationale de Paris. Cette carte est mentionnée par Livio Sanuto dans sa

Geographia distinta in XII libri, par Ortelius, sir Humphrey Gilbert, Richard Willes, Hakluyt, et enfin par Samuel Purchas. D'après les citations qu'en a faites chacun d'eux, on peut inférer qu'elle a eu quatre éditions :

1º La carte de la bibliothèque nationale, de 1544 ;

2º La carte vue à Oxford par Nicholas Kochhaff, en 1566, dressée en 1549 ;

3º La carte vue par Hakluyt, en 1589, datée de 1544 ;

4º Enfin celle examinée par Purchas à Westminster, laquelle porte le millésime de 1549.

Harrisse croit que les éléments géographiques qui ont servi à construire la mappemonde Cabotienne, sont d'un demi-siècle postérieurs à la découverte du Labrador, et qu'ils ne proviennent ni de Jean Cabot, ni de son fils Sébastien. "Ce dernier, en 1544, faisant œuvre, à son tour, de cartographe, a emprunté ses principales données à une carte française ou portugaise, et, approximativement, de mémoire, il a fixé son atterrage de 1497 sur un point quelconque du promontoire de l'île du Cap-Breton, dont jusque-là il n'avait probablement qu'une vague idée."

1544

MAPPEMONDE DITE DE HENRI II

Cette carte fut dressée par un prêtre nommé Pierre Desceliers. On y trouve en effet la légende suivante : "*Faictes à Arques par Pierre Desceliers, presbre 1546.*"

Nous lisons dans l'*Hydrographie* du P. Fournier :
". La 3. espèces est de certaines cartes qu'on appelle Reduites, dont un nommé le Vasseur natif de Diepe a enseigné la pratique à nos Français. Cet homme quoyque tisseran en son bas aage, ayant quelque instruction d'un nommé Cossin, homme fort ingénieux et qui avoit une excellente main et veu les mémoires de certains Prestres d'Arques, bourg près de Diepe, qui estoient excellents Geographes, dont l'un se nommoit des Celiers, et l'autre Breton, a si bien sceu menager ce peu de lumiere qu'il a receu d'eux, qu'a force d'esprit et de travail continu, il est arrivé à un tel point qu'il a esté admiré de plusieurs. Il est mort à Roüen depuis peu d'années [1]."

C'est ce prêtre que Desmarquets appelle le créateur de l'hydrographie française. "Adonné à l'étude de la cosmographie, cartographe habile et le premier hydrographe français de son temps, vivant en Normandie non loin du navigateur malouin, ce savant ecclésiastique a dû, écrit Harrisse, rechercher avec soin les renseignements géographiques et les épures que Cartier et ses compagnons rapportèrent de leurs voyages au Nouveau-Monde [2]."

Trois de ses cartes sont connues. Elles sont toutes manuscrites. La plus ancienne est datée de 1545. La seconde est celle du Musée britannique. La plus récente est la "*Carte du monde ancien Faite à Arques par Pierre Descelliers prebstre* 1553."

---

[1] *L'Hydrographie*, Paris, 1643, p. 506.
[2] *Jean et Sébastien Cabot*, p. 217.

La seconde qui nous intéresse le plus porte cette longue légende :

" C'est la demonstracion daulcuns pays descouvertz puisnez pour et aux despens du très Xpien Roy de france Francoys premier de ce nom Luns nome Canada Ochelaga et Sagne assis vers les parties occidentalles environ par les 50 degrez de latitude a iceulx pays a este envoye (par ledict Roy) honeste et ingenieux gentil home monsr de Roberval avec grande copaignye de gentz desprit tant gentilz homes come aultres et avec iceulx grande compaignye de gentz criminels desgradés por habiter le pays Lequel avoit este pmierem descouvert par le pilote Jacques Cartier demeurant a sainct malo. Et pour ce que Ilz na este possible (avec les gentz dudict pays) faire trafiqae a raison de leur austerite in temperance dudict pays et petit proffit sont retournes en france esperant y retourner quand il plaira au Roy."

Cette carte a un caractère plus français que les productions antérieures. Une grande île, qui paraît être Anticosti, est appelée *I^{l.} de Larcepel*. Sur le prolongement septentrional du Canada, on voit la *P^t basse* et les *Montagnes de Cartier*. Le fleuve Saint-Laurent ne porte pas de nom. Le détroit de Davis est appelé *R. doulce*. L'île du Prince-Edouard est nommée *I^e des arenes*. Terre-Neuve est morcelée en trois sections. L'auteur a conservé à l'île du Prince-Edouard sa forme de haricot. La grande île imaginaire parallèle à la Nouvelle-Ecosse que l'on retrouve dans l'Harleyenne, a disparu.

1544-1545

EPURES DE JEHAN ALFONCE

La *Cosmographie* de Jehan Alfonce est un in-folio de 194 feuillets couverts d'écriture des deux côtés. Nous lisons à la seconde page : Jehan Allafonsce— : Raulin secalart, avec la devise : *Pauvre et Loïal*. La première ligne de chaque page est en rouge, et les initiales sont ornées de figures humaines grotesques. L'ouvrage est rempli de grosses capitales, et le texte est difficile à déchiffrer. Les cartes sont des dessins grossiers, placés en bordure à la partie supérieure des feuillets, et teintes de jaune, de rouge et de vert. Les îles sont le plus souvent marquées en or, et quelquefois en rouge et en vert. On trouve à la fin du volume une carte de France aux armes royales. Sur une carte d'Angleterre se voit Londres plus ou moins fidèlement représenté. Il y a aussi quatre pages de plans et de diagrammes se rapportant surtout à Londres et à Bordeaux. Les légendes des cartes sont écrites en couleur brune, souvent effacées, bien que le manuscrit entier soit en assez bon état de conservation.

Les cartes du golfe Saint-Laurent correspondent aux feuillets 178, 180, 184 et 186.

La première (fol. 178) montre le Labrador, les régions boréales ainsi que l'Islande.

La deuxième (fol. 180) nous fait voir Terreneuve sous l'aspect de deux îles ; le Labrador ou *Terre du Laboureur* est aussi divisé par un large canal ainsi désigné : *La Bay d'ou vennent les glaces*.

Au feuillet 184 on aperçoit l'île de l'Ascension, la mer de Canada (Golfe) le cap de Tinot (Tiennot), la terre des Sept-Iles, et la terre Unguedor (Honguédo).

Le feuillet 186 désigne le golfe Saint-Laurent comme faisant partie de la Mer de Canada, et le fleuve est appelé *rivière de Canada*. Alfonce a remplacé la terre *Unguedor* par la *Terre Franciscaine*, et il désigne le Saguenay sous la forme d'un canal étroit qui conduit à la Mer du Saguenay dans laquelle on voit surgir trois îles.

1545

ATLAS DIT DE VALLARD

Cet atlas porte l'inscription suivante : " *Nicholas Vallard de Dieppe, dans l'année* 1547." M. le Dr Kohl croit que Vallard est le nom du propriétaire.

La carte qui décrit l'Amérique septentrionale semble avoir été inspirée par le planisphère dit de Henri II. On trouve à l'endroit du Canada une miniature ou des personnages, habillés à la façon européenne, qui sont entourés de sauvages armés.

On y remarque quelques noms français comme *belle Ille, Ille des oiseaux, le lac, Sainte-Croix*, entremêlés de portugais : *Rio do canada et lago dogolesme*.

Cette carte porte l'empreinte lusitanienne.

1545

CARTES DE MUNSTER ET DE MEDINA

La première que l'on voit figurer dans le *Ptolémée* de 1552, n'est guère plus précise que l'édition de 1540.

La carte de Médina, est annexée à l'ouvrage du même auteur, *Arte de navigar*, manuel de navigation qui fut longtemps en vogue parmi les marins espagnols. On y voit les terres suivantes : *Bacallaos, Tra Nueva, Tra Labrada* et *R. Hermoso*.

1546

PORTULAN DE JOAS FREIRE

M. de Santarem a donné une description et un fac-similé de cet atlas portant la signature qui suit : " *Joham Freire afez.-era de. 546.*" Il renferme sept cartes dont l'une expose les profils orientaux de l'île de Terre-Neuve, l'entrée du golfe Saint-Laurent et le Cap-Breton. L'auteur, qui est portugais, a mis à contribution les sources françaises et espagnoles. Le lac d'Angoulême est traduit par *Golesma*. On y remarque le *C. do Bretaos* et la fameuse île " *Sam Joham* ". Le Labrador est dénommé " *Tera Nova* ".

1550

CARTE DE DIEGO GUTIERREZ

Carte marine manuscrite qui porte la légende suivante : *Diego gutierrez Cosmographo do Su magd. me fizo en sevilla Año de* 1550. On n'y rencontre aucune trace des découvertes de Cartier, et il paraît évident que son auteur a puisé ses renseignements auprès des navigateurs qui n'avaient pas fait le périple du golfe Saint-Laurent.

1550

CARTES DE JACOPO GASTALDI

La plus intéressante des cartes de ce cosmographe fut exécutée pour Ramusio vers 1550. Elle paraît avoir été dressée d'après des documents français antérieurs aux voyages de Cartier, et provenant peut-être de Jehan Denys ou de Verrazano. C'est l'opinion du Dr Kohl. De son côté, Harrisse croit que cette carte n'est qu'une mauvaise version du prototype de l'Harleyenne.

1553

CARTE PORTUGAISE DU DÉPOT — CARTE DE NICOLAS DE NICOLAY — CARTE D'ANDRÉ THEVET

La première est un superbe planisphère conservé aux archives du dépôt des cartes et plans de la Marine, à Paris. On voit sur le Groenland, appelé *Terra do lavrador*, le pavillon anglais aux croix de Saint-Georges et de Saint-André, sur la Nouvelle-Ecosse, l'étendard du Portugal, et sur la Floride, celui de l'Espagne. La nomenclature est lusitanienne, mais on y voit des noms français comme *R. de Saquenai, blanc sablon, breste, monts de Jacques, Alezay, brion,* etc.

La carte de Nicolay porte la signature : " *N. Nicolay du daulphine Geogr. du Roy.* " On y lit les noms de *Terra de laborador, C. Hermoso, Tierra de Bacalaos, Tierra de los Bretones.* L'entrée du golfe Saint-Laurent est bien définie.

La carte de Thevet est ainsi décrite par M. d'Avezac : " Projection en deux hémisphères de 36 centimètres de rayon, *cum privilegio Pontificis at Senatus Veneti* Michaelis TRAMESINI *formis, M. D. LIIII (Julius de Musis Venet. in œs incidit, M. D. LIIII).*

1554

CARTE DE BELLERO

Le *Gomara* de 1554 renferme la carte de Bellero, qui n'offre rien de remarquable. On ne semblait pas se douter encore à Anvers que le Saint-Laurent avait été découvert par les Français, vingt années auparavant.

1555

ATLAS DE GUILLAUME LE TESTU

Joli recueil de 59 feuillets, et dont les cartes sont richement enluminées. Il porte ce titre :

Cosmographie universelle selon les Navigateurs, Tant anciens Que modernes : Par Guillaume Le Testu pilote [1] *en La Mer du ponent ; De La ville Françoyse de grace* (Le Havre).

Au feuillet VIII, on lit :

" *Ce livre fut achevé par Guillaume Le Testu. Le cinqiesme jour dapvril 1555 Avant pasques.* "

L'auteur applique le nom de *Francica* aux régions septentrionales de l'Amérique. L'île du Prince-Edouard est appelée *Ile Gazeas*.

1558

ATLAS DE DIEGO HOMEM

Ce recueil est composé de huit feuilles. Le seul point important à noter est la désignation de la baie des Chaleurs. Quant au reste, ce document est inférieur aux travaux précédents.

---

1 G. Le Testu paraît être né en 1509, et il était pilote royal, très versé dans l'art du dessin et de la calligraphie appliquée aux cartes. Il était en outre originaire du Havre. D'après Pierre Bergeron, *Recueil de divers voyages curieux*, etc., Leyde, 1735, 2 vol. in-4, p. 63), ce pilote-cosmographe aurait été tué au cours d'un de ses voyeges, en 1568.

Homem était portugais et vécut à Venise. On cite de lui une carte nautique de l'Europe et plusieurs atlas. Celui que nous citons est conservé à la bibliothèque nationale de Paris.

1559

MAPPEMONDE DE ANDREAS HOMO. — CARTE DE HAGI AHMED

La carte de Homo ressemble en beaucoup d'endroits à celle de Homem. On y lit *Saquenoa* (Saguenay) *golesme, horléans, Sep.isles, le beau pais, mines de cuivre, pais de ternate, cap de ternate*. Homo et Homem ont copié le même modèle.

Notons, pour cette même année, une carte dressée par un Tunisien, du nom de Hagi Ahmed, fait esclave pendant sa jeunesse, et entraîné comme tel dans des voyages qui lui inspirèrent l'idée de faire une carte des côtes de l'Atlantique, depuis le Labrador jusqu'à la Floride. Le Saint-Laurent lui est inconnu.

CARTES DE 1564 A 1600

1564.—La carte de Baptista Agnese portant la date de 1564 est incorrecte, et son imperfection témoigne même que l'auteur ne connaissait pas la géographie de Terreneuve.

1566.—Nicolas des Liens, de Dieppe, a fait une carte du monde assez curieuse. Le Saint-Laurent nous apparaît comme un golfe s'étendant jusqu'à Québec, avec un bras de mer qui se dirige vers le sud-ouest dans la direction des côtes de la Nouvelle-Angleterre. Le nom de Jacques Cartier est écrit en lettres isolées sur tout le territoire de la Nouvelle-France.

1566.—Une carte intitulée : *Il designo de discoperto de la Nova Franza.... Venitiis œneis, formis Bolognini Zalterii, Anno M. D. LXVI*, fait courir la rivière S. Lorenzo (S. Laurent) au sud-est d'un grand lac jusqu'à l'océan, entre *Lacadia* et *Baccalaos*. *Ochelaga* et *Stadaconi* sont fixés le long d'une rivière courant à l'est, mais plus au nord. Cette rivière prend ses eaux dans un pays marqué *Canada*. Cette carte ressemble à toutes les autres de fabrique italienne, comme celles de Forlani, de Porcacchi. L'Université-Laval possède une copie bien conservée de la carte de Zalterii.

1569.—La mappe de Mercator est assez curieuse. Le Saint-Laurent prend sa source dans des montagnes très reculées, à l'ouest du continent. Aucune trace des grands lacs.

1570.—Ortelius, dans la première édition de son *Theatrum orbis terrarum*, semble s'être guidé sur Mercator.

1572.—Porcacchi, dans son ouvrage intitulé: *L'isole piu Famoso del mundo* publié à Venise, place à côté du Canada la région des Piquemains *(Pignemai Reg.)*

C'est un des rares cartographes, sinon le seul, qui rappelle le souvenir d'un pays que les Sauvages avaient rapporté à Cartier comme étant peuplé par une espèce d'êtres, petits, dont le système digestif différait de toute organisation naturelle. Ils voulaient sans doute parler des Esquimaux, très petits de taille, mais conformés comme tous les êtres humains.

1575.—André Thevet, dans sa *Cosmographie universelle*, ne nous communique aucun renseignement nouveau sur le Canada [1]. C'est dans Mercator qu'il a puisé ses inspirations. La gravure sur bois qui s'y trouve repose sur les données d'Ortelius [2].

1578.—Martines semble avoir voulu donner de l'importance à la théorie de Ruscelli, qui avait fait communiquer le Saint-Laurent avec l'Atlantique, à l'endroit précis où se jette la rivière Hudson, c'est-à-dire à New-York.

1580.—La carte attribuée au Docteur Dee, et qui, d'après toute probabilité, est l'œuvre de Fernando Simon, nous fait connaître superficiellement les côtes de l'Amérique, depuis le cap Breton jusqu'au détroit d'Hudson.

1584.—Jacques de Vaulx, pilote du Havre, est très confus dans ses indications. Le golfe Saint-Laurent

---

[1] Voir Note 19.

[2] Leclerc nous fait voir dans *Bibliotheca Americana*, sous le numéro 2,652, une mappe de Thevet : *Le nouveau monde descouvert et illustré de notre temps*, Paris, 1581. Harrisse croit qu'elle est l'œuvre d'un autre que Thevet. *Cabot*, p. 252.

nous apparaît sous le nom qu'il porte aujourd'hui, mais le fleuve, trop large, ne dépasse pas *Chilaga*, c'est-à-dire Hochelaga. La rivière Penobscot va se jeter dans le Saint-Laurent. Une île de grande dimension, appelée L'Isle St-Jehan, git près des côtes de l'Acadie. Le Bas-Canada est dans *Terreneufe*, et Terreneuve n'est plus qu'une seule île.

1587.—La mappe de Myritius dans son *Opusculum geographicum* publié à Ingoldstadt, nous fait reculer d'un demi-siècle en arrière.

1590.—Une nouvelle édition de l'ouvrage de Porcacchi, renferme une mappe sur laquelle nous voyons se profiler une rivière, qui part de la Nouvelle-Ecosse pour aller se perdre dans un grand lac, près d'Ochelaga.

1592.—On trouve sur le globe de Molyneux un lac rudimentaire, qui correspond à celui que ce géographe décrira en 1600, sous le nom de *Lacke of Tadenac* (Tadoussac), probablement le lac Saint-Jean.

1593.—Cornelius a Judæis, dont le nom est souvent transformé en Corneille de Jode, auteur du *Speculum orbis terrarum*, désigne le lac des Conibas *(Lago de Conibos)* dont l'étendue, dit-il, est inconnue, même des Canadiens.

1594.—La mappe de Pierre Plancius est basée sur celle d'Ortelius.

Il existe encore un grand nombre de planisphères et de mappemondes, tous incomplets, les uns n'étant que la copie plus ou moins servile des autres. Telles sont les cartes d'Apian (1576), de Cellarius (1578), d'A. Millo (1582), de de Bry (1596), de Wytfliet (1597), de Langennes (1598) et de Molyneux (1600). Mercator est le grand et sempiternel inspirateur de cette armée de cosmographes, géographes et cartographes du XVIe siècle. Jehan Alfonce, qui travaillait en 1544 et 1545, les égale tous par l'exactitude des délinéations et par l'abondance des renseignements qu'il a légués à la postérité, et c'est lui qui est le moins connu, parce que son ouvrage est resté enfoui dans les casiers de la bibliothèque national, à Paris.

La même confusion continua à régner au commencement du XVIIe siècle, jusqu'à l'apparition de Champlain. Cet illustre Français joignait à d'autres qualités éminentes celles de géographe, de cosmographe et même de bon marin. C'est lui qui, le premier, fit connaître à ses compatriotes la configuration de l'Acadie et des rivages du Saint-Laurent jusqu'à la Mer Douce. Lescarbot partage avec lui cet honneur.

NOTES EXPLICATIVES

—

NOTE 1

—

LA NOREMBÈGUE

—

On a beaucoup écrit sur l'origine de ce mot, sans parvenir à l'établir d'une manière certaine. Sur les cartes il se lit ainsi : *Norumbega, Anorombega, Norimbequa, Nurumburg, Nurumbega,* etc. Forster croit que ce mot est une corruption de *Norvega* Ulpius en a fait *Normanvilla,* sur son globe de 1542. Pierre Martyr dit que les Portugais avaient voyagé dans ce pays, et qu'ils avaient baptisé plusieurs petits royaumes appartenant aux naturels, entre autres *Arambe, Guacaia, Quohathe*

Tanzacca, Pahor. La ressemblance entre *Nurumbeg* et *Arambe*, sur laquelle on se base pour faire croire à la présence des Portugais sur ces côtes, n'est pas bien frappante.

Quelles que soient ses variantes orthographiques, la Norembègue s'appliquait à une vaste étendue de terres dont les limites étaient mal définies. Champlain, décrivant la côte orientale du continent américain, depuis l'entrée de la rivière Saint-Jean (Ouigoudi) jusqu'à Mallebarre et au-delà, vers le sud, attribue ce nom aux terres arrosées par la rivière Pentagouet ou Penobscot, et aux côtes voisines de son embouchure. Pour lui, cette rivière n'est autre que la rivière Norembègue, et il ajoute que plusieurs pilotes et historiens l'ont ainsi appelée.

M. l'abbé Laverdière croit que cette rivière correspond à la baie Française (de Fundy). Pour étayer son opinion, l'érudit annotateur des *Voyages* de Champlain s'appuie sur le passage suivant de la *Cosmographie* de Jehan Alfonce : " Je dictz que le cap de Sainct-Jehan dict Cap à Breton, et le Cap de la Franciscane, sont nordest et surouest, et prennent un quart de l'est et ouest, et y a en la route cent quarante lieues, et icy faict un cap appellé le cap de Norombègue.... La dicte coste est toute sableuse, terre basse, sans nulle montaigne. Audelà du cap de Norembegue, descend la rivière dudict Norembegue, environ vingt et cinq lieues du cap. La dicte rivière est large de plus de quarante lieues de latitude en son entrée, et va ceste largeur au dedans bien trente ou quarante lieues." Il est évident, écrit M. Laverdière, que Jehan Alfonce décrit ici la côte sud-est de l'Acadie (qu'il appelle Franciscane), le cap de Sable et la baie de Fundy, qui a réellement une embouchure de près de quarante lieues, si l'on compte depuis le cap de Sable ou de Norembègue jusque vers la sortie du Penobscot.

L'auteur du *Discours d'un Grand Capitaine*, tel que rapporté dans le troisième volume des *Raccolta* de Ramusio, parlant de la terre de Norembègue, s'exprime comme suit : " En suivant la direction du Cap-Breton (de l'est à l'ouest) on rencontre une terre contiguë à ce cap dont la côte va vers l'ouest quart sud ouest jusqu'aux terres de la Floride, embrassant un espace d'environ cinq cents lieues. Cette côte a été découverte, il y a quinze ans, par Messire Jean de Verrazano, qui en prit possession au nom du roi François I, et de madame la Régente. Beaucoup de navigateurs, et les Portugais eux-mêmes, l'appellent la *Terre Française*. Elle se termine vers la Floride, au 78e degré de longitude occidentale, et au 30e degré de latitude nord. Cette terre est très fertile en fruits de toutes espèces..... Cette terre est appelée *Nurumbega* par les naturels du pays.'

Ceci fut écrit en 1539, par conséquent cinq ans avant la *Cosmographie* d'Alfonce. Ce dernier ne mentionne que le cap et la rivière de Norembègue, tandis que Pierre Crignon, auteur présumé du *Discours* de 1539, nous renseigne sur les terres du même nom, qui s'étendaient depuis le fond de la baie de Fundy jusqu'à la Floride, et connues sous le nom de *Terre Française*.

Au témoignage de Crignon, ces terres avaient été découvertes, en 1525, par Jean Verrazano pour le roi de France.

Nous pouvons donc dire, en toute probabilité, que le cap de Norembègue s'appliquait à la pointe méridionale de la presqu'île acadienne, à la rivière du même nom, à la baie de Fundy que l'on avait prise d'abord pour l'entrée d'une grande rivière, et à la terre ou côte de Norembègue : vaste contrée baignée par l'Atlantique et la baie Française, y compris même la partie occidentale de l'Acadie. Toute cette région était essentiellement française, et fut explorée pour la première fois par les Français, sous le règne de François I.

La légende s'est attachée à ce pays. Les uns ont prétendu qu'il avait existé sur les bords de la rivière Norembègue une ville considérable, remplie de châteaux. Ne serait-ce pas un souvenir des anciens établissements scandinaves dans l'État du Massachusetts, lesquels remontent à l'année 986, et dont voici l'histoire en deux mots.

Erik le Rouge, exilé d'Islande en 883, pour meurtre, vint s'établir au Groenland, en 886, dans un endroit qu'il appela Eriksfjord, et y fonda un état indépendant constitué en république. Un de ses fils nommé Leif, partit de Norvège, en l'an 1000, pour le Groenland, et découvrit, dans un voyage d'exploration, une terre à laquelle il donna le nom de *Hulluland* (Terre pierreuse) et qui, au témoignage de M. d'Avezac, devait être l'île de Terreneuve. Quelques jours plus tard, Leif mit le cap au sud-ouest, et aperçut une autre terre qu'il appela

Markland (Terre boisée) : c'est l'Acadie ou la Nouvelle-Ecosse.

Leif continua son voyage vers le sud-ouest, entra dans la baie de Rhode-Island, longea l'île du même nom et remonta la rivière Pocasset, où il aperçut tant de vignes qu'il baptisa la contrée du nom de *Vinland* (Terre du vin). Il construisit de vastes bâtiments qu'il appela Leifsbudir (Maison de Leif).

Thorvald, frère de Leif, partit pour le Vinland, en l'an 1002, avec trente hommes et passa l'hiver dans les baraquements de Leifsbudir. Au printemps de 1003, Thorvald fit des explorations vers le sud, jusqu'à l'île Longue (Long Island). L'été suivant, il alla au nord et brisa la quille de son navire sur un cap qu'il appela Kjalarnes (cap de la Carène), peut-être le cap Cod ou le Nauset des Indiens. La tradition rapporte que Thorvald fut frappé à mort par la flèche d'un Esquimau ou Skrelling qui, à cette époque, parcourait la côte septentrionale.

Thorstein, troisième fils d'Erik le rouge, ayant résolu d'aller chercher les cendres de son frère, fréta un grand navire et partit avec sa femme. Une épidémie survint, qui l'enleva avec plusieurs de ses compagnons. Sa veuve, Gudrida, quitta la Norvège pour Eriksfjord (Brattahlida), où elle épousa Thorfinn, et le fit consentir ensuite à se rendre dans le Vinland. Cette fois il s'agissait d'une exploration sérieuse et de l'établissement d'une colonie. Le départ se fit au printemps de 1007. L'on toucha au Hulluland, au Markland, aux Furdustrandir (rivages merveilleux, c'est-à-dire Nauset, Chatham, Monomay Bay) et l'on entra dans le Straumfjord (Baie des Courants ou Buzzard's Bay, où le Gulf Stream produit des courants irréguliers). Les navigateurs prirent terre dans le Straumfjord, y construisirent des baraques, et s'adonnèrent à la culture, à la pêche et aux explorations. Thorfinn s'établit à Mont Hope Bay traversée par la rivière Taunton ou Pocasset, sur le cône appelé par les Indiens Mount Hamp. Il appela son établissement Thorfinnsbudir. Le premier enfant qui naquit dans cette colonie fut Snorre, du mariage de Thorfinn et de Gudrida; ce serait aussi le premier européen né sur le continent américain.

Après trois ans de séjour à Mount Hamp Bay, Thorfinn partit pour explorer les côtes et havres vers le sud. Il remonta le Potomac où les Scandinaves viendront plus tard se fixer, puis retourna dans le Straumfjord pour y passer l'hiver. Au printemps il mit à la voile vers le Groenland où il rentra en 1011.

La colonie de Mount Hamp était catholique. Après la mort de son mari, Gudrida, qui était restée riche, fit un pèlerinage à Rome, puis elle entra dans un couvent que son fils Snorre avait fait construire en Islande, à son intention. On compte dans sa descendance deux évêques catholiques.

On retrouvait vers la fin du XVIIe siècle sur un bloc de gneiss de quatre mètres de base, sur 1. 7 cent. de hauteur, une inscription qui, pendant des années, a défié la sagacité des antiquaires. Cette pierre monumentale gît sur la rive droite de la rivière Taunton, dans le comté de Bristol, Etat du Massachusetts, un peu au-dessus du site de Thorfinnsbudir. On est arrivé à déchiffrer ces mots :

CXXXI HOMMES DU NORD
*Ont occupé ce pays
avec Thorfinn.*

Après le drame de Leifsbudir et la disparition de la colonie de Thorfinn, les chroniqueurs ne mentionnent plus les voyages au Vinland. Ces découvertes étaient connues dans le nord de l'Europe, car moins de cinquante ans après, Adam de Brême, en ayant ouï le récit du roi de Danemark, les consignait dans son *Histoire Ecclésiastique.*

Dès le XIe siècle, les colonies du Vinland furent comprises dans les diocèses de Norvège et d'Islande. Alors, comme au XVIe et XVIIe siècle, on considérait l'Amérique et le Groenland comme une continuation de la Norvège. En 1121, Erik Upsi, islandais, premier évêque du Groenland, partit pour le Vinland, après avoir renoncé à l'évêché de Gardar.

Forster croit que le mot *Nurumbeg* est une corruption de *Norvega*. Cette opinion est assez vraisemblable, si l'on tient compte de cette irruption de Scandinaves sur la côte du Massachusetts, au commencement du XIe siècle.

NOTE 2

LES VOYAGES AVANTUREUX DU CAPITAINE JAN ALFONCE, SAINCTONGEOIS

Tel est le titre d'un ouvrage sur le dernier feuillet duquel on lit ces mots: "Composé et ordonné par Jan Alfonce pilote expérimenté es choses narrees en ce livre, natif du pays de Xainctonge, près la ville de Cognac. Fait à la requête de Vincent Aymard, marchand du pays de Piedmont, escrivant pour lui Maugis Vumenot, marchant d'Honfleur."

In fine : Ce Livre ha esté ainsi ordonné par Olivier Bisselin, homme tres expert à la Mer. Et achevé d'imprimer à la fin du mois d'Avril, en l'An mil cinq cens cinquante neuf.

Cet ouvrage fut imprimé à Poitiers par Jan de Marnef. Une pièce de vers de Mellin de Saint-Gelais précède le texte même du livre, qui n'est qu'un abrégé très médiocre de la *Cosmographie.*

La même année, 1559, le même ouvrage fut publié sous les mêmes auspices avec une variante dans le titre, et dans *l'achevé d'imprimer*, qui est du deux mai au lieu de la fin d'avril. Il n'y a pas de doute que c'est la même édition, légèrement modifiée après un premier tirage.

Une nouvelle édition parut en 1578, à Rouen, chez Thomas Mallard. Elle ne contient pas les pièces de vers.

Une troisième fut publiée à Paris en 1598, et une quatrième en 1605, à La Rochelle.

Lescarbot a écrit que si les *Voyages* de Jehan Alfonce avaient pu être aventureux pour quelqu'un, ce n'avait certes pas été pour le marin, mais pour ceux qui voudraient suivre les routes qu'il ordonne de suivre aux mariniers.

L'auteur des *Voyages* donne cours à cette croyance, qu'à l'entrée de la rivière de Norembègue, il y avait des villes et des châteaux. Il confond Terreneuve avec l'Ile Saint-Jean, et commet une foule d'erreurs qui dénotent que Jehan Alfonce n'est pas l'auteur de ce livre que Lescarbot ridiculise à bon droit.

M. Pierre Margry le juge ainsi : " Qu'est-ce que la science, qu'est-ce que la réputation du marin, qu'est-ce que l'histoire ont gagné à cette publication ? A part une seule indication qui est celle du lieu de naissance de Jehan Alfonce, il eût mieux valu peut-être pour lui que ce livre ne parût pas, car ceux qui l'ont parcouru, en ont tourné le titre contre le malheureux pilote. "

La partie de cet ouvrage où l'on trouve une description de la côte de l'Amérique septentrionale, a été mise en vers par Jehan Mallart [1], poète du roi. Ce personnage était contemporain de Jehan Alfonce. La dédicace fait allusion à Jacques Cartier. Dans l'édition des " *Voyages Avantureux,* Vumenot *escrivant pour* Al-

---

[1] Appelé indifféremment Mallart, Mallard, Maillart et Maillard.

fonce, " on lit dans le passage descriptif de la côte américaine : " La terre n'est pas fort haute, elle est bien labourée, et est garnie de ville et Chasteaux, ils adorent le soleil et la lune. D'icy tourne la coste au sud-sudoest et au sud, jusque un cap qui est haute terre, et ha une grand isle de terre basse, et trois ou quatre petits îles."

Mallart a versifié ce passage, qui se rapporte évidemment au cap Cod et aux côtes qui l'avoisinent :

>   Ils ont chasteaux et villes qu'ilz decorent
>   Et le soleil et la lune ils adorent
>   En ce pays leur terre est labouree
>   Non terroy hault mais assez temperee
>   Dicy la coste ainsy comme j'ai sceu
>   Au susseroest elle tourne aussy au su
>   Plus de cent lieux et jusque au cap va terre
>   Qui se congnoist en une haulte terre
>   Qui a une isle en terre basse grande
>   Et troys ou quatre isleaux a sa demande
>   Et de ce cap a lisle qui se dit.
>   De Cambano on trouve sans desdit
>   Vingt et cinq lieux a force bancz et roches
>   Puys que a parler de ce lieu j'en approches
>   Entendre fault que ici grant quantité
>   Disles sy trouve et sont en verité
>   De gens quon dit Caniballes peuplées
>   Ces isles . . . .

Harrisse dit que Mallart a basé sa description sur le manuscrit même d'Alfonce, et non sur son ouvrage imprimé. Mais tel ne paraît pas être le cas, car le poète a commis les même erreurs, fait les mêmes omissions que dans l'édition de 1559, qui est loin d'être toujours conforme au manuscrit original.

Harrisse dit au sujet du Routier rimé de Jehan Mallart : "C'est un petit volume de 0ᵐ 28 × 0ᵐ 19, sur papier, de 51 feuillets écrits, précédés d'un frontispice portant les armes de France avec le cordon de Saint-Michel en sautoir. L'épître dédicatoire au roi, en vers, est signée : "*Jehan Mallart vostre escripvain,*" sans lieu ni date.

" Maistre Jehan Maillard poete royal et escrivain et souverain conducteur des eaues, sources et fontaines" jouissait de tous ces titres et qualités dès l'année 1530. Peut-être était-il en même temps libraire, à Paris, mais d'abord à Rouen, car son nom est essentiellement normand. Vers l'année 1538 il reçut, en sa qualité "d'escripvain," mot qui doit être pris dans le sens de scribe ou de calligraphe, quarante-cinq livres (tournois) "pour avoir escript unes heures en parchemin présentés au roi pour les faire enluminer" [1].

NOTE 3

LES PILOTES DE JEAN ANGO

Décrivant les découvertes faites dans les régions australes durant le XVIᵉ siècle, John Barrow a laissé

---

[1] De Laborde, *Renaissance des Arts à la cour de France*, additions au t. 1, Paris, 1850, in-8, p. 924.

tomber de sa plume ces lignes injustes : "On peut dire que les Français sont, en quelque sorte, le seul peuple maritime de l'Europe qui ait vu avec une indifférence manifeste les efforts des autres nations pour découvrir un passage conduisant dans les Indes par le nord-ouest"..

M. Pierre Margry après avoir cité ce passage de Barrow, tente de réhabiliter l'honneur de son pays qu'il croit avoir été mis en danger. Il n'y avait pourtant pas matière à s'échauffer sur une question qui nous laisse absolument froid. Nous ne voyons pas que les Européens du XVIe siècle, avec toutes leurs courses dans les régions arctiques, aient fait avancer d'un pas la réalisation d'un passage en Asie par le nord de l'Amérique. Le résultat de leurs recherches a été tout autre que celui qu'ils en attendaient, et c'est à ce résultat négatif auquel sont inconsciemment parvenus les Français avant les autres, que l'on peut rattacher la découverte du Saint-Laurent et des terres qu'il arrose, ainsi que des côtes de la Norembègue.

M. Margry prend donc occasion pour prouver que les hommes de mer de la France valaient mieux à cette époque que leur renommée, et il consacre un long chapitre [1] à cette preuve qui ne laisse aucune échappatoire.

La nomenclature suivante prouve que l'Espagne et et la France eurent le pas sur l'Angleterre dans ces voyages d'explorations, qui furent le commencement d'une ère de progrès dans la navigation des mers atlantiques :

---

1 *Les pilotes de Jean Ango,* dans les *Navigations françaises.*

1497. Jean et Sébastien Cabot, au service de l'Angleterre.
1498. Jean et Sébastien Cabot, au service de l'Angleterre.
1500. Juan Dornelos, envoyé d'Espagne.
Avant 1500. Gaspar Cortereal, portugais.
1500.   "   "
1501.   "   "
1501. Expédition anglo-portugaise.
1502.   "   "   "
1502. Miguel Cortereal, portugais.
1503. Expédition portugaise.
1503. Sébastien Cabot.
1504. Expédition anglaise.
1504. Expédition bretonne.
1505. Expédition anglo-portugaise.
1506. Jehan Denys, de Honfleur.
1506. Velasco, espagnol.
1508. Thomas Aubert, de Dieppe.
1509. Expédition normande.
1512. Juan de Agramonte, au service de la reine de Castille.
1516. Sébastien Cabot, pour l'Espagne.
1517-18. Thomas Pert et Sébastien Cabot, pour le compte de l'Angleterre.
Avant 1521. Joao Alvarez Fagundes, pour le Portugal.
Avant 1523. Lucas Vasquez de Ayllon, espagnol.
1523. Giovanni da Verrazano, au service de la France.
1524. Giovanni da Verrazano, au service de la France.

1525. Colonisation du Cap-Breton par des Portugais.
1525. Estevam Gomez, portugais, au service de l'Espagne.
1526. Nicolas Don, de Bretagne.
1527. John Rut, sous pavillon anglais.
1528. Le baron de Léry, français.
1534. Jacques Cartier, français.
1535-36. "   "
1536. Maître Hore, anglais.
1539. Expédition de La Rochelle.
1540-41. Diego Maldonado et Gomez Arias, portugais.
1541. Ares de Sea, envoyé par Charles-Quint.
1541. Jacques Cartier et Roberval, français.
1542. Roberval.
1543. Jacques Cartier.

Plusieurs de ces expéditions ne portent pas un caractère officiel, mais nous pouvons affirmer que généralement parlant, elles avaient un but pratique, endehors même de l'indutrie de la pêche. Si nous avions voulu élargir le cadre, nous aurions pu en citer plusieurs autres, tant anglaises que françaises, auxquelles l'on ne saurait attacher beaucoup d'importance, précisément parce que le but de leurs auteurs se limitait à la pêche de la morue. Pour ne citer que ces exemples, bien connus du reste : les Portugais faisaient la pêche à Terre-Neuve en 1542, quand Roberval arriva à Saint-Jean, et qu'il fut obligé d'intervenir dans une querelle entre eux et les pêcheurs français. Nous lisons dans le manuscrit de la collection Vargas Ponce, cité par M. Duro dans son *Arca de Noé*, que Jacobo de Ibaceta, patron de navire équipé pour la pêche de Terre-Neuve, demandait, le 23 mars 1549, des ornements à l'usage d'un prêtre qui se trouvait à son bord, afin que ce dernier pût dire la messe dans ce pays.

Hakluyt rapporte le voyage de Hore entrepris pour le compte de l'Angleterre au Cap-Breton et à Terre-Neuve, d'avril à octobre 1536. L'expédition, composée de 120 personnes, s'arrêta à l'île des Pingouins, sur la côte de Terreneuve. La détresse devint bientôt si grande, que l'un d'eux tua et mangea son compagnon. Ils allaient s'entre-dévorer tous, lorsqu'un navire français, dont ils s'emparèrent, arriva à temps pour mettre un terme à ces scènes de cannibalisme.

C'est Francisco de Souza qui mentionne le projet, sans doute avorté, de coloniser l'île du Cap-Breton par des Portugais du port de Viana [1]. Aucun autre auteur ne parle de cette expédition, qui aurait eu lieu en 1525.

L'expédition normande de 1509 parait bien authentique. Elle ramena avec elle sept sauvages de Terre-Neuve, d'après Eusèbe de Césarée [2].

C'est à Charlevoix que nous devons de connaître la date du voyage de Velasco en 1506. Vincent le Blanc ou plutôt Bergeron, et Louis Coulon ne donnent pas de date. Vincent le Blanc écrit : " Vers les terres de Labrador et Canada, il y eut un capitaine Velasco Espagnol

---

[1] *Tratado das Ilhas Novas*, Ponta Delgada, 1877, p. 5.
[2] *Chronicon*, Paris, 1512, p. 172.

qui passant cette coste entra en la rivière de Canada ou de Saint-Laurens [1].

Nous lisons dans les *Excerpta Historica* que, le 8 avril 1504, un prêtre anglais recevait une gratification de 2 livres sterling, au moment de s'embarquer pour l'île nouvelle : " *To a preste that goeth to the new Ilande.* " C'est de Terre-Neuve dont il est ici question. Comme on le voit, les prêtres faisaient partie de ces voyages transatlantiques. Ces deux exemples que nous venons de citer confirment l'opinion, assez favorablement reçue, que Jacques Cartier a pu se faire accompagner d'aumôniers à son second voyage au Canada, bien que certains historiographes aient donné de bonnes raisons à l'encontre de cette assertion. En tous cas, l'on ne pourra plus désormais formuler l'objection qui, à notre avis, était la plus sérieuse, que du temps de Jacques Cartier, les navigateurs n'amenaient pas de prêtres avec eux dans leurs voyages au long cours.

NOTE 4

NICOLAS DURAND DE VILLEGAGNON

Villegagnon, chevalier de l'ordre de Malte, et vice-amiral de Bretagne, s'était adressé à Gaspard de Coligny

---

[1] *Les Voyages fameux du sieur Vincent Le Blanc Marseilles.* **Paris,** 1649, p. 63.

amiral de France, pour obtenir les moyens d'aller fonder un établissement au Brésil. C'était alors (1555) le lieu le plus recherché des navigateurs français, parce qu'ils s'étaient fait l'idée qu'ils y trouveraient des métaux et des pierreries en quantité. Coligny était protestant, et Villegagnon flottait, paraît-il, du catholicisme au calvinisme, et il fut même soupçonné d'anabaptisme. Le grand amiral de France s'imagina que le projet de Villegagnon pourrait servir à favoriser l'émigration de ses coreligionnaires dans un pays tout plein de richesses, et il résolut de l'aider de sa puissance. Henri II consentit à tout et fournit à Villegagnon deux navires du port de 200 tonneaux chacun, armés et abondamment pourvus de marchandises, un hourquin de 100 tonneaux, et dix mille francs en argent.

Le 12 de juillet 1555, la flottille mit à la voile du Havre de Grâce [1], mais une tempête abominable la fit retourner à son point de départ, après avoir passé trois semaines dans la rade de Dieppe. Enfin, le 14 août, Villegagnon reprit la mer avec l'espoir, cette fois, de ne plus s'arrêter qu'au terme de son voyage. L'Amérique apparut le 3 novembre seulement, et le 10, on entra dans une baie superbe que les Indiens appelaient Ganabarra c'était la baie de Janeiro, tellement spacieuse qu'elle pourrait contenir toutes les flottes du monde. Villegagnon choisit un îlot dans la rade pour installer ses gens,

---

[1] Thevet dit que le départ eut lieu du Havre le 6 mai, et que l'on aperçut la terre d'Amérique le dernier jour d'octobre à neuf heures du matin. L'auteur du *Grand Insulaire* ne resta que dix semaines à Rio Janeiro. Lescarbot dit que ce fut le 12 juillet.

et fit construire deux maisonnettes sur chacune des montagnes qui commandaient les extrémités de son île. Puis il fit dresser, pour son propre usage, une résidence au centre de sa colonie. Il baptisa le tout du nom de Fort-Coligny-en-la-France-Antarctique.

Après avoir ainsi disposé son établissement, et l'avoir mis en état de défense contre les attaques des Portugais et des sauvages, il envoya un de ses vaisseaux en France pour demander du renfort. Dans l'intervalle il faillit être la victime d'une conspiration odieusement ourdie par un truchement qu'il avait amené de Normandie. Heureusement le complot fut découvert et les coupables durent recevoir leur châtiment.

Coligny ne négligea rien pour venir en aide à une entreprise qui lui tenait au cœur, et dans ce but il organisa une nouvelle expédition pour le Brésil, et en nomma Bois-Lecomte, neveu de Villegagnon, vice-amiral, Bois-Rosée et Sainte-Marie dit l'Epine, capitaines. Le vaisseau de ce dernier portait Jean de Léry, natif de la Margelle, en Bourgogne, zélé calviniste, et historien de l'expédition. L'équipage était en majeure partie protestante. Le départ se fit de Honfleur le 19 novembre 1556, et après quatre longs mois de navigation, entremêlée de tempêtes, de pirateries, la terre du Brésil leur apparut le 26 février 1557 ; mais les vaisseaux n'entrèrent en rade de Rio-Janeiro que le 7 mars.

Une particularité se rattache à ce nouvel essai de colonisation en Amérique : c'est la présence de génevois calvinistes que Philippe de Corguilleray, sieur du Pont, avait amenés avec lui pour en faire les colons de l'avenir. Le fait est qu'ils avaient été séduits par des lettres de Villegagnon qui, cédant à un mouvement d'hétérodoxie, pour faire sa cour à l'amiral de Coligny, les avait engagés à venir le joindre. Les nouveaux arrivants se mirent activement à l'œuvre pour achever la construction du fort. Mais, Villegagnon changea tout-à-coup d'idée, et d'ardent réformiste qu'il était, tourna au catholicisme, et enjoignit aux disciples de Calvin de quitter l'île, eux et leur ministre apostat Pierre Richer, ancien Carmélite. Ils durent obéir à cet ordre péremptoire et ils prirent le chemin de la terre ferme, attendant un vaisseau pour se rapatrier. Jean de Léry était du nombre de ces infortunés qui repassèrent en France après deux mois d'attente.

Au mois de juin de l'année précédente, Villegagnon avait envoyé en France une cargaison de marchandises brésiliennes et dix jeunes sauvages, qui furent présentés au roi. André Thevet, qui s'était attaché à l'expédition comme voyageur, cosmographe et historien, avait rapporté un plan du pays.

Après quatre années d'absence, Villegagnon ne recevant plus de nouvelles, abandonna son fort qu'il laissa à la garde de quelques soldats, qui furent massacrés par les Portugais. " On ne sait au juste, dit M. Léon Guérin, si ce fut lui qui subit l'influence de Coligny, quand il pencha vers le protestantisme, ou si ce fut Coligny, homme pourtant très prompt et très habile à s'imposer lui-même, qui subit la sienne, quand ils s'occupaient ensemble de donner un établissement aux huguenots en Amérique. Malheureusement pour sa gloire et pour sa fortune, Villegagnon se laissa trop infatuer de son incontestable mérite, et ne sut pas tempérer sa fierté naturelle par un peu de modestie au moins apparente [1]."

Villegagnon vint finir ses jours à Nemours, en 1571.

NOTE 5

JEAN RIBAUT

Ribaut, calviniste dieppois, avait reçu de Coligny le commandement d'une expédition vers les régions septentrionales de l'Amérique. Il partit du Havre de Grâce le 18 février 1562, avec deux navires, montés par des équipages soigneusement recrutés, parmi lesquels se trouvait, à titre de volontaire, Réné de Goulaine de Laudonnière, gentilhomme du Poitou.

La flottille entra, le premier jour de mai, dans une rivière que Ribaut appela rivière de Mai, à présent le fleuve Saint-Mary's, aux limites de la Floride et de la Géorgie. Après avoir pris posssession du pays, il continua sa course vers le nord, reconnut les rivières le long du littoral et leur donna des noms français, comme la Seine, la Charente, la Loire, la Garonne, et il vint mouiller près d'une petite île, à l'entrée d'une rivière que les

---

1 *Histoire maritime de France*, t. II, p. 193.

Espagnols avaient nommée Santa-Cruz. Ribaut appela ce lieu Port-Royal, et il s'y construisit un fort qu'il nomma Charles-Fort, en l'honneur de Charles IX, alors roi de France. Puis, il s'embarqua pour Dieppe, où il arriva le 20 juillet 1563. Il avait laissé le commandement au capitaine Albert, dont les cruautés furent cause de soulèvement parmi ses administrés. Ceux-ci, étant poussés à bout, complotèrent sa mort, et mirent bientôt leur noir projet à exécution. Nicolas Barré, qui avait servi sous Villegagnon au Brésil, devint le chef de la colonie, en attendant le retour de Ribaut. La disette étant devenue intolérable, ces pauvres gens résolurent de s'en retourner en France, et ils se mirent en frais de construire un vaisseau. On manquait de tout, mais on déploya une telle ressource d'imagination, se servant de mousse pour calfater, de draps et de chemises pour la voilure, qu'en peu de temps le vaisseau put être lancé à la mer. La traversée de l'océan fut longue et pénible, et ils auraient tous infailliblement péri de faim et de soif si une ramberge anglaise ne les eut recueillis. Le capitaine leur fit donner à boire et à manger. Ils apprirent d'un Français, qui se trouvait là, que les guerres civiles étaient rallumées en France, et que Coligny avait été empêché, pour cette raison, de leur envoyer les secours que Ribaut était venu solliciter pour eux.

L'indifférence de celui-ci pour ses anciens compagnons de Charles-Fort, fut blâmé par tout le monde, et sa mémoire serait restée comme une tache dans les annales de la navigation française, si en 1565, Ribaut n'eût trouvé une mort glorieuse au service de sa patrie, dans ce même pays qu'il avait lâchement déserté.

NOTE 6

RÉNÉ DE GOULAINE DE LAUDONNIÈRE

Gaspard de Coligny profita d'un moment de répit dans les guerres religieuses pour tenter une nouvelle fondation sur le sol d'Amérique. Il en confia le soin à Réné de Goulaine, à qui le roi avait accordé trois navires bien équipés et 50,000 écus pour ses frais.

Les navires firent voile du Havre-de-Grâce le 22 avril 1564. Arrivé en Amérique, Laudonnière fit élever, entre la rivière de Mai ou Sainte-Marie et la rivière Saint-Jean, une forteresse triangulaire qu'il nomma la Caroline, en souvenir de son roi. Au lieu de s'occuper d'agriculture et d'inspirer à ses gens le goût du travail, il les laissa perdre leur temps dans des courses à travers le pays, qui n'aboutirent à d'autre résultat que d'amener des querelles, des jalousies et des drames sanglants dont les sauvages furent les auteurs. A cette vue, Laudonnière prit le sage parti de retourner en France. Les vaisseaux allaient mettre à la voile, quand apparut Ribaut. Celui-ci accusa Laudonnière d'infidélité au roi et de tyrannie envers ses subordonnés. Le fondateur du fort la Caroline se défendit noblement, et fit bonne justice des fausses accusations dirigées contre lui. Il fut décidé, malgré les instances de Ribaut, que Laudonnière retournerait en France pour faire éclater son innocence d'une manière plus efficace. Mais il ne put partir. Une flotte espagnole, commandée par Pedro Menendez, vint mouiller, le 4 septembre 1565, dans la rade, avec l'intention de chasser les Français du pays. C'est ce qui arriva, après une série de batailles, qui se terminèrent par une épouvantable boucherie. Huit cents Français, alléchés par des promesses trompeuses de paix, vinrent se livrer entre les mains du cruel Menendez, qui les fit tous égorger les uns après les autres. Ribaut fut écorché vif ; sa peau et sa barbe furent envoyées à Séville, comme trophées de victoire.

La nouvelle de cet abominable massacre fut reçue en France avec la plus vive indignation, et un gentilhomme français, nommé Dominique de Gourgues, se chargea de laver dans le sang espagnol l'injure faite à sa patrie.

NOTE 7

DOMINIQUE DE GOURGUES

Dominique de Gourgues, gentilhomme de Guienne, était catholique, et avait déjà fait un voyage au Brésil. Ce fut au retour d'une expédition dans les mers du sud, qu'il apprit le sort cruel de ses compatriotes au fort de la Caroline. Il vendit tous ses biens, arma et fréta deux ramberges, puis il partit, le 2 août 1567, de Bordeaux, avec cent arquebusiers et quatre-vingts mariniers. Après avoir fait une alliance avec les Indiens, de Gourgues fit soudainement irruption sur les forts que défendaient 400 Espagnols, et les fit tous périr jusqu'au dernier. Ayant rasé les fortifications ennemies, il reprit le chemin de la France, satisfait d'avoir pu tirer une éclatante vengeance de la mort de ses compatriotes.

Rentré dans son pays, de Gourgues échappa difficilement à la disgrâce de Catherine de Médicis et aux princes lorrains, qui voulurent lui faire subir un procès. Il tomba malade dans l'intervalle, et mourut à Tours.

Si l'acte de Menendez était répréhensible, et il ne saurait y avoir de doute là-dessus, celui de de Gourgues ne l'était pas moins.

NOTE 8

RAPPORTS ENTRE LES FRANÇAIS ET LES SAUVAGES

L'amitié entre Français et Sauvages ne se démentit jamais. Nous pourrions en citer de nombreux exemples.

M. Gravier raconte, qu'au commencement du siècle, un nord-américain demandait à un sauvage quel était le peuple qu'il aimait le plus. "Tiens, lui répondit le sauvage, en lui portant la main vers l'épaule et en montrant toute la longueur du bras : *voilà comment j'aime les Français ;* puis, baissant la main jusqu'au coude, il ajoute : *voilà pour les Espagnols ;* il la baisse jusqu'au poignet en disant : *voilà pour les Anglais ;* enfin il montre l'extrémité de ses doigts, et dit : *voilà pour les Américains.*

Cette amitié, vraiment remarquable, se traduisit souvent par des preuves de confiance réciproque, comme nous l'avons prouvé dans ce chapitre. Les autres nations, qui n'ignoraient pas ce fait, se servaient du nom français pour se faire pardonner des fautes ou pour se tirer d'une position difficile. Ainsi en 1591, l'anglais Knivet, ayant vu les Tamoyos massacrer ses compagnons, s'écria qu'il était Français. "Ne crains rien, dirent alors les sauvages, car tes ancêtres ont été nos amis, et nous, les leurs ; tandis que les Portugais sont nos ennemis et nous font esclaves."

La Relation de Hans Staden, dont il est question dans ce chapitre, parut en allemand à Marbourg, en 1557. De Bry la fit traduire en latin, et l'inséra dans la collection des grands voyages. Elle fut publiée pour la première fois, par Jean Eychman, professeur de médecine à l'université de Marbourg, qui, selon l'usage du temps, avait pris le nom de Dryander. Hans Staden était né dans la petite ville de Wetter, et il vivait encore à Wolffhagen en 1557, quand sa relation a paru. Elle est intitulée : "Véritable histoire et description d'un pays habité par des hommes sauvages nus, féroces et anthropophages, situé dans le Nouveau-Monde nommé Amérique, inconnu dans le pays de Hesse, avant et depuis la naissance de Jésus-Christ, jusqu'à l'année dernière. Hans Staden de Homberg, en Hesse, l'a connu par sa propre expérience et le fait connaître actuellement par le moyen de l'impression."

Staden fit deux voyages en Amérique, le premier en 1547, à bord d'un vaisseau portugais, dont le capitaine se nommait Pintiado. Au second, en 1549, il partit de Séville sur le vaisseau du capitaine Diego de Sanàbria, qui vint faire naufrage sur une île près du Brésil, habitée par des Portugais.

Les marins qui le rachetèrent étaient de Normandie ; le capitaine du vaisseau la *Catherine* était de Valleville ; il s'appelait Guillaume de Moner ; le pilote, de Honfleur, se nommait François de Schantz, l'interprète était du même endroit, il avait nom Pérot. La *Catherine* arriva à Honfleur, le 22 février 1555, après avoir quitté Rio-Janeiro, le 30 octobre précédent.

NOTE 9

LE CAP BRETON

Au commencement du XVIe siècle, les terres neuves ne comprenaient pas seulement l'île de *Baccalaos*, mais aussi le Cap des Bretons, l'île des Bretons, l'île de l'Assomption, l'île Saint-Jean, les îles Ramées, Brion, etc. Presque toutes les terres arrosées par les eaux du golfe Saint-Laurent, dont une bonne partie s'appelait Entrée des Bretons, étaient dites Bretonnes. La terre ferme elle-même, dans cette partie comprise depuis le fond de la baie Française (Fundy) en descendant vers les Virgines, portait aussi le nom de Terre des Bretons et quelquefois de Terre Française *(Terra Francisca)*. Ainsi, la carte de Henri II, dite du Dauphin, place la terre française ou bretonne à l'endroit de cette côte que l'on devait bientôt reconnaître sous le nom de *Norembègue*. Une copie de cette carte, conservée au Musée britannique, à Londres, mentionne la *Tierra de los Bretones*. On trouve les mêmes désignations dans Gastaldi (1548 ou 1550), Agnese (1554) et Ruscelli (1561). La carte de Rotz (1542), antérieure de deux années à celle de Cabot, signale le *Cabo Bretones*. Jehan Alfonce, l'illustre pilote de Roberval, nous fait connaître dans sa *Cosmographie*, toutes ces îles et terres bretonnes, que personne avant lui n'a décrites avec autant d'exactitude.

Les autorités ne manquent pas qui déterminent péremptoirement l'origine de l'appellation du cap Breton en faveur des Français. Ainsi parlent Thevet, Crignon, Clérac, Bergeron, Champlain, Lescarbot et les Jésuites. Commençons par l'auteur du *Grand Insulaire* :

" En cette terre, dit-il, il y a une province nommée Campestre de Berge, qui tire au sud-est ; en cette province gist à l'est le cap ou promontoire de Loraine, ainsi par nous nommé ; et autres lui ont donné le nom de *Cap des Bretons*, à cause que c'est là que les Bretons, Biscaïns et Normands vont et costoyent allant en terreneuve pour pêcher des moluës. "

Le *Discours d'un grand capitaine de mer français de Dieppe*, parle ainsi de l'île des Bretons et du Cap Breton. " La Terre de Nurumbega, y lisons-nous, offre des baies et des ports nombreux, sur lesquels sont inscrits les noms de Cap-Breton " (différent de l'île) ; puis parlant des terres neuves, il ajoute : " La partie de cette terre, qui s'étend du levant au couchant, a été découverte, il y a trente cinq ans (1504) par les Bretons et les Normands, et pour cette cause elle est nommée Cap des Bretons. "

Clérac, auteur des *Us et Coutumes de la Mer*, ouvrage d'une haute respectabilité, s'exprime ainsi : " Les grands profits et la facilité que les habitants du Cap-Berton près Bayonne, et les Basques de Guyenne ont trouvé à la pescherie des Baleines, ont servi de leurre et d'amorce à les rendre hasardeux à ce point, que d'en faire la quête sur l'Océan, par les longitudes et les latitudes du monde, à cet effet ils ont cy-devant équipé des

Navires pour chercher le repaire ordinaire de ces monstres. De sorte que, suivant cette route, ils ont découvert, cent ans avant les Navigations de Christophe Colomb, le grand et petit banc des Morües, les Terres de Terreneuve, de Cap-berton, et de Baccaleos, (qui est à dire Morue en leur langage) le Canada, ou Nouvelle-France où c'est que les mers sont abondantes, et foisonnent en Balènes, et si les Castillans n'avaient pris attache de dérober la gloire aux Français, de la première atteinte de l'Isle Athlantique, ils avoueraient, comme ont fait Christophe Witfliet et Antoine Magin, Cosmographes flamands, ensemble *Fr. Antonio S. Roman, Monge de Saint-Benico, del Historia general de la India*, (Liv. I, chap. 2, p. 8,) que le Pilote lequel porta la première nouvelle à Christophe Colomb et lui donna la connaissance et l'adresse de ce monde nouveau, fut un de nos Basques terreneuvier [1]."

Le *Traité de la Navigation et des voyages de descouverte*, publié à Paris, en 1629, contient un passage non moins explicite à l'égard des noms imposés aux différentes régions des terres neuves : "Il est bien certain, y lisons-nous, que dès l'an 1504, les Basques, Normands et Bretons allaient à la Coste des Morues, dit le grand banc des Molues, à quelque 800 lieues de France vers Cap-breton ; et le pays mesme en semble avoir pris le nom de *Bacaleos* ou *Bacallos*, à cause que les Basques appellent ainsi ce poisson, et ceux du pays *Apagé*. Ce qui fait foy indubitable que nos Basques y hantaient longtemps auparavant. Et cette pesche a toujours con-

---

[1] Art. 44 des *Jugements d'Oléron*, No 39, 40 et 41.

tinué depuis à nos Français qui en fournissent toute l'Europe et de faict ils y ont laissé plusieurs noms, comme *Cap-Breton, Brest, Rochelay,* et autres. De sorte que plusieurs pensent qu'il en faille reprendre l'origine plus haut, et que depuis plusieurs siècles, nos Basques, Diépois, Malouins, Rochelois, et autres faisaient des voyages ordinaires ès terres Neufves pour ce sujet ; et que des lors ils imposèrent des noms qui y sont demeurez [1]."

Tous ceux, qui au XVIIe siècle, ont écrit sur ce sujet, s'accordent sur le fait, que ce sont des Français, basques ou bretons ou même normands, qui donnèrent à cette île le nom de *Breton*. Les auteurs anglais n'ont jamais songé, que nous sachions, à attribuer la paternité de cette appellation à Cabot ou à l'un de ses fils.

NOTE 10

LA MARINE FRANÇAISE AU XVIe SIÈCLE

Antoine de Conflans a consacré une partie d'un grand ouvrage à la description des navires, grands et petits, marchands et *subtilles*, qui, de son temps, allaient

---

[1] Bergeron, *Traité de la Navigation,* etc., p. 100-101.

par les mers du Levant et du Ponant, par les mers océanes et méditerrannéennes.

Les nations du nord possédaient des hourques, de 2, 3, 4, 5 et même 600 tonneaux qui allaient en flottilles à Brouage ou en Bretagne pour s'y approvisionner de sel. Selon Pantero Pantera, les hourques et les marsilianes, qui étaient à peu près de la même forme, différaient des nefs par la proue, qu'elles avaient plus grosse et plus ronde ; du milieu de leur longueur à la poupe elles allaient en se rétrécissant ; elles étaient inférieures en grandeur aux nefs et aux galions, et ne portaient pas plus de sept voiles, six carrées et une latine.

Les Hollandais pêchaient dans la mer de Flandre sur des corves de cent tonneaux et au-dessous.

En Zélande on se servait de heus et d'escutes. Les heus étaient des bâtiments plats de varangue, tirant peu d'eau, avec un seul mât, dont le sommet jetait en saillie, du côté de la poupe, une longue pièce de bois nommée la corne. Cette corne et le mât n'avaient qu'une même voile courant de haut en bas de l'un à l'autre.

L'escute, d'après M. Jal, est la francisation du hollandais schuit, bateau, comme volant est celle du *vlieboat*, bateau qui vole, et bodequin peut-être celle du mot *boat*, bateau, et *klein*, petit.

La corne, le heu, l'escute, le bodequin, étaient tous des bateaux pêcheurs.

A Calais les bateaux de passage étaient à clin ; on y voyait aussi des escutes.

A Boulogne, c'étaient des navires à caravelles, ou

mieux, d'après M. Jal, des navires bordés à carvel. Les navires à carvel différaient des navires à clin en ce que leurs bordages, au lieu de chevaucher, étaient placés l'un au-dessus ou à côté de l'autre carrément, la tranche de celui-ci touchant et recouvrant la tranche de celui-là. Le bordage à carvel, ajoute-t-il, était le bordage ordinaire ; le bordage à clin était exceptionnel ; il en est de même aujourd'hui.

Les navigateurs dieppois construisaient des navires à carvel, de 140 à 160 tonneaux.

A Fécamp on pêchait le hareng avec des crayes, bâtiments à trois mâts, n'ayant ni hune ni mât de hune.

On trouvait à Rouen des foncets, des hourques, des escutes, tous vaisseaux à clin et à carvel, pour le service entre cette ville et la mer. Les vaisseaux de guerre étaient de grosses barches et des galéaces ou galères de grande dimension. Il y avait de ces barches qui étaient armées de douze cents hommes de guerre, portaient deux cents pièces d'artillerie, tiraient de grosses pierres, des boulets de fonte et des boulets serpentins.

Sur la côte de Guyenne, comme aux Sables d'Olonne, à La Rochelle, aux îles d'Oléron, à Brouage, à Marennes, on se servait de caravelles, de clinquarts, de pinasses, de baleinières, de gabares, d'anguilles.

Le clinquart était un petit bateau plat, d'origine suédoise.

Les pinasses étaient des bâtiments à voiles ; il y en avait quelquefois qui mesuraient jusqu'à 134 pieds de quille : c'étaient les grandes pinasses. Les petites étaient étroites, légères, avaient trois mâts comme une chaloupe et bordaient des avirons.

Le baleinier était un navire léger, propre à la course et à la navigation marchande.

Les galéaces étaient des bateaux plats par-dessous et forts de bord, qui servaient à la pêche et très résistables à la mer.

Les anguilles, que le Père Fournier appelle aiguilles, étaient fort affilées à la proue, et servaient à la pêche d'un poisson, nommé *maigre*, très en vogue sur les côtes.

Les grands navires de guerre portaient le nom de galions. Ceux de charge s'appelaient carraques.

Les pataches ou polacres étaient des vaisseaux armés pour le service des grands navires et pour aller aux découvertes [1].

On peut diviser les vaisseaux de l'époque en trois catégories : les grands, les moyens et les petits. Dans la première entraient les galions, les galéaces, les hourques, les fustes ou flutes, les caravelles et les flibots. Parmi les moyens, notons les barques, les brulôts, les pataches ou polacres, les galiotes, les pinasses, les brigantins, les pinquets, les gabarres et les heus.

Dans les grands navires marchands ou nefs onéraires l'on rangeait les navires suivant leur dignité. Le maître ou bourgeois était le chef, puis venait en second le pilote. C'étaient ensuite le contre-maître, le facteur ou premier marchand, le second marchand, l'écrivain, le

---

[1] Nous avons puisé les renseignements précédents dans les *Navigations françaises* de M. Margry.

19

chirurgien, le dépensier ou économe des vivres, le canonnier, le bosman préposé au placement des ancres, *(bosser l'ancre)*, le maître de chaloupe, les charpentiers, les matelots, les garçons, les pages, et les gourmettes appelés aussi souillons.

Les pilotes étaient généralement peu experts dans la navigation, et ils faisaient leur route de vue à vue, se guidant d'après les formes différentes des caps ou promontoires : les uns leur donnaient l'idée d'une chapelle, d'un château, d'une tour ; les autres prenaient l'apparence d'un clocher, d'un moulin à vent. La marée, la couleur de certaines terres, servaient aussi à les guider. Plusieurs d'entre eux consultaient les livres de Pierre de Médine, de Manoel Figueiredo, le *Miroir de la mer*, le *Flambeau*, le *Trésor*, la *Colonne de la mer*, et d'autres routiers dans le genre de celui de Jehan Alfonce, de Hugues de Linschot, de Garcie de Ferrande. " Mais du ciel et des mathématiques, écrivait en 1671 l'auteur des *Us et coutumes de la mer*, ils n'estiment pas en avoir besoin. Si ce n'est seulement la connaissance des gardes du Nort qui composent la petite Ourse par la direction de coupes, par la posture de laquelle constellation les Hauturiers remarquent le sit ou le vrai lieu du Pôle [1]. " Mais on rencontrait de nombreuses exceptions à cette règle, qui ne semble pas s'appliquer avec autant de rigueur aux Portugais, aux Hollandais et aux Zélandais [2].

---

1 *Us et Coutumes de la mer*, p. 408.
2 *Ibidem*, p. 407.

NOTE II

ARMEMENTS DE NAVIRES NORMANDS
POUR LES TERRES NEUVES ET LE CANADA

1574-1603

Le plus souvent il est question, dans les registres de tabellionage de Honfleur, d'emprunts à la grosse par les marins prêts à partir pour l'Amérique. MM. Bréard se contentent aussi de donner une liste de vaisseaux, avec leur tonnage et les noms des principaux officiers, comme les capitaines et les maîtres. Nous les faisons connaître d'une façon encore plus analytique. Le mérite de ce travail précieux revient donc de plein droit à ces deux publicistes distingués.

1574

La *Grâce de Dieu*..........Jehan de Loudel, cap.
Le *Dauphin*..............Esmond de Sahurs, cap.
Le *Sauveur*, de 70 tonneaux. Michel Advisse, c.
La *Renommée*...........Jehan Poesson, maître.
Le *Charles* [1], de 150 t.....Robert Daniel, c.
La *Madeleine* [2]..........Jehan Geffroy, c.

1 Etienne Fichot, pilote.
2 Capturé par ceux qui tiennent "le parti en la ville de La Rochelle."

1575

L'*Étoile*..................Pierre Pinchemont.
Le *Daulphin*, de 150 t....Esmond de Sahurs.
La *Sansue*................Guillaume Le Lièvre, c.

1576

Le *Saint-Jehan*...........Jehan Le Cordier dit Vallin, c.
La *Romaine*...............Jehan Poesson, c.
L'*Espérance*..............Richard Baril, c.
L'*Espérance*, de 120 t....Jehan Dunepveu, m.
La *Marie*, de 70 t........Jehan Courel, m.
La *Françoise*, de 70 t....
La *Madeleine*.............Jehan Geffroy, c.
La *Licorne*, de 100 t.....Jehan Faroult dit Placidas, c.

1577

L'*Espérance*..............Richard Baril, c.
Le *Sauveur*...............Nicolas Advisse, m.
La *Renommée*..............Jehan Poesson, m.
Le *Saint-Léonard*.........Silvestre Couillard, m.
Le *Nicolas*...............Michel Couillard, m.
Le *Saulveur*..............Guillaume Cousin, m.
Le *Charles* [1]...........
La *Madeleine*.............Jehan Geffroy, m.
La *Marie*.................Jehan Courel, m.

---

1 Etaient bourgeois de ce vaisseau : Gilles Le Doyen, chevalier, sieur d'Ablon, Pierre de Fastouville, sieur de la Rue et de la Quièze, Louis de Morseng, sieur de la Chevalerie, Jehan Millet, maître charpentier de navires, Robert Bourgeot, etc.

La *Lanterne*............ ......Valentin Mauschet, m.
Le *Jehan*................. .....Colin Morin, m.
L'*Espérance*.............Jehan Lenepveu, m.
La *Grâce de Dieu*........Jehan du Londel, c.
La *Marguerite* ....Guillaume Roque, m.
La *Catherine*............Jehan Morin, m.
Le *Mouton d'or*..........Thomas Matart [1], m.

1578

La *Madeleine*............ ...Jehan Geffroy, m.
La *Romaine*............. ....Jehan Poisson, m.
L'*Esperit*, de 60 t........Noël Rives [2], m.
L'*Espérance*.............Richard Baril, m.
La *Pucelle*............. ...Jehan Auber, m.
La *Françoise*............Guillaume Cousin, m.
L'*Espérance*.............Jehan Nepveu [3], m.
La *Michelle*.............Michel Caron, m.
La *Marguerite*...........Guillaume Roques [4], m.
Le *Saint-Léonard*........Nicolas Vicquelin, m.
La *Marie*, de 150 t. ......Jacques Ouyn, dit Portier, m.

1579

Le *Saint-Jehan*........ .....Mathieu Le Tellier, m.
La *Marguerite*..........Guillaume Roques, m.
La *Madeleine*.... ....Jehan Geffroy, m.
Le *Jehan*................Guillaume Duglas, m.
L'*Esperit*.............. .....Thomassin Rives, m.

---

1 Du Lendit sous Jumièges.

2 De Vatteville.   3 De Vatteville.   4 De Vatteville.

La *Salamandre*..............Jehan Fontaine, m.
La *Françoise*...............Guillaume Cousin, m.
La *Michelle*, de 120 t......Robert Le Caron [1], m.
L'*Espérance*................Richard Baril, m.
La *Pucelle*.................Jehan Auber, m.
La *Françoise*...............Guillaume Champaigne, m.

1580

Le *Saint-Jehan*.............Mathieu Letellyer, m.
La *Marguerite*..............Guillaume Roques [2], m.
L'*Espérance*................Nicolas Morisse [3], m.
Le *Jehan*...................Guillaume Morisse, m.
L'*Espérance*................Anthoine Duprey, m.
Le *Jacques*.................Jehan Vallin.
La *Cantarine*...............Jehan Poesson, m.
La *Marie*...................Jehan Courel [4], m.
La *Madeleine*...............Jehan Geffroy, m.
L'*Espérance*................Jehan Jourdain, m.
Le *Saint-Jehan*.............Michel Advisse, m.
La *Marie*...................Jacques Ouyn, m.
Le *Nicollas*................Collas Vicquelin, c.
La *Sallamande*..............Michel Couillard, m.
La *Michelle*................Richard Baril, m.

1581

La *Pucelle*.................Jehan Auber, m.
Le *Baptiste*, de 100 t......Jehan Nepveu [5], m.

---

1 De Vatteville-sur-Seine.   2 De Vatteville.
3 De la Rivière, près Honfleur. 4 De la Rivière.
5 De Vatteville.

L'*Isabeau*................	Guillaume Paon, m.
La *Michelle*..............	Richard Baril, m.
Le *Georges*...............	Jehan Faroult, m.
L'*Espérance*..............	Nicolas Morin, m.

1582

Le *Georges*...............	Jehan Faroult, m.
Le *Saint-Nicolas*	Jehan Rives [1], m.
La *Michelle*..............	Richard Baril, m.
L'*Espérance*..............	Nicolas Morin, m.
La *Marie*.................	Jehan Courel, m.
Le *Jehan*.................	Silvestre Morin, m.
La *Catherine* [2], de 150 t...	Jehan Poeson, m.
Le *Saint-Jehan*...........	Mathieu Le Tellier, m.
L'*Espoir*.................	Thomassin Rives [2], m.
Le *Bon-Espoir*............	Martin Boudin, m.
Le *Léonard*...............	Michel Duval, m.
-*Jehan*..........	Jehan du Londel, m.
L'*Espérance*..............	Jehan Jourdain.
Le *Jacques*...............	

1583

Le *Nicolas*...............	Jehan Rives, m.
La *Michelle*..............	Richard Baril, m.
Le *Jacques*...............	Jehan Le Cordier, m.
Le *Saint-Adrien*..........	Jehan Caresme, m.
Le *Saint-Pierre*..........	Jehan Jourdain, m.

1 De Vatteville.

2 " Pris et depredé en mer, faisant retour de " Terres-Neuves, " au mois d'août 1582, par un Anglais nommé Thomas Borset.

La Madeleine............Nicolas Morin, m.
Le Bon-Espoir...........Jehan de Sens, m.
La Marie................Jehan Courel, m.
Le Georges..............Jehan Faroult, m.

1590

La Marie................Jehan Courel, aîné, c.

1597

.... Guillaume Duglas.
La Catherine, de 180 t...Thomas Chefdhostel, c.
Le Cygne................Guillaume Prémort, m.
La Catherine............Robert Poesson, m.
La Perle................Nicolas Tuvache, m.
La Françoise, de 80 t.....
Le Georges..............Silvestre Couillard, c.
Le Faucon...............
L'Isabeau...............Nicolas Missent, c.
L'Espérance.............Sébastien Morin, c.
Le Bon-Espoir...........Guillaume Caresme, c.

1598

La Catherine............Thomas Chefdhostel, c.
La Françoise, de 90 t....Jehan Girot, c.

1599

Le Don-de-Dieu, de 200 t..Henry Couillard, m.

1600

L'*Espérance*............... Guillaume Duglas, c.
La *Françoise*............... Jehan Girot, m.
La *Marye*, de 70 t........ Jacques Cousin, m.
Le *Don-de-Dieu*........... Guillaume Lechevalier, m.
L'*Espérance*, de 100 t..... Sébastien Morin, c.
La *Bataille*................ Jehan Heurtelot, m.
La *Catherine*, de 150 t.... Robert Poesson, c.
Le *Tessier*................. Isaïe Lemanisier, c.
La *Marguerite*, de 60 t.... Henry Pinchon, m.
Le *Bon-Espoir*, de 120 t... Guillaume Caresme, c.
Le *Poste*, de 70 t.......... Nicolas Missent, m.
Le *Don-de-Dieu*............ Henry Couillard, m.

1601

Le *Don-de-Dieu*, de 80 t.. Guillaume Lechevalier, c.
Le *Bon-Espoir* [1], de 100 t.. Guillaume Caresme, c.
La *Françoise*, de 70 t..... Richard Moulin. c.
La *Françoise*.............. Jehan Girot, c.
Le *Saint-Jehan*, de 80 t... Pierre Faroult, c.
Le *Sainct-Jehan*, [1]....... Nicolas Tuvache, c.
La *Marie*.................. Pierre Lampérière, c.
La *Marguerite*............. Henri Pinchon, c.
Le *Bourbon*................ Robert Caresme, c.
L'*Espérance*............... Thomas Jourdain, c.
Le *Jehan*, de 80 t......... Guillaume Chefdhostel, c.
L'*Espérance*............... Robert Poesson, m.

1 Ces deux navires appartenaient à Pierre de Chauvin, sieur de Tontuit.

Le *Tessier*, de 80 t........Nicolas Missent, c.
Le *Georges*..............Silvestre Couillart, c.
La *Catherine*, de 120 t....Robert Esnault, c.
Le *Guillaume*, de 60 t....Jacques Le Cordier, c.
Le *Charlemaine*, de 80 t..Pierre Faroult, c.
Le *Don-de-Dieu* [1]..........H. Couillard, c.
La *Fleur de Lys*.........Guillaume Le Testu, c.
L'*Espérance* [1].............Guyon Dières, m.

1602

La *Françoise*.............Jehan Girot, c.
Le *Guillaume*............Jacques Le Cordier, c.
Le *Comte*................Sébastien Morin, c.
Le *Don-de-Dieu*..........Guillaume Le Chevalier, c.
La *Marie*................Philippe Gy, c.
Le *Georges*..............Silvestre Couillard, c.
Le *Bon-Espoir*...........Guillaume Caresme, c.
La *Bonne-Adventure*......Thibault LeChevalier, c.
Le *Saint-Jehan*..........Olivier Hue, c.
L'*Espérance*.............Thomas Jourdain [2], c.
Le *Saint-Pierre*, de 150 t..Jacques Cécire, c.
La *Poste*................Martin Frémont, m.
Le *Saint-André*, de 160 t.Adrien Leseigneur, m.
L'*Espérance*.............Guyon Dières, m,
Le *Jelesaibien*..........Geffin Malorthie, m.
Le *Don-de-Dieu*, de 200 t..Henry Couillard, m.

1 Deux des navires de Chauvin.

2 Jourdain était l'associé et le compagnon de Pierre de Chauvin et fréquenta les terres neuves longtemps après lui.

NOTE 12

LES COMMISSIONS DU MARQUIS DE LA ROCHE

Nous avons dit que le marquis de la Roche ne crut pas devoir mettre à profit les lettres-patentes que le roi Henri III lui avait accordées en 1577, non plus que celles de l'année suivante, confirmatives des premières. Ces commissions qu'il sollicita sans doute avec l'idée de s'en prévaloir à l'occasion, restèrent lettre morte. Plusieurs raisons nous portent à soutenir cette opinion, dont l'une, très forte, ce nous semble, se tire du texte même de la troisième commission, celle de 1598, due à la munificence du grand roi Henri IV. Nous avons cité ce passage qui indique péremptoirement que le favori du roi, alors qu'il était gouverneur de Morlaix, de 1568 à 1586, resta tout le temps à son poste, où, s'il s'en absentait, y avait l'œil, aimant mieux défendre le gouvernement dont il était pourvu contre les agressions d'adversaires remuants, que de l'abandonner à leur merci. Si, pendant cette longue période de dix-huit ans il fut passé au Canada, l'histoire nous aurait fait connaître son successeur à Morlaix, même s'il n'eut été qu'intérimaire.

De 1586 à 1598 nous pouvons suivre presque pas à pas le marquis dans sa carrière mouvementée. Sur ces douze années, il en passa près de neuf en prison, de 1589 à 1596, et pendant l'autre qui précéda son expédition en Amérique, il était en Normandie, à la tête du vicomtat de Saint-Lô et de Carentan.

A l'aide de l'histoire des événements contemporains de la Ligue nous sommes forcé de conclure avec Champlain, Lescarbot, et Charlevoix à leur suite, que l'aventure malheureuse de l'île de Sable eut lieu en 1598. Le témoignage des deux premiers surtout a une grande valeur, car il ne faut pas perdre de vue que Champlain et Lescarbot vivaient du temps du marquis [1]. Champlain avait servi dans les armées royales sous les maréchaux d'Aumont et de Cossé-Brissac. S'il ne prit pas connaissance du voyage au Canada, l'année même qu'il se fit, il dut cependant en apprendre quelque chose plus tard, avec les renseignements les plus véridiques.

L'autorité de ces deux hommes s'impose de prime abord, et il faudrait avoir de graves raisons pour la mettre de côté. Cependant plusieurs historiens, biographes, historiographes, trompés sans doute par un incident de la vie du marquis de la Roche, nous voulons parler de son emprisonnement que le Père Charlevoix place après son retour de l'île de Sable, ont essayé de prouver, ou ont avancé sans preuve, que l'expédition n'a pu avoir lieu en 1598, vu que Mercœur avait fait sa soumission complète au printemps de cette même année. Donc, s'écrient ceux qui discutent là question après

---

[1] Champlain, né vers 1570, pouvait avoir environ 28 ans. Lescarbot était à peu près du même âge.

l'avoir soulevée, le marquis de la Roche dut passer en Amérique avant 1598. C'est le raisonnement de l'abbé Ferland dans son *Cours d'histoire* du Canada : " Charlevoix, dit-il, s'appuyant sur Lescarbot et sur Champlain, rapporte que le marquis de la Roche, au retour de son voyage, fut porté sur les côtes de la Bretagne, et qu'ayant été arrêté, il fut retenu en prison pendant un an par le duc de Mercœur. Or, les lettres patentes de Henri IV au marquis de la Roche, sont du mois de janvier 1598. Si ce seigneur avait fait son expédition en Amérique, dans la dite année, il n'aurait pu rentrer en France que tard en automne. Cependant dès le mois de février 1598, le duc de Mercœur avait cessé d'être gouverneur de la Bretagne; il avait fait sa soumission au roi, qui nomma César de Vendôme pour le remplacer. La Roche n'a donc pas été fait prisonnier par le duc de Mercœur en 1598 ; et, s'il a été réellement jeté dans les fers après avoir été en Amérique, ce voyage dut avoir lieu peu de temps après 1578 [1]."

L'abbé Ferland commet ici plusieurs erreurs. Charlevoix ne s'appuyait pas sur Champlain, quand il écrivait que le marquis de la Roche fut incarcéré après son retour de l'Acadie, car Champlain ne fait aucunement mention de cet emprisonnement. C'est sur Lescarbot que doit retomber toute la responsabilité de l'erreur où est tombé l'historien canadien. Celui-ci est amené à conclure qu'il est plus rationnel d'assigner à la tragédie de l'île de Sable l'année 1578 ou l'une des années suivantes. Plusieurs raisons militent contre cette théorie.

[1] Ferland, *Cours d'histoire du Canada*, t. I. p. 61.

Si on admet toujours la version de Lescarbot, adoptée par Charlevoix, que le marquis fut mis en prison aussitôt après son arrivée en France par le duc de Mercœur, alors qu'il était tout puissant dans son gouvernement de Bretagne, cette date de 1578 est inadmissible, car Mercœur ne fut nommé à ce poste qu'en 1582, et n'en prit officiellement possession que l'année subséquente. Donc, si le marquis de la Roche vint au Canada vers 1578, il ne put pas être jeté dans les fers, ni immédiatement après sa rentrée en France, ni peu de temps après, car on sait de source à peu près certaine, que ce malheur ne lui arriva qu'en 1588, l'année même que le gouverneur de Bretagne se déclarait le chef de la Ligue dans sa région.

Charlevoix est une autorité souvent médiocre en ce qui regarde certains faits de cette époque déjà reculée pour lui. Ainsi ne dit-il pas que le marquis fut retenu " pendant un an "[1] dans le château de Nantes, quand il est certain qu'il y demeura au moins cinq ans.

Afin de compléter nos renseignements sur ce sujet controversé, nous citerons les auteurs qui en ont écrit, en commençant par Champlain.

" Le sieur Marquis de la Roche de Bretagne, poussé d'une saincte envie d'arborer l'estendart de Jésus-Christ, et y planter les armes de son Roy, *en l'an* 1598 prit commission du Roy Henry le Grand (d'heureuse mémoire) qui avoit de l'amour pour ce dessein, fit équiper quelques vaisseaux, avec nombre d'hommes, et un grand

[1] Charlevoix, liv. III.

attirail de choses nécessaires à un tel voyage : mais comme le dit Sieur Marquis de la Roche n'avait aucune cognoissance des lieux que par un pilote de navire appelé Chédotel, du pays de Normandie, il mit les gens du dit Sieur Marquis sur l'isle de Sable....et revenans en France au bout de *sept ans*.. [1]"

Lescarbot rapporte les faits un peu différemment :

" *En l'an* 1598, dit-il, le Roy ayant audit sieur Marquis (de la Roche, gentilhomme breton) confirmé le don de lieutenance générale ès terres (neuves) à luy fait par le Roy Henry III, et octroyé sa commission, il s'embarqua avec environ soixante hommes.... Etant en France le voilà prisonnier du duc de Mercœur....Cependant ses gens demeurent *cinq ans* dégradés en la dite île.... [2]"

Le Père Charlevoix, après avoir lu Champlain et Lescarbot, et prit connaissance de la troisième commission, écrit à son tour :

" Enfin en 1598 la France après cinquante ans de troubles domestiques, ayant recouvré sa première tranquillité....le Marquis de la Roche obtint de Sa Majesté la même commission et les mêmes pouvoirs qu'avait eus M. de Roberval sous François I et que Henri III lui avait déjà accordés à lui-même, *mais dont il ne s'était pas trouvé en situation de faire usage* [3]."

Tout est bien jusque là. L'érudit historiographe de la Nouvelle-France dit carrément que le marquis de la

[1] Champlain, Ed. 1632, p. 38.
[2] Lescarbot, Vol. II, p. 393.
[3] Charlevoix. liv. III.

Roche n'avait pu faire usage de la commission et des pouvoirs que Henri III lui avait déjà accordés. Puis il ajoute : " Il fut *plus d'un an* prisonnier du duc de Mercœur qui était encore le maître en Bretagne.... Enfin au bout de sept ans le Roy ayant ouï parler de leur aventure, obligea le pilote Chedotel à les aller chercher...."

Nous avons prouvé que Mercœur n'était plus maître en Bretagne dès le commencement de l'année 1598, et si le marquis de la Roche fit son expédition au printemps, supposant même qu'il revînt en juillet, Mercœur était déjà parti pour l'Autriche où il mourut.

Bergeron, qui écrivait en 1629, a sa version particulière : " Le marquis, dit-il, étant allé, suivant sa première commission, dès le temps de Henri III, en l'île de Sable....il fut rejeté par la violence du vent en moins de douze jours, jusqu'en Bretagne, où il fut retenu prisonnier *cinq ans* par le duc de Mercure *(sic)*.... Mais, le marquis, ayant obtenu sa seconde commission, ne put continuer ces voyages.... [1]"

Bergeron se contredit lui-même, car, après avoir déclaré, sur sa propre autorité, que le marquis de la Roche alla, suivant sa première commission, dès le temps de Henri III, en l'île de Sable, il assure que les gens du marquis profitèrent grandement du bétail, vaches et pourceaux, qui y avaient été abandonnés 80 ans auparavant par le baron de Léry, qui, dit-il, avait entrepris ce voyage en 1518 [2].

---

[1] Bergeron, *Traicté de la Navigation*, etc., p. 124-125.
[2] Ibidem, p. 102.

Pufendorff écrivait en 1759 : " Le Marquis de la Roche, breton d'origine, obtint en 1598, une commission de Henri IV, pour conquérir dans l'Amérique septentrionale quelque pays habitable... [1] "

Isaac Weld dit : " En 1598, le marquis de la Roche découvrit l'île de Sable et les côtes voisines de l'Acadie " [2].

L'auteur des Lettres curieuses sur l'Amérique septentrionale ne parle d'aucune expédition en 1578 et en 1598, mais il dit : " Le marquis de la Roche en 1593 fut nommé gouverneur général du Canada " [3]. Cet écrivain s'est mépris, car il ne peut pas être question de 1593 en cette affaire. C'est probablement une faute d'impression ; Sir Richard est généralement trop bien renseigné pour avoir voulu délibérément substituer 93 à 98. La première date est inadmissible à tous égards.

Carry et Lea croient que " Henri IV nomma le marquis de la Roche gouverneur général du Canada en 1598, et que celui-ci aborda à l'île de Sable qu'il s'imaginait sottement pouvoir convenir à l'établissement d'une colonie [4]."

Guillaume Tell Poussin a dit : " En France on reprit le projet de colonisation sous Henry IV en 1598 [5]."

---

[1] *Introduction à l'Histoire de l'Univers*, t. VIII.

[2] *Voyage au Canada*, t. III, p. 236.

[3] *Canada as it was, as it is, and may be*, par le lieutenant-colonel sir Richard Bonnycastle, t. I, p. 10.

[4] *The Geography, history and statistics of America and West Indies*, par H. C. Carrey et Lea.

[5] *De la puissance américaine*, 2e édition, t. I, p. 56.

M. Poirson, dans son *Histoire du règne de Henry IV*, fixe à l'année 1598 les premières tentatives pour fonder des établissements français dans l'Amérique septentrionale [1]."

Après avoir cité la troisième commission, MM. Michelant et Ramé disent que Henri IV ne faisait que suivre les traditions de son prédécesseur et renouveler une commission donnée par Henri III [2]."

Henry Harrisse croit que ce fut avant son départ pour la Nouvelle-France, pendant qu'il était gouverneur de Saint-Lô (où il avait été nommé en 1597) et non à son retour, que le marquis de la Roche fut fait prisonnier par le duc de Mercœur, et probablement remis en liberté peu de temps après, lorsque Mercœur se repliait sur Nantes, avant de se soumettre définitivement à Henri IV, le 20 mars 1598. De la Roche, ajoute le savant bibliographe, revint de son expédition au Canada dans le cours de l'année 1598 [3].

M. C. de Laroche-Héron écrivait en 1854 : "L'ennemi (Mercœur) de la Roche était hors d'état de lui nuire en 1598. Cependant cet emprisonnement par les ordres du duc de Mercœur a eu lieu ; et il a même duré *neuf années* au lieu d'un an, et le marquis de la Roche n'a été relâché qu'en 1596. Donc l'expédition à l'île de Sable a eu lieu en vertu des lettres patentes de 1577 et 1578, délivrées par Henri III, et non en vertu de celles confirma-

---

1 *Documents inédits sur le Canada*, p. 5, en note.
2 *Ibidem.*
3 *Notes sur la Nouvelle-France*, bibliographie, p. 14.

tives ₁ de 1598 ; et la date de ce voyage a dû être entre 1578 et 1584 ²."

M. Pol de Courcy, archéologue breton très distingué, a prétendu que le marquis de la Roche utilisa sa commission de 1578 et qu'il fit son voyage cette année là, et que la commission de 1598 n'eut d'autre résultat que de faire revenir de l'île de Sable les misérables qui y avaient été déposés *vingt ans* plus tôt ³."

Cette dernière opinion touchant la durée de l'exil des compagnons du marquis de la Roche, est unique sous la plume des écrivains, et nous semble contraire à toutes les idées reçues. Il est étrange que M. de Courcy, si bien renseigné sur la vie du noble marquis, se soit laissé entraîner à commettre une erreur de cette importance.

M. H. Emile Chevalier, auteur de plusieurs romans tirés de l'histoire du Canada, après avoir fait une étude approfondie de la question qui nous occupe, s'écrie : " Pour moi je suis convaincu que l'expédition de la Roche eut lieu en 1598. Quant à l'emprisonnement du marquis par le duc de Mercœur, c'est affaire peu importante pour l'histoire du Canada ⁴."

Nous arrivons maintenant aux écrivains canadiens, chez qui nous rencontrons une diversité d'opinions aussi grande que chez les autres.

---

1 Les lettres de 1598 n'étaient pas confirmatives, dans le sens strict du mot. Elles avaient une tout autre portée que celles de 1577 et de 1578.

2 *Journal de Québec*, juillet 1854.

3 *Ibidem*.

4 Le *Pays*, Montréal, juillet 1854.

Ferland, se basant sur Bergeron, adopte la date de 1598.

Bibaud ne partage pas cette manière de voir : " Le marquis de la Roche, dit-il, obtint de Henri III, et ensuite de Henri IV, le titre de vice-roi, avec les mêmes pouvoirs qu'avait eus le sieur de Roberval. Il voulut aller lui-même reconnaître le pays dont il devait être, pour ainsi dire, le monarque. Il arma un vaisseau, sur lequel il s'embarqua au printemps de l'année 1598 [1]."

Garneau croit que cette expédition eut lieu en 1598. " Dès l'année du rétablissement de la paix, c'est-à-dire, en 1598, le marquis de la Roche fit confirmer par le roi une commission de lieutenant général de l'Acadie, du Canada, et des pays circonvoisins, que lui avait déjà accordée Henri III, et dont les troubles du royaume l'avaient empêcher de jouir [2]."

Garneau ne pouvait rapporter les faits avec plus d'exactitude. Mais, il se trompe quand il ajoute aussitôt que le marquis fut incarcéré à son retour en Bretagne. Notre grand historien n'avait pas suivi d'assez près les événements de la Ligue.

M. le docteur Taché, sans se prononcer absolument, croit que l'opinion de Champlain et de Lescarbot fixant à 1598 la date de l'expédition "a toute apparence de raison [3]."

---

[1] *Histoire du Canada*, t. I, p. 39.
[2] *Histoire du Canada*, t. I, p. 39.
[3] *Les Sablons*, Nouvelles Soirées, p. 479.

M. Benjamin Sulte place la catastrophe de l'île de Sable en 1578 [1]."

M. Paul de Caze semble avoir beaucoup étudié cette question, et il nous paraît avoir mis à ce travail une attention sérieuse. Voici ce qu'il en conclut : " En admettant que le marquis de la Roche ait entrepris son voyage au Canada en 1589, c'est-à-dire l'année même où furent révoquées les lettres patentes des neveux de Jacques-Cartier [2], il est fort possible alors qu'il ait été fait prisonnier, à son retour, par le duc de Mercœur qui, au printemps de cette même année, et à la suite de l'assassinat du duc de Guise, était devenu chef du parti de la Ligue, en Bretagne.

" Sa captivité aurait duré de 1589 à 1596, époque à laquelle l'abbé Ferland en fixe le terme, et il aurait été relâché pendant la trêve qui suivit l'abjuration de Henri IV.

" Puis, peu de temps après sa sortie de prison, à l'assemblée des notables qui s'ouvrit à Rouen le 4 novembre 1596, et à laquelle sa naisance devait l'appeler, il aurait raconté au Roi le triste résultat de sa tentative de colonisation au Canada [3]."

La supposition qui sert d'échafaudage à cette théorie, habilement imaginée du reste, mériterait discussion, si déjà nous n'avions pas épuisé le sujet.

Les événements qui se rattachent à la captivité du marquis, tels que rapportés par M. de Caze, ne diffèrent

[1] *Histoire des Canadiens-français*, t. I, p. 27.
[2] Ce fut le 16 juillet 1588 que la révocation de ces lettres eut lieu.
[3] *Mémoires de la Société Royale du Canada*, 1884.

pas essentiellement de ce que nous en en avons écrit nous-même, mais, comme bien d'autres, l'auteur de l'étude sur les commissions du malheureux de la Roche, s'est trop laissé guider par Lescarbot et Charlevoix, en s'imaginant qu'il fallait placer la captivité du marquis après son retour de l'île de Sable. L'année 1589 est mal choisie pour cette expédition, car le marquis était déjà prisonnier de Mercœur depuis plusieurs mois.

Les erreurs de nos écrivains à ce sujet portent sur divers points que nous pouvons attribuer à quatre causes différentes :

1° Ignorance pour quelques-uns de trois commissions distinctes. L'abbé Ferland a ignoré celle de 1577. L'abbé Faillon n'a connu que la troisième ; de là une suite d'hypothèses portant toutes à faux.

2° Croyance presque générale, basée sur Lescarbot et Charlevoix, que le marquis de la Roche fut incarcéré après sa rentrée en France. C'est ce qui a trompé le plus grand nombre. Constatant, d'après les faits, que le marquis n'avait pu tomber victime des persécutions du duc de Mercœur, devenu impuissant au commencement de l'année 1598, on s'est imaginé qu'il fallait placer le voyage au Canada, avant cette année là. Alors les uns ont choisi 1578, comme l'abbé Ferland, Laroche-Héron, Pol de Courcy, Sulte et les autres. M. de Caze est le seul qui ait opiné pour 1589.

3° Divergence d'opinions sur la durée de l'emprisonnement de la Roche.

4° Connaissance imparfaite des mouvements de la lutte entre les ligueurs et les royaux, au nombre desquels figurèrent en Bretagne, dernier boulevard des catholiques, le duc de Mercœur et le marquis de la Roche.

NOTE 13

LES SABLONS

M. le docteur J. C. Taché a publié, en 1882, dans les *Nouvelles Soirées Canadiennes*, une très savante monographie de l'île de Sable, sous le titre de *Les Sablons*.

Le premier chapitre, servant de prologue, établit les sources où les écrivains peuvent puiser sur ce sujet, aussi aride en apparence que les sables qui ont valu son nom à cette île perdue au milieu des eaux de l'Atlantique. Les auteurs qui nous ont fait connaître quelques particularités sur cette terre isolée, sont Thevet, Hakluyt, Champlain, Lescarbot, Bergeron, Sagard, Jean de Laët, le Père LeClercq, Charlevoix, Winthrop et quelques autres, et parmi les modernes, P. E. Gosselin, Haliburton, le Dr Gilpin et W. Smith. L'iconographie de l'île ne compte que quatre pièces : une gravure faite d'après un croquis attribué au colonel Desbarres, gouverneur du Cap Breton, de 1783 à 1787, et les trois gravures du livre du Dr Gilpin.

Le second chapitre est consacré à la géographie de l'île. Elle gît sous le 43º lat. N. confinant au 44°, et sous le 59° long. ouest, entrant dans le 60°. L'île a la forme d'un croissant, ou plutôt d'un arc dont la corde s'étend de l'est à l'ouest. La face concave regarde le nord, faisant le vis-à-vis du Cap-Breton. Sa longueur est d'environ 25 milles; sa plus grande largeur n'atteint pas un mille et demi, et ne dépasse pas un quart de mille à son extrémité-est. On estime sa superficie à 16,000 arpents. L'endroit de la terre ferme le plus rapproché de l'île est le cap Canseau, distant d'environ 90 milles. Les Sablons sont le point culminant et le seul émergé de ce système de soulèvements sous-marins qui constituent ce que les navigateurs ont nommé "Les Bancs." Commençant à l'est, à plusieurs centaines de milles de Terreneuve, en haute mer, ils se succèdent, en s'avoisinant de l'est à l'ouest, et du nord au sud. On les nomme dans cet ordre, le grand Banc, le Banc Vert, le Banc Saint-Pierre, le Banquereau, les Bancs d'artimon, de misaine, de l'île de Sable, de Canseau, des Ilets, de Cézembre, (Sambre), de la Hève et de Saint-George.

L'île est entourée de barres et de rides formées par l'accumulation de sables qui forment une ceinture de brisants. Une partie de l'île est occupée par un lac d'eau salée appelé "Le lac" par les marins, le "lac Wallace" par les habitants d'Halifax, et le "Barachois" par les Acadiens. Champlain en parle dans ses écrits. Le sol est de sable et ne manque pas d'une certaine fertilité. Le climat est celui de la Nouvelle Angleterre, avec certaines modifications, dues à l'exposition de l'île aux vents plus tempêtueux et plus humides. L'hiver y est moins froid, et l'été moins chaud.

L'histoire naturelle de l'île de Sable fait le sujet du troisième chapitre. La géologie et la minéralogie en sont très simples. La formation est un transport marin. On n'y trouve que du sable, quelquefois mêlé de coquilles et renfermant des ossements enfouis de morses, et de phoques. La flore des Sablons se borne à des arbustes, algues, mousses et plantes d'occasion. On n'y trouve pas d'arbres. Les plantes qui constituent sa richesse sont le Roseau des sables et la Lentille du Canada ou pois sauvage. Ces deux plantes jointes à la verge d'or, la mauve et d'autres variétés, constituent les sept mille arpents de prairies naturelles que l'on rencontre sur l'île.

Le Banc de l'île est abondamment fréquenté par tous les poissons qui font la richesse des côtes. On y trouve trente-huit variétés vivantes de mollusques, des homards, des crabes et des petites crevettes, des plies et des anguilles. Les morses, les phoques fréquentaient jadis les côtes de l'île ; le loup-marin est le seul qui continue à les fréquenter comme autrefois. L'unique quadrupède qui ait habité l'île est le renard. Il y a encore des chevaux à l'état sauvage qui y furent laissés par le baron de Léry et ses compagnons portugais ; ils sont là encore au nombre de près de trois cents, dit M. Taché, qui voudrait qu'on leur donnât le nom de *Léris* pour les distinguer des autres races. C'est le descendant du bidet breton, ayant toutes ses qualités : une santé quasi inaltérable, une grande sobriété, une sûreté admirable d'instinct, une force bien au-dessus de la proportion de son poids et beaucoup de fond. Qui a vu des chevaux canadiens et des chevaux de l'île de Sable n'a pas de peine à s'apercevoir qu'ils sont consanguins. Leur couleur dominante est le bai marron. On en rencontre quelquefois de noirs et de pies.

Le chapitre quatrième est consacré à l'historique de l'île. La première tentative de colonisation française en Amérique fut celle du baron de Léry. Jean de Laët et Bergeron la placent en l'année 1518. M. Taché croit que c'est une erreur, et il la fixe en 1538 ou 1539. Il arrive à cette conclusion, en s'appuyant sur l'autorité de Champlain et de Lescarbot. Le second événement, historiquement constaté, dont les Sablons ont fourni le théâtre, a été le naufrage du principal navire de l'expédition de Sir Humphrey Gilbert, en 1583. Puis vint la malheureuse tentative du marquis de la Roche que Champlain et Lescarbot affirment, " avec toute apparence de raison," que ce fut, en 1598.

Winthrop nous apprend, qu'en 1633, un M. John Rose fit naufrage sur l'île de Sable. En 1634, Claude de Razilly obtint la concession de l'île. On y trouva l'année suivante 16 Français qui y avaient construit un petit fort. Depuis cette date jusqu'en 1713, l'île fut le théâtre de plusieurs sinistres. Jean de Laët, écrivant à cette époque, dit qu'elle était *desgarnie de havres et diffamée de naufrages*. Winthrop mentionne ceux de deux navires anglais, en 1635 et en 1639. Les Anglais furent les seuls à exploiter l'île, de 1639 à 1642.

C'est entre les années 1780 et 1802, écrit M. Taché, qu'il faut placer l'occupation de cette île par une colonie de boucaniers, qui ont dû en faire leur séjour constant et celui de leurs familles, pendant plusieurs années. C'étaient des marins, chasseurs et pêcheurs venus de la Nouvelle-Ecosse ou des Etats de la Nouvelle-Angleterre. Ils se livrèrent à un tel brigandage, tuant tous les animaux de l'île, faisant le sac des navires en détresse, que le gouvernement de la Nouvelle-Ecosse défendit en 1801 de séjourner dans l'île à moins d'avoir un permis. Un transport de la marine royale, la *Princesse Amelia*, contenant 200 personnes, vint s'y naufrager en 1802. Depuis cette date, les annales de l'île ont enregistré plus de 150 naufrages. On en compte encore en moyenne de deux à trois par année.

Dans un cinquième chapitre intitulé " Digression," M. Taché s'élève avec autant d'indignation que de vérité contre la proposition qui a été faite de faire disparaître de l'île les petits chevaux sauvages.

Le sixième et dernier chapitre est consacré à la chronique et à la légende de l'île. Une chronique assez répandue veut qu'un aumônier français, moine franciscain, ait accompagné les navires et passagers du marquis de la Roche jusqu'à l'île de Sable et qu'il ait demeuré dans l'exil avec les quarante abandonnés. Au bout de cinq ans, quand Chefdhostel vint les chercher, le moine était mourant, et croyant qu'il n'avait plus que pour quelques heures à vivre, il refusa de retourner en même temps que ses compagnons. Mais la Providence lui sauva la vie, et le Moine des Sablons continua à vivre seul sur l'île, partageant son temps entre la prière, la méditation et le soin d'un jardinet. Plusieurs vaisseaux étant venus se briser sur les rescifs des côtes, lui fournirent l'occasion d'apporter du secours aux naufragés. Son existence sur cette île finit par être connue des pêcheurs de Maurepas, de Canseau, de Cézembre, de la Hève et autres ports acadiens du Cap-Breton et de l'Acadie. Quand et comment mourut ce pauvre solitaire ? Personne ne le sait. " Il est là quelque part, disent les pêcheurs, sur la dune, sur la falaise, au bord du lac, près de la grève ou dans quelque petit vallon, on ne sait, en compagnie des os de milliers de défunts qu'enferment les sables ; mais son ombre bénie plane au-dessus de cette plage désolée."

Il paraît que l'île de Sable court risque de disparaître dans la suite des âges. Elle est rongée de toutes parts par les vagues que les vents poussent avec furie sur ses rivages. Deux phares ont été détruits, et il a fallu en ériger un autre plus à l'intérieur de l'île pour les remplacer. L'étendue de cette terre diminue tous les ans, et l'on croit qu'elle aura le sort de la légendaire Atlandide qui, selon les anciens, aurait disparu sous les flots de l'océan.

NOTE 14

L'ÉPISCOPAT DE SAINT-MALO

1513-1630

Le vénérable et discret Me Guillaume le Gouverneur, doyen et chanoine de l'église de Saint-Malo, devint évêque de cette ville en 1611, suivant Duplais, et 1610, d'après Harrisse. Ce fut un prélat de grande distinction. Il établit en Bretagne les religieuses ursulines, permit aux Bénédictins anglais de se fixer dans sa ville épiscopale, et fonda un monastère de Dominicains à Dinan. Cet évêque mourut le 25 juin 1630.

Les évêques de Saint-Malo, depuis Cartier à la mort de Champlain, se sont succédés dans l'ordre suivant :

Denis Briçonnet, 1515-35.

François Bohier, 1535-69.

Guillaume Ruzé, 1570-72.

François Thomé, 1572-86.

Charles de Bourgneuf, 1587-96.

Jean du Bec, 1596-1611.

Guill^e le Gouverneur, 1611-30.

Le prédécesseur immédiat de l'évêque Briçonnet, portait le même nom, Guillaume Briçonnet, et fut élevé au cardinalat, le 16 janvier 1495, sous le titre de cardinal de Saint-Malo. Guillaume Briçonnet avait d'abord vécu dans le monde, et avait épousé Raoullet de Beaune. Ce fut après avoir perdu sa femme qu'il embrassa l'état ecclésiastique. Son fils Denis, fut reçu chanoine de Saint-Malo et pourvu de l'évêché de cette ville, le 18 août 1513. Ce fut son successeur François Bohier, qui bénit les compagnons de Cartier, au moment de leur départ pour le Canada, en 1535.

NOTE 15

FRANÇOIS DE CHAUVIN

SIEUR DE TONTUIT

Pierre de Chauvin, sieur de Tontuit, ne laissa qu'un fils de son mariage avec Jeanne de Mallemouche. Il naquit vers l'an 1588, très probablement à Dieppe, d'où sa famille originait, mais il dut suivre ses parents à Honfleur, lorsqu'ils s'y établirent en 1596. A la mort de son père, au commencement de l'année 1603, François n'était âgé que de quinze ans. Aussi sa parenté lui avait-il nommé un tuteur dans la personne de Thomas Neuville, bourgeois et marchand de Honfleur. Comme le sieur de

Tontuit laissait une succession passablement obérée, le protecteur du jeune homme crut plus prudent de n'accepter l'héritage que sous bénéfice d'inventaire.

Les 17 et 26 mai 1603 l'on fit un inventaire des " lettres et écritures du sieur de Tonnetuit." Dans le même temps le Prévôt de Paris avait rendu une ordonnance contre certains individus, accusés de s'être approprié une somme d'argent provenant de la succession. C'est à dire que l'on s'occupait alors de régler les affaires de Chauvin. Aussi voyons-nous que le 8 juillet 1604 et les jours suivants, l'on procédait à la vente de ses navires et de ses meubles, en présence de deux conseillers au parlement de Rouen.

Un procès survenu à la suite d'un marché, conclu le 13 novembre 1596, entre Chauvin père, et Guillaume du Cazau, ne fut réglé définitivement qu'après la mort du sieur de Tontuit. Ce dernier avait prêté à du Cazau, capitaine de la *Levrette,* la somme de 33 écus pour subvenir aux dépenses d'un voyage aux Antilles. Au cours de son expédition, du Cazau captura deux navires. Cette prise donna lieu à un procès auquel mirent fin deux arrêts du parlement de Rouen, en date du 14 décembre 1601 et en dernier ressort du 10 juin 1605. François de Chauvin fut condamné à " payer 1,372 cuirs du Pérou [1] pour le tiers de ceux rapportés du voyage de mer fait

---

[1] Parmi les marchandises importées, il est souvent question de " Cuirs du Pérou." Il y a beaucoup d'apparence que les habiles tanneurs de Rouen, de Pont-Audemer, et de Lisieux, apprêtaient ces cuirs exotiques, qu'on tirait en abondance d'îles où le bétail multipliait excessivement.—Bréard, *Documents*, etc, p. 113.

par Guillaume du Cazau, suivant charte-partie du 12 novembre 1596."

Le 28 juin 1608, lors d'une transaction agréée par les parties, François de Chauvin transportait le droit qu'il avait sur certains arrérages de vente que lui rapportait sa terre de Tontuit et qui devenaient échus cette année-là, à Pierre du Sausay, sieur de Sienne [1], qui avait épousé Marie de Brinon, seconde femme de son père.

Voilà tout ce que l'on connaît de ce cette succession, qui semble avoir rapporté au fils de Chauvin plus de tracas que d'argent. Aussi le jeune seigneur normand ne se tint pas les bras croisés, et il tenta la fortune à l'étranger, en se faisant armateur. Mais, au lieu de diriger sa course vers le Canada, il mit à la voile pour le Brésil et les Indes occidentales. En 1614, il conduisait au Brésil le navire la *Bonne-Adventure*, du port de 100 tonneaux, dont étaient propriétaires Étienne de la Roque, qui fut gouverneur de la ville de Honfleur de 1602 à 1619, et Bernard Potier, seigneur de Blérancourt, gouverneur de Pont-Autou et Pont-Audemer. Il dut contracter à l'occasion de ce voyage, pour lequel il entrait sans doute comme charte-partie, des emprunts au montant de 2,200 livres. Somme énorme pour le temps.

---

1 Le nom de Du Sausay figure dans un très grand nombre de contrats maritimes passés à Rouen et à Honfleur, de 1608 à 1625. Il est probable qu'après avoir épousé, en 1606, Marie de Brinon, veuve de Pierre de Chauvin, il reprit les opérations commerciales de ce dernier et qu'il les développa. La famille du Sausay ou Saulcey paraît originaire du département de la Manche. La Sienne est une petite rivière qui coule près de Reguéville (Manche).—Bréard, *Documents, etc.*, p. 109, note 2.

En 1617, Chauvin entreprenait un voyage de dix-huit mois " au Pérou et autres lieux circonvoisins." L'on entendait alors par le Pérou la région des Antilles. C'est alors qu'il apparaît en qualité de capitaine du navire la *Valeur-de-la-Mer*, du port de 100 tonneaux, et comme bourgeois pour une moitié. L'armement était complet. Parmi les gens de guerre l'on trouve un canonnier du nom de Paul du Mettau. Guyon Dières agissait comme maître du vaisseau. Chauvin avait eu recours, cette fois encore, à des emprunts en espèces et en nature. Louis de Petitgas, sieur de la Guérinière, lieutenant au gouvernement de Honfleur, lui avait prêté " une cuirasse avec le haulce, à rendre dans dix-huit mois au retour du voiage, sinon payer la somme de 18 livres, montant de leur estimation."

Nouvel armement en 1619, pour un voyage à la côte du Pérou. Le vaisseau est commandé par le capitaine Jacques Drouët, avec Philippe Chefdrue, bourgeois de Rouen, comme capitaine. L'équipage est recruté à Honfleur. On y voit un chirurgien du nom de Bernardin Taverny, et un pilote, Salomon Lesage.

François de Chauvin avait épousé Anne Desson fille de Jean Desson, sieur du Torpt. Le 20 octobre 1622, il donnait à sa femme une procuration pour gérer ses biens, en son absence. Nous ne connaissons plus rien de lui après cette date, mais il est permis de supposer qu'il continua à parcourir les mers. Il mourut vers 1661 ou 1662, sans postérité.

NOTE 16

LE LABRADOR

Quelques historiens ont attribué aux Anglais la priorité de la découverte du Labrador. Des géographes et des cosmographes du XVIe siècle sont un peu les auteurs de cette opinion, qui nous paraît peu soutenable. Ainsi nous lisons sur une mappe insérée dans un manuscrit de Wolfenbüttel, cité par Harrisse, la légende suivante annexée au mot Labrador : " Cette terre fut découverte par les Anglais de la ville de Bristol, et parce que celui qui en donna la nouvelle était un laboureur des îles Açores, on lui donna ce nom."

Sur le globe de Molyneux de 1600, le Labrador porte en légende ces mots : " Cette terre fut découverte par Jean et Sébastien Cabot pour le roi Henri Ve 7. 1497."

Mais, si d'un côté les Anglais ont passé pour avoir fait cette découverte, les Portugais en réclament pour eux la priorité, et en attribuent la gloire à Joâo Alvarez Fagundes, vers 1521. M. de Bettencourt soutient cette prétention dans un ouvrage publié à Lisbonne en 1881-82 et intitulé : *Descobrimentos.... dos Portugueses em terras do Ultramar nos seculos XV et XVI*. Harrisse révoque en doute cette opinion qui, à la vérité, ne repose que sur une carte de Lazaro Luiz, dont M. de Bettencourt donne un fac-similé [1].

Samuel Robertson prétend que ce fut un baleinier basque qui donna son nom au Labrador, que les Européens visitèrent longtemps après lui.

François Lopez de Gomara croit que les Espagnols furent les premiers qui aperçurent le Labrador : " Plusieurs, dit-il, ont côtoyé le pays de Labeur, pour savoir jusqu'où il s'étendait, et si on y trouverait passage pour aller aux Moluques, et gagner les îles des Epiceries. ....Les premiers qui ont cherché ce passage sont les Castillans, parce que les îles des Epiceries sont de leur département. Les Portugais ont fait le semblable.... Pour cette cause Gaspard Cortereal s'y en alla avec deux caravelles, l'an 1500 ; il ne put trouver le détroit qu'il cherchait....Des gens de Norvège y sont allés avec le pilote Jean Scolve, et les Anglais avec Sébastien Gavoto [2].

Herrera, parlant des navigations dans le nord de l'Amérique, cite en premier lieu le voyage de Cortereal, puis il ajoute qu'il y eut des Norvégiens qui visitèrent ces contrées sous la conduite du pilote Jean Seduco. Enfin il mentionne l'expédition de Sébastien Cabot [3].

Corneille Wytfliet et Antoine Magin s'expliquent à

---

[1] Sur cette carte la Nouvelle-Ecosse est émaillée de pavillons espagnols avec cette légende : " *A terra Doo lavrador q descobrio Joaom Alverez.*" Mais, par une singulière contradiction, on aperçoit sur le littoral l'inscription : " *Costa que descobrio estevao guomes* " (Estevam Gomez).

[2] Gomara, liv. 2, chap. 37.

[3] Herrera, t. I, liv. 6, chap. 16.

peu près de la même manière dans leur Histoire des Indes occidentales, imprimée à Douay en 1611. Ils disent au sujet des terres de Labrador et d'Estotilande [1] : " Cette dernière partie de la terre indienne fut la première découverte, car les pêcheurs de Frislande y abordèrent presque deux cents ans devant que les Portugais et Castillans y naviguassent ; et depuis encore Nicolas et Antoine Zenes y vinrent l'an 1395, aux dépens de Zichim, roi de Frislande. C'est donc à ces frères industrieux que l'on doit le premier honneur du découvrement et de la description, tant de l'Estotilande et de la mer septentrionale que d'autres îles circonvoisines ; et secondement, à Jean Scolve, Polonais, qui, naviguant entre la Norvège, Groenland, Islande l'an 1477, quatre-vingt six ans après cette navigation, entra dans la mer septentrionale, qui est mise directement sous le cercle arctique, et vint aborder à ces terres d'Estotilande. Après lui on n'y a guère navigué durant le cours de quelques années, à cause de l'âpre froidure, et des continuelles tempêtes qui en détournaient les mariniers ; mais les Portugais ayant découvert tous les rivages d'Afrique en Orient, Colomb par la charge du roi catholique, fait le même en Occident ; et comme chaque nation voulait avoir les Moluques en sa possession, Gaspard Cortereal l'an 1500, cherchant quelques passages aux îles des Epiceries, trouva un fleuve qu'il appela *Nevado*, à cause des

---

1 D'après M. Gravier, *Estotilande* paraît une traduction littérale du nordike *East-outland*, terre extérieure de l'est, dénomination vraie par rapport à la situation du Labrador, du Nouveau-Brunswick et de Terreneuve. Forster et Malte-Brun pensent que Terreneuve est l'Estotilande des Frislandais.

neiges et des grandes froidures ; mais ne pouvant supporter une si grande froidure, fit voile vers le midi, et découvrit toutes ces terres jusqu'au cap de Malva.... Sébastien Cabot, l'an 1507, ayant entrepris d'aller à Cataya (Japon) et à Sina (Chine), par les détroits septentrionaux, après avoir rôdé toutes ces côtes de la mer Océane jusqu'au 67 degré de largeur, il fut contraint de s'en retourner en Angleterre, ne pouvant avancer par les glaces et excessives froidures [1]."

D'après ces témoignages, Cabot ne serait venu dans les parages des terres neuves et de Labrador qu'après les Norvégiens et les Portugais.

Quoiqu'il en soit de ces différentes opinions, il y a un fait assez évident, c'est que l'appellation de *Labrador* semble originer des Basques plutôt que des Anglais ou des Espagnols. On a prétendu que ce mot originait du voyage de Cortereal, qui avait emmené avec lui à Lisbonne un certain nombre de naturels pour vendre comme esclaves. M. Parkman et M. Biddle, s'appuyant sur le passage d'une lettre de Pasqualigo dans ses *Paesi novamente retrovati* de 1507, arrivent à cette conclusion.

L'explication offerte par M. Margry nous semble beaucoup plus naturelle, comme nous pouvons en juger par la citation suivante, extraite de son magnifique ouvrage : *Les navigations françaises :* " Quoique je sache que le nom de pays de Labour, ou mieux de Labourd, venant selon les uns de *Lapurdum,* selon les autres, du mot basque *Lapurdi,* loin de comporter l'idée de labou-

---

[1] Liv. 2, p. 98.
[1] Liv. VI, chap. CXXXI.

rage, signifie, d'après M. de Marca, dans son *Histoire de Béarn*, un pays désert et ouvert aux voleurs, et d'après quelques écrivains, une terre de pirates, n'est-il pas possible de conjecturer, à l'appui de la tradition de la découverte du Labrador par les Basques, que les Espagnols et même les Portugais auraient traduit par ce nom, celui de la *Terre de Labour*, donné primitivement, peut-être par les Basques, à cette partie de leurs découvertes, et auraient ainsi confirmé leur priorité en acceptant ce nom altéré d'après la signification apparente que lui donne son rapport de son avec le mot français ? "

Le Labour était une petite contrée de France située dans la Gascogne, au pays des Basques. Ses principales villes étaient Bayonne et Saint-Jean-de-Luz. Les pêcheurs de cette localité ont pu facilement donner au Labrador, qui se traduit *laboureur*, le nom de leur bourg, comme ils firent à l'égard du cap Breton.

Les cosmographes apportent plusieurs variantes au mot *Labrador*. Ainsi l'on trouve sur les cartes : *Terra Laboratoris*, (Globe d'Ulpius, 1542), *Tierra del Labrador* (Carte marine de Ptolémée de 1548, mappes de Ribero et de Gastaldi), *Terra del Laborador*, (Ramusio, Ruscelli, Porcacchi et Corneille de Jode), *Laborador* tout court (N. Vallard et Quadus). Jehan Alfonce désigne le Nouveau-Brunswick comme faisant partie de la côte de *Laboureur*. Une mappe de Robert Thorne, de 1527, l'appelle *Nova Terra laboratorum dicta*. Une autre de 1534, attribuée à Bordone, représente une terre, qui paraît être l'Amérique du Nord, désignant la côte nord-est vaguement dessinée par ces mots : *Terra delavora-*

tore. Deux cartes antérieures du même, 1521 et 1528 la désignent sous le nom de *Terra del laboradore*.

Une mappe de Laurentius Frisius (1525) représente à l'ouest d'une terre, qui apparemment correspond au Groenland, une île marquée *Terra laboratoris*, à l'ouest de sa partie extrême.

NOTE 17

BACCALAOS

L'incertitude qui plane sur la découverte du Labrador, existe également au sujet de l'île de Terreneuve ou *Baccalaos*, comme elle fut primitivement connue. Jean Cabot ne fit que toucher à cette île. Il nomma *Primavista* le cap de Bonnevue [1], le *Bonnevue* de Jacques Cartier, puis il continua sa route vers les régions arctiques, allant à la recherche du fameux passage aux îles des Epices. Chassé par les glaces et la rigueur du climat, il retourna en Angleterre, pour ne plus franchir les mers. Si Cabot n'eut été muni d'une mission officielle du roi Henri, son rôle comme découvreur se fût réduit à bien peu de chose, car il n'a laissé aucun rapport circonstan-

---

[1] Quelques-uns croient que ce cap était sur l'île des Bretons, mais cette croyance ne repose que sur des probabilités.

cié de son voyage, rien qui dise qu'il visita les îles du golfe Saint-Laurent, entre autres le Cap-Breton. Un pur hasard le conduisit à Terreneuve ; mais ce n'était pas le but de ses recherches. Les Normands ou *Northmen* avaient connu l'Amérique septentrionale bien longtemps avant Cabot, et beaucoup mieux que lui. Les Basques et les Bretons fréquentaient le grand Banc de son temps, et ils avaient baptisé l'île de Terreneuve du nom de *Baccalaos*, avant que Cabot eût aperçu le cap de *Primavista* ; ces derniers cherchaient à gagner leur vie en pourchassant les baleines ou en tirant les morues des abîmes de l'Océan ; Cabot allait à la poursuite d'une idée fantastique, comme aujourd'hui ou s'évertue à chercher une mer libre dans le rayon le plus voisin du pôle arctique.

Nous croyons que ce furent les Basques qui donnèrent à l'île le nom de *Baccalaos*. Ces Français avaient la réputation bien méritée d'être les plus grands baleiniers de l'Europe. M. Margry rapporte comment ils arrivèrent par degrés jusqu'à Terreneuve :

" La tradition rapporte, dit-il, que de temps immémorial, les Basques adonnés à la pêche de la baleine étendirent leurs pêcheries le long de la côte d'Espagne jusqu'au cap Finistère, mais que, lorsqu'ils eurent connu l'usage du compas de route et celui de la balestrille, ils se mirent à chercher le repaire de ces animaux, devenus plus rares dans leurs parages. L'expérience leur montra qu'ils se dirigeaient à l'ouest ; alors nos Basques, qui, à mesure qu'ils s'avançaient sur cette route, trouvaient des baleines de plus en plus, poussèrent jusqu'au banc de Terreneuve, où elles étaient par troupes. Et comme l'espèce qu'ils rencontrèrent était différente de celle qu'ils avaient sur leurs côtes, ils la distinguèrent par le surnom de *Sardaco baleac*, propre à désigner des baleines de troupe."

Nous faisons cette citation afin de prouver que les Basques, une fois habitués à la route de Terreneuve pour y faire la pêche, durent y revenir tous les ans, et s'installer même sur l'île la plus rapprochée du grand banc, pour y déposer les baleines et en retirer les huiles. On conçoit que ces pêcheurs ne s'arrêtèrent pas indéfiniment à poursuivre leur proie dans le voisinage des bancs. Les mammifères vagabonds émigrèrent encore, comme ils avaient émigré des côtes espagnoles. Les uns prirent la direction du nord, les autres entrèrent dans le golfe Saint-Laurent où leurs ennemis, les Basques, les suivirent avec obstination. Du golfe les baleines pénétrèrent dans le Saint-Laurent, et l'histoire nous apprend qu'au XVIe siècle et dans la première moitié du XVIIe, les Basques harponnaient les baleines dans les eaux du fleuve, jusque dans les environs de Tadoussac.

A travers toutes leurs pérégrinations, ces pêcheurs aventuriers stationnaient dans les lieux les plus propices à un débarquement. C'est ainsi qu'ils connurent, avant tous les autres peuples du monde, et très probablement même avant leurs compatriotes de Bretagne et de Normandie, le cap Breton, l'île d'Anticosti et l'entrée du Saint-Laurent. Pour rallier leurs navires, ils se donnaient rendez-vous à des endroits auxquels ils donnèrent des noms tirés de leurs pays, et très souvent aussi dans le langage qui leur était le plus familier.

Il ne manque pas d'écrivains originaires de la Grande-Bretagne qui ont cherché à enlever à Jean Cabot la gloire d'avoir découvert l'île de Baccalaos [1]. Ainsi nous lisons dans l'*Histoire navale d'Angleterre* que " le premier Anglois qui aborda en cette partie du continent fut le chevalier Drack (Drake), à son retour des Indes Occidentales en 1586." Nous trouvons dans un ouvrage intitulé l'*Amérique Anglaise*, ces lignes : " Robert Thorn écrit que son père et un certain M. Elliot découvrirent l'île de Terreneuve en 1530."

Nous pourrions ajouter à ces témoignages écrits celui de Pierre Martyr d'Anghiera [2] qui a écrit que beau-

---

[1] Wieser, dans son *Magalhaes-Strasse* (p. 77) référant à un globe de Schöner, auteur d'un *Opusculum geographicum*, prétend que *Bachalaos* vient d'une espèce particulière de poisson découverte dans ces parages.

Kohl croit que ce mot dérive de *bolch*, poisson.

Dès l'année 1360 le registre de Saint-Gall mentionne les mots *belche*, *balche*, comme désignant une espèce de *saumon*.

Littré dit que *Kabeljoauw* est un dérivé, par renversement, de *bacailhaba*, nom basque de la morue, d'où l'espagnol *bacalao* et le flamand *bakkeljaw*, et le français *cabillaud*.

Pierre Martyr croit que c'est un mot indien.

[2] Historien italien, né en 1455, mort en 1526, se fixa en Espagne où il obtint la protection de Ferdinand et d'Isabelle. Il fut nommé en 1505 prieur de la cathédrale de Grenade. On a de lui : *De insulis nuper inventis et incolarum moribus*, Bâle, 1521 et 1533 ; *De rebus Oceanicis et de Orbe novo decades*, qui renferme de précieux détails sur les voyages de Colomb et sur les premières découvertes faites en Amérique ; cet ouvrage parut pour la première fois à Paris en 1536 ; *Legatio Babylonica*, relation d'une ambassade en Egypte (c'est le Caire qu'il désigne sous le nom de Babylone) ; et un recueil de *Lettres*, en latin, riche en anecdotes sur la cour d'Espagne. Pierre Martyr ne visita point les Antilles.

coup de personnes niaient que Cabot eût découvert l'île de Terreneuve.

La mappe de Ribero (1529) indique que l'île de Baccalaos fut découverte par les Cortereal : *Tierra de los Bacallaos, la qual descubrieron los cortereales.* Elle ajoute que la terre de Labrador fut découverte par les Anglais : *Esta tiera del Labrador descubriero los Ingleses.*

NOTE 18

ESTEVAM GOMEZ

Oviedo est le premier qui mentionne le voyage de Gomez. Il dit que Gomez retourna en novembre (1525) d'un voyage commencé l'année 1525, et qu'il trouva au nord "une grande partie de terre contiguë à Baccaleos, courant vers l'ouest au 40e et 42e degré, d'où il ramena certains Indiens."

Pierre Martyr en parle dans ses *Décades*, publiées à Alcola en 1530, et dit que Gomez ne trouva pas le détroit qu'il cherchait.

Gomara consacre tout un chapitre à Gomez, dans son *Hist. gen. de las Indias*, Anvers, 1554.

Herrera et Galvano donnent aussi le récit de cette expédition, restée sans résultat.

Diego Ribero indique, dans sa mappemonde, les découvertes de Gomez. Nous remarquons le long de la côte, qui s'étend depuis le Cap-Breton en allant vers l'ouest, sur un parcours de trois cents lieues, jusqu'à un point où la terre fait une courbe vers le sud, ces mots : " Tierra de Estevan Gomez la qual descubrio por mandado de su magt nel anno de 1525 ay en alla muchos arboles y fructos de los de espana y muchos rodovallos y salmones y sollos : no han allado oro," c'est-à-dire : La terre d'Estevan Gomez qu'il a découverte par le commandement de Sa Majesté, en l'année 1525. Il y a ici beaucoup d'arbres et de fruits semblables à ceux de l'Espagne, et beaucoup de morses et de saumons, et poissons de toutes sortes. Ils n'ont pas trouvé d'or."

Gomez, parti de la Corogne quelques jours après le 10 février 1525, fut absent dix mois. Il paraît que ses explorations se portèrent sur la région comprise entre Terreneuve et la Floride. Il était allé auparavant avec Magellan (Fernan Maghalhaens) jusqu'au milieu du détroit de Magellan, et là, ayant fait la rencontre d'un vaisseau commandé par Alvaro de la Mesquita, il s'embarqua avec lui pour retourner en Espagne.

Gomez représenta l'Espagne à la conférence de Bajadoz, qui siégea du 1er mars au 1er mai 1524. Sébastien Cabot y était aussi présent. Plusieurs grandes questions occupèrent ces explorateurs. Les uns désiraient que l'on fixât la propriété des îles Moluques, que l'Espagne et le Portugal se disputaient. D'autres auraient voulu s'assurer, par les rapports des voyageurs convoqués en ces lieux, s'il existait un passage libre vers le Japon et la Chine, du côté de l'Amérique. Si Cabot eut vraiment longé la côte orientale du nouveau monde, depuis la Floride jusqu'aux terres neuves, comme l'a prétendu Pierre Martyr, comment se fait-il qu'il n'a pas éclairé de ses lumières les savants cosmographes de l'Espagne? Le congrès fut clos sans résultat pratique sur ce point, et il résolut alors d'envoyer Estevam Gomez à la recherche d'une mer libre, que l'on croyait exister.

NOTE 19

ANDRÉ THEVET

Historien trop crédule, mais qu'on ne peut néanmoins se dispenser de consulter, malgré ses erreurs nombreuses, ses fables et ses contes merveilleux, Thevet fut l'historiographe du roi de France, à dater de 1559.

Il est l'auteur de plusieurs ouvrages, dont les principaux sont :

1° *Les singularitez de la France antarctique* autrement nommée Amérique ; et de plusieurs terres et isles découvertes de notre temps, 1558, Paris. L'édition italienne est intitulée : *Historia dell'India America detta oltramente Francea antarctica*, 1561, Venise. D'autres éditions parurent en 1567 et 1584. L'édition anglaise fut imprimée à Londres en 1568, sous le titre : *The New found Worlde, or Antarctike* en lettres gothiques, avec le portrait de Thevet au frontispice.

2° La *Cosmographie universelle*, illustrée de diverses figures des choses plus remarquables veuës par l'auteur et incogneuës de noz anciens et modernes, Paris, 1575. La *Cosmographie* ne fut jamais réimprimée ni traduite en langue étrangère.

Thevet n'alla pas ailleurs qu'au Brésil, et ce qu'il rapporte de son voyage le long de la côte d'Amérique est très incomplet, et laisse supposer qu'il ne visita jamais cette côte.

3° Le *Grand Insulaire et Pilotage*, manuscrit conservé à la bibliothèque nationale, précéda la *Cosmographie*, et ne fut composé, écrit Harrisse, qu'au retour de ses voyages, tant en orient qu'au Brésil, au plus tôt en 1556. Il devait le publier d'abord sous le titre d'Inzerlan.

4° *Histoire naturelle et générale des Indes Occidentales*, où relation de deux voyages qu'il fit dans ce pays.

5°. *Voyage dans les Terres australes et occidentales.*
6° *Description de plusieurs îles.*

Voilà pour ses œuvres. Veut-on maintenant se former une idée juste de la véracité de Thevet, qu'on lise ce qu'en ont dit ceux qui en ont parlé.

Jean de Léry, qui alla au Brésil pour répondre à l'appel de Villegagnon en 1556, a écrit une relation de son voyage, tirée à plusieurs éditions, dont la première parut en 1578. Dans la seconde il fait bonne justice des "erreurs et impostures" de Thevet qu'il qualifie quelquefois " d'impudent menteur", et où il parle de ses livres comme " de vieux haillons et fripperies." Ailleurs il dit : " Il (Thevet) fait des contes prophanes, ridicules, puériles et mensonges pour tous ses escrits."

George Dexter dit qu'il faut tenir compte de l'*odium theologicum* de l'écrivain calviniste, se chicanant avec un moine : " tous deux étaient désappointés dans leur espoir de convertir les Indiens, grâce à la trahison de Villegagnon."

Belleforest et Fumée parlant de Thevet en termes des plus sévères.

De Thou va très loin : " Thévet s'appliqua par une ridicule vanité à écrire des livres, qu'il vendait à de misérables libraires ; après avoir compilé des extraits de différents auteurs, il y ajoutait tout ce qu'il trouvait dans les guides et autres livres semblables qui sont entre les mains du peuple. Ignorant au-delà de ce qu'on peut imaginer, il mettait dans ses livres l'incertain pour le certain, et le faux pour le vrai, avec une assurance étonnante."

M. Paul Gaffarel, le plus récent éditeur de Thevet, commence sa notice comme suit : " Il n'était pas un de ces écrivains de premier ordre, qui, par la sûreté de leur critique, le charme de leur style, ou l'intérêt de leurs écrits commandent l'admiration à leurs contemporains, et s'imposent à la postérité. Il passait, au contraire, même de son temps, pour ne pas avoir un jugement très sûr, etc."

M. Gaffarel réclame pour Thevet l'honneur d'avoir introduit le tabac en France, et il espère qu'il contrebalancera les imperfections contenues dans ses livres.

Le Dr Kohl ajoute bien quelque croyance aux écrits de Thevet, mais il admet qu'il " n'est pas considéré comme un auteur très véridique." Il n'en a pas moins traduit le récit de son voyage à la baie de Penobscot, et l'a inséré en entier dans son livre *Discovery of Maine*. Le Dr de Costa a critiqué Kohl à ce sujet dans *Northmen of Maine*.

M. J. C. Brevoort dit, dans une étude très élaborée sur Verrazano, que Thevet est une pauvre autorité, car " ses données sont souvent fausses et les lacunes nombreuses."

M. B. Sulte ajoute foi à Thevet, mais tout en étant prudent, comme on doit l'être avec tous ces vieux auteurs.

Ces divers témoignages sont amplement suffisants pour nous mettre en garde contre cet écrivain. Le proverbe " *à beau mentir qui vient de loin* " peut s'appliquer à Thevet, qui voyagea et vit beaucoup, mais moins qu'il ne dit. En somme, il n'est pas une autorité à suivre aveuglément.

PIÈCES JUSTIFICATIVES

Pièce A

COMMISSION de François 1er à Jacques Cartier, pour l'établissement du Canada, du 17e. octobre 1540

François, par la grâce de Dieu, roi de France et de Navarre, à tous ceux qui ces présentes lettres verront, salut.

COMME pour le désir d'entendre et avoir connaissance de plusieurs pays qu'on dit inhabités, et autres être possédés par gens sauvages, vivans sans connaissance de Dieu et sans usage de raison, eussions dès-pie-ça [1] à grands frais et

---

1 *Des-pie-ça*—Vieux mot qui signifiait : il y a longtemps ou depuis longtemps.

mises, envoyé découvrir les dits pays par plusieurs bons pilotes, et autres nos sujets de bon entendemeut, savoir et expérience, qui d'iceux pays nous auraient amené divers hommes que nous avons par longtems tenus en notre royaume, les faisant instruire en l'amour et crainte de Dieu et de sa sainte loi et doctrine chrétienne, en intention de les faire remener ès dits pays en compagnie de bon nombre de nos sujets de bonne volonté, afin de plus facilement induire les autres peuples d'iceux pays à croire en notre sainte foi ; et entr'autres y eussions envoyé notre très-cher et bien aimé Jacques Cartier, lequel aurait découvert grand pays des terres de Canada et Hochelaga faisant un bout de l'Asie du côté de l'occident; lesquels pays il a trouvé (ainsi qu'il nous a rapporté) garnis de plusieurs bonnes commodités, et les peuples d'iceux bien fournis de corps et de membres et bien disposés d'esprit et entendement ; desquels il nous a semblablement amené aucun nombre, que nous avons par longtems fait voir et instruire en notre dite sainte foi avec nos dits sujets ; en considération de quoi et de leur bonne inclination nous avons avisé et délibéré de renvoyer le dit Cartier ès dits pays de Canada et Hochelaga, et jusques en la terre du Saguenay (s'il peut y aborder) avec bon nombre de navires, et de toutes qualités, arts et industrie pour plus avant entrer ès dits pays, converser avec les peuples d'iceux et avec eux habiter (si besoin est) afin de mieux parvenir à notre dite intention et à faire chose agréable à Dieu notre créateur et rédempteur, et que soit à l'augmentation de son saint et sacré nom et de notre mère sainte église catholique, de laquelle nous sommes dit et nommé premier fils : par quoi soit besoin pour meilleur ordre et expédition de la dite entreprise, députer et établir un capitaine-général et maître pilote des dits navires, qui ait regard à la conduite d'iceux, et sur les gens, officiers et soldats y ordonnés et établis,

Savoir faisons que nous, à plein confiant de la personne du dit Jacques Cartier et de ses sens, suffisance, loyauté, prud'homie, hardiesse, grande diligence et bonne expérience, icelui, pour ces causes et autres à ce nous mouvans, avons fait, constitué et ordonné, faisons, constituons, ordonnons et établissons par ces présentes, capitaine-général et maître pilote de tous les navires et autres vaisseaux de mer, par nous ordonnés être menés pour la dite entreprise et expédition, pour le dit état et charge de capitaine-général et maître pilote d'iceux navires et vaisseaux, avoir, tenir exercer par le dit Jacques Cartier, aux honneurs, prérogatives, prééminences, franchises, libertés, gages et bienfaits tels que par nous lui seront pour ce ordonnés, tant qu'il nous plaira ; et lui avons donné et donnons puissance et autorité de mettre, établir et instituer aux dits navires tels lieutenants, patrons, pilotes et autres ministres nécessaires pour le fait et conduite d'iceux, en tel nombre qu'il verra et connoîtra être besoin et nécessaire pour le bien de la dite expédition.

Si donnons en mandement par ces dites présentes à notre amiral ou vice-amiral que prins [1] et reçeu du dit Jacques Cartier le serment pour ce dû et accoutumé, icelui mettent et instituent, ou fassent mettre et instituer, de par nous, en possession et saisine du dit état de capitaine-général et maître pilote ; et d'icelui, ensemble des honneurs, prérogatives, prééminences, franchises, libertés, gages et bienfaits, tels que par nous lui seront pour ce ordonnés, le fassent, souffrent et laissent jouir et user pleinement et paisiblement, et à lui obéir et entendre de tous ceux, et ainsi qu'il appartiendra ès choses touchant et concernant le dit état et charge ; et outre, lui fasse, souffre et permette

---

1 *Prins*—C'était anciennement le participe passé du verbe *prendre*.

prendre le petit galion appelé l'*Emérillon* [1], que de présent il a de nous, lequel est jà vieil et caduc, pour servir l'adoub de ceux des navires qui en auront besoin, et lequel nous voulons être prins et appliqué par le dit Cartier pour l'effet dessus dit, sans qu'il soit tenu en rendre aucun autre compte ni reliquat; et duquel compte et reliquat nous l'avons déchargé et déchargeons par icelles présentes.

Par lesquelles nous mandons aussi à nos prévôts de Paris, baillis de Rouen, de Caen, d'Orléans, de Blois et de Tours; sénéchaux du Maine, d'Anjou et Guienne, et à tous nos autres baillis, sénéchaux, prévôts, alloués et autres nos justiciers et officiers, tant de notre royaume que de notre pays de Bretagne uni à celui, par devers lesquels sont aucuns prisonniers, accusés ou prévenus d'aucuns crimes quels qu'ils soient, fors [2] de crimes de lèze-majesté divine et humaine envers nous et de faux monnoyeurs, qu'ils aient incontinent à délivrer, rendre et bailler ès mains du dit Cartier, ou ses commis et députés portant ces présentes ou le duplicata d'icelles pour notre service en la dite entreprise et expédition, ceux des dits prisonniers qu'il connoîtra être propres, suffisans et capables pour servir en icelle expédition, jusqu'au nombre de cinquante personnes et selon le choix que le dit Cartier en fera, iceux premièrement jugés et condamnés selon leurs démérites et la gravité de leurs méfaits, si jugés et condamnés ne sont, et satisfaction aussi préalablement, ordonnée aux parties civiles et intéressées, si faite n'avoit été; pour laquelle toutefois nous ne voulons la délivrance de leur personne ès dites mains du dit Cartier, s'il les trouve de service, être retardée ni retenue, mais se prendra la dite satisfaction sur leurs biens seulement.

1 C'est le même qui fit le voyage du Canada en 1535.

2 *Fors*—autre, excepté.

Et laquelle délivrance des dits prisonniers accusés ou prévenus, nous voulons être faite ès dites mains du dit Cartier pour l'effet dessus dit par nos dits justiciers et officiers respectivement, et par chacun d'eux en leur regard, pouvoir et juridiction, nonobstant oppositions ou appellations quelconques faites ou à faire, relevés ou à relever, et sans que, par le moyen d'icelles, icelle délivrance en la manière dessus dite soit aucunement différée; et afin que le plus grand nombre n'en soit tiré, outre les dits cinquante, nous voulons que la délivrance que chacun de nos dits officiers en fera au dit Cartier soit écrite et certifiée en la marge de ces présentes, et que néanmoins registre en soit par eux fait et envoyé incontinent par-devers notre amé et féal chancelier, pour connoître le nombre et la qualité de ceux qui auront été baillés et délivrés; car tel est notre plaisir. En témoin de ce, nous avons fait mettre notre scel à ces dites présentes.

Donné à Saint-Pris[1], le six-septième jour d'octobre, l'an de grâce mil cinq cent quarante, et de notre règne le vingt-sixième.

Ainsi signé sur le repli, Par le roi, vous monseigneur le chancelier et autres présens.

DE LA CHESNAYE.

Et scellée sur le repli à simple queue de cire jaune.

1 Bourg de France (Saône-et-Loire).

Pièce B

LETTRE DE FRANÇOIS I A PAUL D'AUXHILLON
mettant à sa disposition deux navires pour aller au Canada

26 janvier 1542

François par la grâce de Dieu roy de France. A notre cher et bienaimé Paul d'Ossillon, seigneur de Sanneterre, lieutenant du Sr de Roberval Salut et bénédiction comme pour secourir subvenir et ayder audict Seigneur de Roberval de vivres et autres choses dont il a très grand besoing et nécessité ainsi quavons entendu ès terres de Canada, quil est allé despieça descouvrir suivans le pouvoir quil avait de nous nous ayant advisé et délibéré de luy envoyer deux de nos navires estans en la coste de Bretagne que nous avons commandé et ordonné estre pour cest effect advitaillés et mis en équipage a ce requis pour faire la conduicte desquelles jusques au Canada soyt besoin commettre depputer personnage a ce suffisant, capable, expérimenté Scavoir vous faisons que nous confians dans vostre personne et vostre bon sens experience suffisance diligence et considerans que pour estre lieutenant dudict Roberval et que jà vous avez faict ledict voyage, vous scaurez faire ladicte conduicte et executer nostre intencion en cest endroict aultant bien et myeulx que nul autre. A ces causes nous vous avons commis ordonné depputé commettons ordonnons depputons par ces présentes pour faire après que les dicts deux navires seront advitaillés équippés apprestés à faire voylles les mener et conduire auxdictes terres de Canada, la part que sera le Sr de Roberval et voz avons donné et donnons quant à ce pouoir, auctorité et mandement especial de commander et ordonner aux mariniers et autres qui seront mis esdicts deux navires ce quilz auront à faire pour nostre service auxquels mandons voz obéir et entendre a ce que vous puissiez faire ledict voyage en plus de seureté comme noz desirons Nous commandons aussi et enjoignons tres expressement à tous maîtres pillottes et mariniers nos subjects et tirans et faisans la routte des terres neufves quilz ayent a vous accompaigner et assister durant votredict voyage et vous donner tout layde secours et faveur quils pourront sans en ce faire aucune faulte reffus ny difficulté sur peine de noz désobeir et desplaire car ainsi nous plaist-il estre faict. Donné à St Laurent le XXVIe jour de janvier lan de grâce mil cinq cens quarante deux et de notre regne le vingt neufviesme.

Par le Roy
BAYART.

Piêce C

LXVIIe NOUVELLE de l'Heptameron de Marguerite de Navarre

EXTREME AMOUR ET AUSTÉRITÉ DE FEMME EN TERRE ESTRANGE

Roberval faisant un voyage sur la mer (duquel il étoit le chef, par le commandement du roi son maître) en l'île de Canada, auquel lieu avoit délibéré, si l'air du pays eut été commode, de demeurer et y faire villes et chateaux; en quoy il fit tels commencements que chacun peut savoir.

Et pour habituer le pays des chrétiens, (pour répandre le christianisme dans le pays), y mena avec lui de toutes sortes d'artisans, entre lesquels y avoit un homme qui fut si malheureux, qu'il trahit son maître et le mit en danger d'être prins des gens du pays. Mais Dieu voulut que son entreprise fut connue, et qu'elle ne put nuire au capitaine Roberval, lequel fit prendre ce méchant traître, le voulant punir comme il avait mérité; ce qui eut été fait, sans sa femme, laquelle ayant suivi son mari par les périls de la mer, ne le vouloit abandonner à la mort, mais avec force larmes, fit envers le capitaine et toute la compagnie que, par la pitié d'icelle, que pour les services qu'elle leur avoit faits, lui accorda sa requete, qui fut telle, que le mari et la femme seroient laissés en petite île sur la mer, où n'habitúent que bêtes sauvages, et leur permit de porter avec eux ce dont ils avoient nécessité.

Les pauvres gens, se trouvant tout seuls en la compagnie de bêtes sauvages et cruelles, n'eurent recours qu'à Dieu seul, qui avoit toujours été le ferme espoir de cette pauvre femme, laquelle comme celle qui avoit toute sa consolation en lui, porta pour sa sauvegarde, nourriture et consolation, le *Nouveau Testament* qu'elle lisoit incessamment : et au demeurant, avec son mari, mettoit peine d'accoutrer un petit logis. Les lions et autres bêtes en approchant pour les dévorer, le mari avec son arquebuse, et elle avec des pierres se défendoient si bien, que non seulement les bêtes ni les oiseaux ne les osoient approcher, mais bien souvent en tuèrent de bonnes à manger.

Ainsi avec telles chairs et les herbes du pays, y véquirent quelque temps quand le pain leur faillit. Toutefois, à la longue, le mari ne put porter telle nourriture, et à cause des eaux qu'ils buvoient, devint si enflé, qu'en peu de temps il mourut, n'ayant ni service ni consolation que de sa femme laquelle lui servoit de médecin et de confesseur; en sorte qu'il passa joyeusement de ce désert en la céleste patrie. Et la pauvre femme, demeurée seule, l'enterra le plus profond en terre qu'il lui fut possible. Si est-ce que les bêtes en eurent incontinent le sentiment qui vinrent manger la charogne.

Mais la pauvre femme, de sa petite maisonnette, défendoit à coups d'arquebuse que la chair de son mari n'eut tel sépulcre. Ainsi vivant, quant au corps, de vie bestiale, et quant à l'esprit, de vie angélique, passoit son temps en lectures, contemplations, prières et oraisons, ayant un esprit joyeux et content, dedans un corps amaigri et demi-mort.

Mais Celui qui n'abandonne jamais les siens au besoin, et qui au désespoir des autres, montre sa puissance, ne permit que la vertu qu'il avoit mise en cette femme fut ignorée des hommes : mais voulut qu'elle fut connue à sa gloire, et fit qu'au bout de quelque temps, un des navires de cette armée passant devant cette île, les gens qui étoient dedans avisèrent quelque femme qui leur fit souvenir de ceux qu'ils avoient laissés, et délibérèrent d'aller voir ce que Dieu en avoit fait. La pauvre femme, voyant approcher le navire, se retira au bord de la mer, auquel lieu la trouvèrent à leur arrivée, et après en avoir rendu louange à Dieu, les mena en sa pauvre maisonnette, et leur montra de quoi elle vivoit durant sa misérable demeure ; ce qui leur eut été incroyable sans la connaissance qu'ils avoient, que Dieu est autant puissant de nourrir en un désert ses serviteurs, comme aux plus grands festins du monde.

Et quand ils eurent fait entendre aux habitants la fidélité et persévérance de cette femme, elle fut reçue à grand honneur de toutes les dames, qui volontiers lui baillèrent leurs filles pour apprendre à lire et à écrire. Et, à cet honnête métier là, gagna le surplus de sa vie, n'ayant d'autre désir que d'exhorter un chacun à l'amour et confiance de Notre Seigneur, le proposant pour exemple pour la grande miséricorde dont il avait usé envers elle.

Pièce D

(INÉDITE)

RÈGLEMENT POUR LA VENTE DES MORUES

1527, 22 juillet

" A tous ceux qui ces présentes lettres verront, Jean Halley, escuyer, garde du scel aux obligations de la Viconté d'Auge, Salut. Scavoir faisons que par Richard Lebarbier & Pierre Doublet, tabellions royaux jurez et establis en ladicte viconté au siège de Pont l'Evesque nous a été témoingné avoir veu, tenu et leu mot après mot un Chartrier faisant mention des droictures libertés & prééminences de la coutusme et prévosté de Honnefleu & travers de Saine, sain et entier au seing & écriture duquel teneur ensuict.

Cy commence la table de la Coustusme et Prevosté de Honnefleur & travers de la Rivière de Saine, etc.

Item est à scavoir que morüe sallée s'aquite par le cent et doit avoir chacun cent de morues six vingt douze morues et doit chacun cent huit deniers tournois.

Item celui qui achete morue à la douzaine doit pour chacune pièce ou denier.

Ce fut faict et collationné par lesdicts tabellions le vingt deuxiesme jour de juillet l'an mil cinq cent vingt et sept [1].

Pièce E

LETTRE ÉCRITE A M. JEAN GROOTE, étudiant à Paris, par Jacques Noel de Saint-Malo, petit-neveu de Jacques Cartier, relativement à la découverte des saults en Canada

Monsieur Groote,

Votre beau-frère M. Gilles Watier m'a montré ce matin une carte publiée à Paris, dédiée à un nommé M. Hakluyt, gentilhomme anglois, dans laquelle toutes Isles occidentales, la région du nouveau Mexique & les pais de Canada, Hochelaga & Saguenay se trouvent compris.

Je maintiens que la Rivière de Canada qui est décrite dans cette Carte n'y est pas placée comme elle se trouve dans mon livre, lequel est conforme à celui de Jacques Cartier, & que lad. carte ne place pas le Grand Lac qui est au dessus des Saults en la façon que les Sauvages qui demeu-

---

[1] Nous devons à l'obligeance de M. Bréard ce document, qui est inédit.

rent aux dits Saults nous en ont donné connaissance. Dans la susdite carte que vous m'avez envoyée, le Grand Lac s'y trouve placé trop au Nord, les saults & chûtes d'eau sont par le 44e degré de latitude & il n'est pas aussi difficile de passer qu'on se l'imagine. Les eaulx ne tombent pas d'aucunes hauteurs bien considérables; ce n'est qu'un lieu de la rivière où il y a mauvais fond; il seroit possible de construire des barques au dessus des saults et il est facile de marcher par terre jusques à la fin des 3 saults : il n'y a pas plus de cinq lieues de marche.

J'ai été sur le haut d'une montagne qui est au pied desd. saults, d'où j'ai pu voir lad. Rivière au delà desd. saults; laquelle se monstre plus large qu'elle n'est en l'endroit où nous l'avons passée. Par le peuple du pais nous a été dit qu'il y avait dix journées de marche depuis les Saults jusqu'au Grand Lac; mais nous ne scavons pas combien de lieues ils comptent pour une journée.

Je ne puis pour le moment vous en écrire plus long, car le courrier ne peult demeurer plus longtemps. Je terminerai donc pour le présent en vous présentant mes meilleurs saluts, priant Dieu de vous accorder l'accomplissement de tous vos désirs.

Votre ami affectionné,

JACQUES NOEL.

De Saint-Malo, avec hâte, ce 19e de juin 1587.

Mon cousin, je vous prie de me faire le plaisir de m'envoyer le livre qui traite de la découverte du Nouveau Mexique & l'une de ces nouvelles cartes des Indes occidentales que vous avez envoyée à votre beau-frère Gilles Watier

& qui est dédiée à M. Hakluyt, Monsieur Auglois. Je ne manqueray pas de me informer par moi-mesme s'il y a moyen de trouver ces relations que le capitaine Jacques Cartier a écrites après ses deux derniers voyages en Canada.

Autre lettre écrite à M. Jean Groote par led. Jacques Noel

Monsieur Groote,

Je ne puis vous écrire rien davantage de tout ce que j'ai pu trouver des écrits de feu mon oncle le capitaine Jacques Cartier (quoique j'aie fait des recherches partout où il m'a été possible de le faire dans cette ville), à l'exception d'un certain livre faict en manière d'une carte marine, laquelle a été rédigée de la propre main de mon oncle susdit, & qui se trouve maintenant en la possession du sieur de Cremeur. Cette carte est passablement bien tracée & dessinée en ce qui regarde toute la rivière de Canada; ce dont je suis bien certain, par ce que d'icelle j'ai moi-même connoissance, aussi loin que s'étendent les saults où j'ai été moi-même. La hauteur desd. Saults est par les 44º degrés, j'ai trouvé dans ladite Carte, audessous de l'endroit où la Rivière se partage en deux, au milieu des deux branches de la dite Rivière & quelque peu plus proche de la branche qui court vers le Nord-Ouest, les mots qui suivent écrits de la main de Jacques Cartier :

"*Par le peuple du Canada et Hochelaga, il est dit : que c'est ici ou est la terre de Saguenay; quelle est riche et abonde en pierres précieuses.*"

Et à environ 100 lieues au-dessous de cet endroit, j'ai trouvé les deux lignes suivantes écrites sur la dite carte dans la direction du Sud-Ouest :

" *Ici, dans ce pays, se trouvent la canelle et le girofle que dans leur langue ils appellent canodilla.*"

Pour ce qui est de mon livre dont je vous ai parlé, il est faict en la forme d'une carte marine & je l'ai remis à mes deux fils Michel & Jean qui presentement sont en Canada. Si à leur retour, qui sera avec la volonté de Dieu vers la Sainte-Magdaleine prochaine, ils ont appris quelque chose qui vaille la peine d'être rapporté, je ne manquerai pas vous le faire scavoir.

Pièce F

COMMISSION de Henri III au marquis de La Roche

Mars 1577

HENRY, par la grâce Dieu roy de France et de Pologne, à tous présens et à venir, salut. Sçavoir faisons que, nous inclinant liberalement à la supplication et requeste qui faite nous a esté par nostre amé et féal chevalier de nostre Ordre, le sieur de la Roche, marquis de Coetarmoal, Comte de Kermoallec et de la Joyeuse Garde, conseiller en nostre conseil privé, et gouverneur de nostre ville de Morlaix ; ayant aussi égard à la délibération qu'il nous a fait entendre avoir prise, tant pour le zèle et fervente dévotion qu'il a au service de Dieu avec mention du nom chrétien, et grandeur de nous et nos successeurs que pour la singulière affection qu'il a à la réputation du nom François, ampliation, seureté et commodité du commerce et traficq, bien, profit et utilité de tout le public de cestuy royaume ; pour ces causes, et autres bonnes considérations à ce nous mouvant, avons audit sieur de la Roche permis et accordé, permettons et accordons de grace spéciale, pleine puissance et autorité royale par ces présentes qu'il puisse et lui soit loisible lever freter et equiper tel nombre de gens, navires et vaisseaux qu'il advisera et verra bon estre pour aller aux Terres neufves, et autres adjacentes, et illec faire descente, s'appatrier, investir et faire siennes toutes et chacunes les terres dont il se pourra rendre maître, pourvu qu'elles n'appartiennent à nos amis, alliez et confederez de cette couronne, lui donnant plein pouvoir et puissance de faire bâtir, construire et édifier, fortifier et remparer telles forteresses que bon lui semblera pour les garder et conserver, icelles occuper, tenir et posseder sous nostre protection, et en jouir et user par lui, ses successeurs et ayant cause perpétuellement et à toujours comme de leur propre chose et loyal acquest. Si donnons en mandement par ces mesmes presentes à vous, nos lieutenans generaux, gouverneurs de nos provinces, amiraux, vice amiraux, baillis, senechaux, juges ou leurs lieutenans et autres, nos justiciers et officiers qu'il appartiendra, que de ceste présente grace, permission, et de tout le contenu cy dessus ils facent, souffrent et laissent ledit sieur de la Roche, sesdits successeurs et ayant cause, jouir et user pleinement et paisiblement, ainsi que dessus souffrir estre fait, mis ou donné aucun ennuy ni empeschement au contraire, lequel si fait, mis ou donné leur estoit, facent le tout reparer et remettre incontinent et sans délai au premier estat et deu. Si prions et requérons tous princes, potentats et republiques à nous alliez, confederez et bien veillants de cette couronne que, arrivant lesdits navires et vaisseaux en leurs ports, havres et costes que leur chemin et route y donnast, ou que la tourmente et impetuosité de la mer les y fist aller, ou bien qu'ils soient rencontrez en mer par leurs vaisseaux de guerre, ils ayent à les recueillir et fournisser, mesme les accommoder et rafraichir de vivres, victuailles et autres choses dont ils auront besoin, en payant raisonnablement et ainsi que le requiert l'amitié et bonne intelligence qui est entre nous et eux, et que nous voudrions faire à l'endroit de leurs sujets en pareille occasion. Et affin que ce soit chose ferme et stable à toujours, nous avons fait mettre notre scel à ces présentes, sauf en autres choses nostre droit et l'autrui en toutes. Donné à Blois au mois de mars l'an 1577 et de nostre regne le troisième, signé Henry, et sur le replis : par le Roy, Bruslart. Et scellé d'un grand sceau de cire verte en lacs de soye.

Piece G

COMMISSION de Henri III au marquis de La Roche

3 janvier 1578

HENRI, par la grace de Dieu, roi de France et de Pologne, à tous ceux qui ces présentes lettres verront, salut. Nous ayant le sieur marquis de Coetarmoal, Comte de Kermoalec, et sieur de la Roche en Bretaigne, chevalier de nostre Ordre et Conseiller en nostre Conseil privé, fait entendre que, sans offenser, faire tort ni entreprendre aucune chose préjudiciable aux princes nos bons amis, voisins, alliez et confederez, il a moyen de conquerir et prendre quelques terres et pays nouvellement decouverts et occupez par gens barbares, dont il peut et espere faire venir beaucoup de commodité à cestuy nostre Royaume, tant pour le commerce et trafic que pour autres bons respects, Nous lui avons permis et accordé, permettons et accordons par ces présentes qu'il puisse et lui soit loisible faire et executer ladite entreprise, et, pour cet effet, faire armer et équiper en guerre à ses frais et dépens, tel nombre de vaisseaux dont il aura besoin ; et pour ce qu'estant l'auteur, conducteur et exécuteur de ladite entreprise, il est bien raisonnable qu'il se ressente du fruit d'icelle et du bien qui en viendra, confiant aussi entièrement de sa personne et de ses sens, suffisance, loyauté, prudence, expérience et bonne diligence, icelui pour ces causes et autres bonnes considérations à ce nous mouvans, avons fait, créé, establi, faisons, créons et establissons par ces présentes Gouverneur et nostre Lieutenant général et Viceroy esdites Terres neuves et pays qu'il prendra et conquestra sur lesdits barbares, lui donnant plein pouvoir et puissance et auctorité de faire là construire et édifier telles forteresses et lieux de retraite qu'il verra estre necessaire pour la conservation de notre obéissance èsdites terres et pays, et aussi de mettre et establir garnisons pour la seureté de iceux, et generalement de faire esdites terres et pays tout ce qu'il verra appartenir au bien de nostre service et aux commodités de nostre Royaume, tout ainsi que nous mesmes ferions et faire pourrions, si présens en personne y estions, jaçoit qu'il y eust chose qui requist mandement plus special que n'est contenu en ces présentes : par lesquelles donnons en mandement à tous gouverneurs, nos lieutenans généraux en ces provinces, amiraux, vice amiraux, baillis, senechaux, prévosts, juges ou leurs lieutenans, capitaines et gouverneurs de nos places, ports et havres, et de nos gens de guerre, et à tous nos autres justiciers et sujets que ledit sieur marquis de la Roche en les choses susdites, leurs circonstances et dépendances, ils assistent et facent assister, et à lui entendre diligemment, car tel est notre plaisir. Prions et requerons aussi tous rois, princes et seigneurs, potentats etrangers que audit sieur de la Roche, ils ne donnent, facent ou mettent aucun empeschement en l'exécution de cesdites présentes. Donné à Paris le 3 jour de janvier l'an de grace 1578 et de notre regne le 4. Signé Henri, et plus bas : par le Roy. P. Mart.

Piece II

LETTRES PATENTES de lieutenant-général du Canada et autres Pays, pour le sieur de La Roche, du 12e. janvier, mil cinq cent quatre-vingt dix-huit

Henry, par la grâce de Dieu, roi de France et de Navarre, à tous ceux qui ces présentes lettres verront, salut.

Le feu roi François I, sur les avis qui lui auroient été donnés qu'aux isles et pays de Canada, Isle de Sable, Terres-Neuves et autres adjacentes, pays très-fertiles et abondans en toutes sortes de commodités, il y avait plusieurs sortes de peuples bien formés de corps et de membres, et bien disposés d'esprit et d'entendement, qui vivent sans aucune connoissance de Dieu, auroit (pour en avoir plus ample connoissance) iceux pays fait découvrir par aucuns bons pilotes et gens à ce connoissans. Ce qu'ayant reconnu véritable, il auroit, poussé d'un zèle et affection de l'exaltation du nom chrétien, dès le 15e janvier 1540, donné pouvoir à Jean-François de la Rocque, sieur de Roberval, pour la conquête des dits pays. Ce que n'ayant été exécuté dès lors pour les grandes affaires qui seroient survenues à cette couronne, nous avons résolu, pour perfection d'une si belle œuvre et de si sainte et louable entreprise, au lieu du dit feu sieur de Roberval, de donner la charge de cette conquête à quelque vaillant et expérimenté personnage, dont la fidélité et affection à notre service nous soient connues, avec les mêmes pouvoirs, autorités, prérogatives et prééminences qui étoient accordés au dit feu sieur de Roberval par les dites lettres patentes du dit feu roi François I.

Savoir faisons que pour la bonne et entière confiance que nous avons de la personne de notre amé et féal Troillus du Mesgoüets, chevalier de notre ordre, conseiller en notre conseil d'état et capitaine de cinquante hommes d'armes de nos ordonnances, le sieur de la Roche, marquis de Cottenmeal, baron de Las, vicomte de Carentan et Saint-Lo en Normandie, vicomte de Trévallot, sieur de la Roche, Gommard et Quennoalec [1] de Gornac, Bontéguigno et Liscuit, et de ses louables vertus, qualités et mérites, aussi de l'entière affection qu'il a au bien de notre service et avancement de nos affaires, icelui, pour ces causes et autres à ce nous mouvant, nous avons, conformément à la volonté du feu roi dernier décédé, notre très-honoré sieur et frère, qui jà avoit fait élection de sa personne pour l'exécution de la

---

1 Lescarbot dit : Quermoalec.

dite entreprise, icelui fait, créons, ordonnons et établissons par ces présentes signées de notre main, notre lieutenant-général ès dits pays de Canada, Hochelaga, Terres-neuves, Labrador, rivière de la Grande Baye de Norembègue et terres adjacentes des dites provinces et rivières, lesquels étant de grande longueur et étendue de pays, sans icelles être habitées par sujets de nul prince chrétien ; et pour cette sainte œuvre et agrandissement de la foi catholique, établissons pour conducteur, chef, gouverneur et capitaine de la dite entreprise, ensemble de tous les navires, vaisseaux de mer et pareillement de toutes personnes, tant gens de guerre, mer, que autres par nous ordonnés, et qui seront par lui choisis pour la dite entreprise et exécution, avec pouvoir et mandement spécial d'élire, choisir les capitaines, maîtres de navires et pilotes, commander, ordonner et disposer sous notre autorité, prendre, emmener et faire partir des ports et hâvres de notre royaume, les nefs, vaisseaux mis en appareil, équipés et munis de gens, vivres et artillerie, et autres choses nécessaires pour la dite entreprise, avec pouvoir en vertu de nos commissions de faire la levée de gens de guerres qui seront nécessaires pour la dite entreprise, et iceux faire conduire par ses capitaines au lieu de son embarquement, et aller, venir, passer et repasser ès dits ports étrangers, descendre et entrer en iceux, et mettre en notre main, tant par voies d'amitié ou aimable composition, si faire se peut, que par force d'armes, main forte et toutes autres voies d'hostilité, assaillir villes, châteaux, forts et habitations, iceux mettre en notre obéissance, en constituer et édifier d'autres, faire lois, status et ordonnances politiques, iceux faire garder, observer et entretenir, faire punir les délinquans, leur pardonner et remettre, selon qu'il verra bon être, pourvû toutefois que ce ne soient pays occupés ou étant sous la sujétion et obéissance d'aucuns princes et potentats nos amis, alliés et confédérés.

Et afin d'augmenter et accroître le bon vouloir, courage et affection de ceux qui serviront à l'exécution et expédition de la dite entreprise et même de ceux qui demeureront ès dites terres, nous lui avons donné pouvoir, d'icelles terres qu'il nous pourrait avoir acquise au dit voyage, faire bail, pour en jouir par ceux à qui elles seront affectées et leurs successeurs en tous droits de propriété, à savoir : aux gentilshommes et ceux qu'il jugera gens de mérite, en fiefs, seigneuries, châtellenies, comtés, vicomtés, baronnies et autres dignités relevant de nous, telles qu'il jugera convenir à leurs services, à la charge qu'ils serviront à la tuition et défense des dits pays, et aux autres de moindre condition, à telles charges et redevances annuelles qu'il avisera, dont nous consentons qu'ils en demeurent quittes pour les six premières années, ou tel autre tems que notre dit Lieutenant avisera bon être, et connoîtra leur être nécessaire, excepté toutefois du devoir et service pour la guerre ; aussi qu'au retour de notre dit lieutenant, il puisse départir à ceux qui auront fait le voyage avec lui, les gagnages et profits mobiliaires provenus de la dite entreprise et avantager du tiers ceux qui auront fait le dit voyage ; retenir un autre tiers pour lui, pour ses frais et dépens, et l'autre tiers pour être employé aux œuvres communes, fortifications du pays et frais de guerre ; et afin que notre dit lieutenant soit mieux assisté et accompagné en la dite entreprise, nous lui avons donné pouvoir de se faire assister en la dite armée de tous gentilshommes, marchands et autres nos sujets qui voudront aller ou envoyer au dit voyage, payer gens et équipage et munir nefs à leurs dépens, ce que nous leur défendons très expressément faire ni trafiquer sans le su et consentement de notre dit lieutenant, sur peine à ceux qui seront trouvés, de perdition de tous leurs vaisseaux et marchandises.

Prions aussi et requérons tous potentats, princes nos alliés et confédérés, leurs lieutenans et sujets, en cas que notre dit lieutenant ait quelque besoin ou nécessité, lui donner aide, secours et confort, favoriser son entreprise ; enjoignons et commandons à tous nos sujets, en cas de rencontre par mer ou par terre, de lui être en ce secourables, et se joindre avec lui ; révoquant dès à présent tous pouvoirs qui pourraient avoir été donnés, tant par nos prédécesseurs rois, que nous, à quelques personnes et pour quelque cause et occasion que ce soit, au préjudice du dit marquis notre dit lieutenant général ; et d'autant que pour l'effet du dit voyage il sera besoin passer plusieurs contrats et lettres, nous les avons dès à présent validés et approuvés, validons et approuvons, ensemble les seings et sceaux de notre dit lieutenant, et d'autres par lui commis pour ce regard ; et d'autant qu'il pourrait survenir à notre dit lieutenant quelque inconvénient de maladie, ou arriver, faute d'icelui, aussi qu'à son retour il sera besoin laisser un ou plusieurs lieutenans, voulons et entendons qu'il en puisse nommer et constituer par testament et autrement comme bon lui semblera, avec pareil pouvoir ou partie d'icelui que lui avons donné. Et afin que notre dit lieutenant puisse plus facilement mettre ensemble le nombre de gens qui lui est nécessaire pour le dit voyage et entreprise, tant de l'un que de l'autre sexe, nous lui avons donné pouvoir de prendre, élire et choisir et lever telles personnes en notre dit royaume, pays, terre et seigneurie qu'il connoîtra être propres, utiles et nécessaires pour la dite entreprise qui conviendront avec lui aller, lesquels il fera conduire et acheminer des lieux où ils seront par lui levés, jusqu'au lieu de l'embarquement.

Et pour ce que nous ne pouvons avoir particulière connaissance des dits pays et gens étrangers, pour plus avant spécifier le pouvoir qu'entendons donner à notre dit lieutenant général, voulons et nous plaît qu'il ait le même pouvoir, puissance et autorité qu'il étoit accordé par le dit feu roi François au dit sieur de Roberval, encore qu'il n'y soit si particulièrement spécifié ; et qu'il puisse en cette charge faire, disposer et ordonner de toutes choses opinées et inopinées concernant la dite entreprise, comme il jugera à propos pour notre service les affaires et nécessités le requérir et tout ainsi et comme nous mêmes ferions et faire pourrions, si présent en personne y étions, jaçoit que [1] le cas requit mandement plus spécial, validant dès à présent, comme pour lors tout ce que par notre dit lieutenant sera fait, dit, constitué, ordonné et établi, contracté, chevi [2] et composé, tant par armes, amitié, confédération et autrement en quelque sorte et manière que ce soit ou puisse être, pour raison de la dite entreprise, tant par mer que par terre. Et avons le tout approuvé, agréé et ratifié, agréons, approuvons et ratifions par ces présentes, et l'avouons et tenons, et voulons être tenu bon et valable, comme s'il avait été par nous fait.

Si donnons en mandement à notre amé et féal le sieur comte de Chiverny, chancelier de France, et à nos amés et féaux conseillers les gens tenant nos cours de parlement, grand-conseil, baillis, sénéchaux, prévôts, juges et lieutenans, et tous autres nos justiciers et officiers, chacun en

---

1 *Jaçoit que*, ou *ja soit que*—Conjonction qui se disait pour *quoique*, *encore que*, *bien que*.

2 *Chevir*—Vieux verbe français qui signifie : Composer, accommoder, et agréer.

droit soi comme il appartiendra, que notre dit lieutenant, duquel nous avons ce jourd'hui prins et reçu le serment en tel cas accoutumé, ils fassent et laissent, souffrent jouir et user pleinement et paisiblement, à icelui obéir et entendre et à tous ceux qu'il appartiendra, ès choses touchant et concernant notre dite lieutenance ; mandons en outre à tous nos lieutenants-généraux, gouverneurs de nos provinces, amiraux, vice-amiraux, maître des ports, hâvres et passages, lui bailler, chacun en l'étendue de son pouvoir, aide, confort, passage, secours et assistance, et à ses gens avoués de lui dont il aura besoin. Et d'autant que de ces présentes l'on pourra avoir affaire en plusieurs et divers lieux, nous voulons qu'au vidimus dicelles duement collationné par un de nos amés et féaux conseillers, notaires ou secrétaires, ou fait par-devant notaires royaux, foi soit ajoutée comme au présent original ; car tel est notre plaisir. En témoin de quoi nous avons fait mettre notre scel ès dites présentes.

Donné à Paris, le douzième jour de janvier, l'an de grâce mil cinq cent quatre-vingt-dix-huit, et de notre règne le neuvième.

Signé : HENRY.

Pièce I

CONTRAT DE LOUAGE de la "Catherine,"
Capitaine Chefdhostel

1598, 16 mars

" Dudict lundi avant midy, saiziesme jour de mars en icelluy an mil cinq cent quatre-vingt-dix-huit, à Honnefleur, devant Boudard et de Valseney, tabellions. " Fut présent Thomas Chefdostel, maistre et capitaine d'un navire nommé la *Catherine*, du port de neuf vingtz thonneaux ou environ, estant de présent en ce port et havre, lequel faisant fort de ses bourgeoys s'est volontairement submys et par le présent se submet envers haut et puissant seigneur messire Troïllus de Mesgouez, lieutenant-général pour le roy en pays de Canadas, isle de Sable, Labrador, Hochelagua, Saguenay et autres pays adjacents, chevalier de l'ordre du roy, conseiller en son conseil d'Estat, capitaine de cinquante hommes d'armes de ses ordonnances, marquis de Coëtarmoal, sieur de la Roche, viscomte de Carenten et Saint-Lô en Normandie, aussi viscomte de Trévarez en Bretagne, baron de Laz, Helgomarc'h, Bontignau, Kermoalec et Lescoat, demeurant à présent en ce lieu de Honnefleur, viconté d'Auge, duché de Normandye, évesché de Lysieulx, de tenir le dict navire estanché, aconditionné, ammunitionné et envituaillé de touttes choses en général pour partir du premier temps convenable qu'il plaira à Dieu envoier et aller prendre ledict sieur et ses gens vers le dun de la Hune ou à la Hogue, et là l'embarquer dans ledict navire pour aller de conserve avec les autres vaisseaux dudict seigneur marquis, en allant prendre son sel au lieu le plus commode et de là s'acheminer pour aller à l'isle de Sable et là mettre à terre le dict seigneur et ses gens pour le service du roy ainsi que ledict seigneur est commandé par Sa Majesté, lequel fournira les vivres nécessaires pour luy et ses gens dans le dict vaisseau. Le raport qui se fera des pescheryes sera tout audict Chefdostel. Et lui a promis, ledict seigneur marquis, que s'il met dans sondict navire marchandise provenant de ladicte isle luy en donner les deux parts en faveur (tant) des bourgeois dudict navire que dudict Chefdostel, et l'autre tiers il l'aportera pour ledict seigneur marquis, et après ladicte pescherye il le reprendra à ladicte isle de Sable pour le ramener en cedit port et havre et venir de conserve ainsi que dict est avec les aultres vaisseaulx. Et est ladicte submission ainsy facte par ledict Chefdostel, en faveur de l'amitié et service qu'il doibt audict seigneur marquis, qui a présentement baillé audict Chefdostel, devant nous dictz tabellions et tesmoings soussignez, la somme de six centz escuz soleil vallantz dit-huit centz livres tournoitz en doubles duquatz et doubles pistolletz, à profit, à la raison de vingt-cinq pour cent, et dont il s'oblige à rendre icelle somme et profit à la raison que dessus au retour dudict voiage, les risques de la guerre et de la mer allantz et venantz sur ledict seigneur, et luy en faire le paiement ou à Me Martin Le Lou, lieutenant au bureau de la romaine et impositions foraines, bourgeois dudict Honnefleur, présent, auquel ledict sieur a donné pouvoir par le présent recepvoir ledict paiement et en faire tenir quilte ledict Chefdostel. Promettant, ledict Chefdostel, le présent tenir, accomplir et effectuer selon sa forme, sur l'obligation de tous ses biens, héritages, etc."—

Signé : TROSLIUS DU MESGOUEZ LA ROCHE,
        CHEFDHOSTEL,
        JOURDAIN,
        TAILLEFER,
        BOUDARD, tabellion.

Pièce J

CONTRAT DE LOUAGE de la "Françoise," Capitaine Girot

1598, 18 mars

" Dudict mercredy avant midy, dix-huitiesme jour de mars au dict an mil cinq cent quatre-vingt-dix-huit, à Honnefleur, devant Boudard et de Valseney, tabellions. " Jehan Girot, maistre et capitaine d'un navire nommé la *Françoise*, du port de quatre-vingt-dix thonneaulx ou environ, estant de présent en ce port et havre, demeurant audict Honnefleur présent, pour luy et faisant fort des autres bourgeoys dudict navire s'est volontairement submys et par le présent se submet envers hault et puissant seigneur messire Troïllus du Mesgouez, lieutenant-général pour le roy en pays de Canada, isle de Sable, Terreneufve, Labrador, Hochelagua, Saguenay et autres pays adjacents, chevalier de l'ordre du roy, conseiller en son conseil d'Estat, capitaine de cinquante hommes d'armes de ses ordonnances, marquis de Coëtarmoal, sieur de la Roche, visconte de Carenten, et Saint-Lô en Normaudie, aussy visconte de Trévarez en Brestagne, baron de Laz, Helgomarc'h, Bontignau, Kermoalec et Lescoat, demeurant à présent en ce lieu de Honnefleur, viconté d'Auge, duché de Normandye, évesché de Lysieulx, de tenir le dict navire prest, estanché, aconditionné, ammunitionné et envituaillé de touttes choses en général, pour partir du premier temps convenable qu'il plaira à Dieu envoier, et aller prendre ledict navire pour aller de conserve avec les autres vaisseaulx dudit seigneur marquis, en allant prendre son sel au lieu le plus convenable et de la sacheminer pour aller à l'isle de Sable, et là mettre à terre le dict seigneur et ses gens pour le service du roy, ainsi que ledict seigneur est commandé par S. M., lequel fournira les vivres nécessaires à luy et à ses gens dans ledict vaisseau. Le raport qui se fera des pescheryes sera tout audict Girot, et luy a promis, ledict seigneur marquis, que s'il met dans sondict navire marchandise provenant de ladicte isle, luy en donner les deux tiers en faveur tant dudict Girot que des bourgeois dudict navire, et l'autre tiers il l'aportera pour ledict seigneur marquis, et après ladicte pescherye faicte il le reprendra à ladicte isle de Sable pour le ramener en cedict port et havre pour venir de conserve comme dict est avec les aultres vaisseaulx. Et est la dicte submission ainsy facte, en faveur de l'amitié et service que ledict Girot doibt audict seigneur marquis, qui a présentement baillé audict Girot, devant nous dictz tabellions, la somme de quatre centz escuz soleil vallantz douze centz livres tournoitz, à profit, à la raison de vingt-cinq pour cent, etc., etc.

Signé : TROSLIUS DU MESGOUEZ LA ROCHE,
BOUDARD, tabellion.

Pièce K

PROCURATION " ad lites " à **Martin Le Lou** par le marquis de **La Roche**

1598, 19 mars

" Du jeudy avant midy, dix-neufiesme jour de mars mil cinq centz quatre-vingtz-dix-huit, à Honnefleur, en l'escriptoire, devant les dicts tabellions.

" Fut présent hault et puissant seigneur messire Troïllus du Mesgouez, lieutenant-général pour le roy en pays de Labrador, Canadas et autres pays adjacentz, chevalier de l'ordre du roy, conseiller en son Conseil d'Estat, marquis de Coëtarmoal, baron de Laz, sieur de la Roche, demeurant à présent en ce lieu de Honnefleur, lequel a passé procuration *ad lites* sur le nom de Me Martin Le Lou, pour fonder en ses affaires et signateures a ledict instituant donné pouvoir audict Martin Le Lou, auquel seul portant ces présentes, il a donné commission spéciale de vendre, fieffer, engager, eschanger, bailler, affermer, toult et chacun ses héritages, rentes, maisons, revenus et aultres choses tant héréditales que mobiles audict seigneur appartenant, transiger, paciffier et appointer de ses descords et procès qu'il a meus ou à mouvoir pour quelque cause que ce soit, aider, recepvoir et faire sortir tous et chacuns les deniers qui, audict seigneur, sont ou pourront estre deus par quelque personne que ce soit, etc."

Signé : TROSLIUS DU MESGOUEZ LA ROCHE

Pièce L

(INEDITE)

AUTORISATION à Le Gac, sieur de Collespel, de vendre "à remere" les biens du marquis de La Roche

1598, 14 avril

" Du mardi avant-midi quatorzième jour du mois d'apvril mil cinq cens quatre vingtz dix huict, audict Honnefleur, devant Pierre de Baonne et Jehan Robinet, notaires et tabellions roiaux en la viconté du Pontautou et du Pontaudemer, au siège dudict Honnefleu.

" Fut présent messire Troillus de Mesgoüetz, chevalier de l'ordre du roy, conseiller en son conseil d'Estat, cappitaine de cinquante hommes d'armes de ses ordonnances, lientenant-général et gouverneur pour Sa Majesté ès païs de Labrador, Canada, Norembergue, Isle de Sable, Terre-Neufve et autres païs à iceux adjacents, sieur de La Roche, marquis de Cottermoual, baron de Las, visconte de Carenten et de Saint-Lo en Normandie, et aussi visconte de Trevallot en Bretagne, seigneur de La Roche Gomuar, de Quermollec, Boteguignau, Gourmar, et Liscuyt, de présent résident audict Honnefleu, lequel vollontairement agissant feist, nomma, constitua et c'est asscavoir noble homme [1]...

1 Prénom laissé en blanc.

Le Gac sieur de Collespel en Bretaigne et de présent demeurant à Sainct-Mallo, auquel seul portant la présente ledict seigneur marquis a donné pouvoir de vendre, engager ou aultrement hipotecquer de ses biens, terres, sieuries, rentes et revenus telles et par tels prix et moiens que led. Gac sieur de Collespel verra bien estre jusques qu'à la concurrence et valleur de la somme de quatre mil escus soleil, iceulx deniers recepvoir des personnes qui feront lesd. acquisitions, leur en bailler acquitz vaillables et à la charge expresse que led. sieur de Collespel retiendra condition en faisant lad. vente ou ventes de pouvoir pour led. seigneur marquis d'en remérer ce qui sera vendu touteffoys et quantes dens six mois du jour desd. ventes, d'en rendre auxd. acquisiteurs les prix qu'ilz auront desboursez. En rendant aussy du toult compte du reliqua aud. seigneur marquis par led. sieur de Collespel, etc. Présentz Guillaume Le Cordier l'aisné et Thibault Cécire demeurantz audict Honnefleu, tesmoins, qui ont signé avec ledict seigneur marquis."

TROSLIUS DU MESGOUEZ LA ROCHE

Lecordier
1598.

✕
La marc dud. Cécire

De Baonne.

ROBINET

[Tabellionage de Grestain, à Honfleur]

INDEX DES NOMS DE PERSONNES

A

Abbeville, Claude d', 98.
Abraham, Jean, 127.
Adam de Brême, 263.
Advisse, Michel, 291, 293.
    " Nicolas, 292.
Agnese, Baptista, 219, 237, 238, 251, 283.
Agona, 102.
Agramonte, Juan de, 269.
Ahmed, Hagi, 251.
Albanel, le Père, 186, 189.
Albert, le capitaine, 277.
Alexander, sir William, 46.
Alexandre VI, 78.
Alfonce, Anthoine, 69.
Alfonce, Jehan, 29, 30, 31, 36, 45, 57-76, 78, 87, 88, 149, 218, 225, 245, 246, 255, 258, 259, 264, 265, 266, 283, 336.
Andrieu, Charles, 204.

Andrieu, François, 142.
Ango, Jean, 77, 81, 82, 83, 84, 86, 87, 108, 183, 267, 268.
Annibal, le gendarme d', 43, 44.
Apian, Philip, 255.
Ares de Sea, 14, 270.
Arias, Gomez, 270.
Arosca, 99.
Asher, G. M., 112.
Atkinson, William, 34.
Auber, Jehan, 121, 293, 294.
Aubert, Thomas, 58, 82, 86, 108, 269.
Aumont, maréchal d', 300.
Auxhillon, Paul d', V. Saint-Nectaire.
Avezac, d', 58, 75, 234, 249, 260.
Ayllon, Lucas Vasquez d', 269.
Aymard, Vincent, 264.

B

Bancroft, George, 54, 216
Barcia, André Gonzalès, 68, 70, 112.
Baril, Richard, 121, 292, 293, 294, 295.
Barré, Nicolas, 277.
Barrow, John, 267.
Bastienne, 52.
Baudry, Paul, 119.
Bayard, 23.
Beau, Guillaume le, 117, 118.
Beaune, Raoullet de, 318.
Beaurepaire, Charles de, 197.
Bec, Jean du, 317.
Belleforest, 335.
Bellenger, Etienne, 120.
Bellero, 225, 249.
Bellois, Coreille de, 119, 142.
Bergeron, Pierre, 44, 45, 47, 48, 109, 110, 142, 250, 271, 284, 285, 286, 304, 311, 314.
Berthelot, Pierre, 201.
Bettencourt, C. A. de, 322, 323.
Bezou, Perrin, 119.
Biard, le Père, 109, 216, 218.
Bibaud, M., 171, 308.
Bibes, Jehan, 205.
Biddle, 49, 112, 325.
Bidoulx, Prégent de, 58.
Biré, Pierre, 158.
Bisselin, Olivier, 264.
Blondel, Jehan, 106.
Boass, Cabo de, 120.

Bohier, François, 317, 318.
Boileau, 88.
Bois-Gelin de la Toisse, 138.
Bois-Lecomte, 87, 274.
Bois-Rosée, 274.
Bonnycastle, Sir Richard, 305.
Borderie, de la, 114, 116.
Bordone, Benedetto, 326.
Borset, Thomas, 295.
Botherel, Prégent, 116.
Boudart, 163.
Boudin, Martin, 295.
Boullart, Marguerite, 59.
Bourgeot, Robert, 292.
Bourgneuf, Charles de, 317.
Boursier, 44.
Brayer, Jamet, 72.
Breton, Olivier le, 141.
Brevoort, J. C., 112, 225, 336.
Bréard, Charles et Paul, 26, 59, 107, 118, 119, 140, 143, 147, 148, 164, 165, 197, 201, 204, 209, 210, 291, 319, 320.
Brésil, Catherine du, 100.
Briçonnet, Denis, 317, 318.
" Guillaume, 317, 318.
Brinon, Marie de, 210, 317.
Broüet, Jehan, 201.
Brown, Richard, 149.
Brule, Jeanne, 135.
Brunet, 143.
Bry, de, 255, 281.

C

Cabot, Jean, 84, 86, 242, 269, 322, 327, 328.
Cabot, Sébastien, 12, 74, 75, 76, 84, 109, 112, 223, 226, 232, 241, 242, 269, 322, 323, 325, 332.
Cabral, 231.
Cantino, Alberto, 216, 230.
Caradas, Pierre, 42.
Cardenas y Cano, Gabriel de, 68.
Caresme, Guillaume, 297.
    "   Jehan, 295.
    "   Robert, 297.
Carli, Fernand, 83.
Caron, Robert le, 294.
Cartier, Jacques, 9, 12, 13, 14, 16, 19, 20, 21, 24, 25, 28, 30, 33, 34, 36, 37, 38, 40, 42-50, 53, 54, 55, 59, 78, 100, 102, 103, 105, 113, 114, 115, 124, 125, 126, 128-136, 193, 194, 195, 215, 218, 220, 222, 223, 225, 244, 252, 265, 270, 272, 318, 327.
Cartier, Jehanne, 124.
Caulenaye, de, 120.
Cazau, Guillaume du, 319.
Caze, Paul de, 309, 310.
Cellarius, 255.
Cécire, Jacques, 198.
Challamel, A., 44.
Champagne, Guillaume, 121, 294.
Champ-Girault, Charles de, 103.

Champlain, Samuel, 9, 12, 16, 17, 44, 48, 57, 66, 67, 99, 116, 164, 174, 178, 179, 195, 201, 202, 203, 204, 212, 226, 227, 255, 258, 284, 300, 301, 302, 303, 308, 311, 314, 317.
Chandre, Louis de la, 59, 121.
Charlemagne, 182.
Charles VI, 181, 182.
Charles IX, 10, 87, 100, 153, 155, 176.
Charles-Quint, 14, 19, 69, 78, 221, 223, 241.
Charlevoix, le Père, 18, 43, 44, 68, 106, 107, 152, 164, 174, 176, 218, 271, 300, 302, 303, 310, 311.
Chastes, Aymar de, 206, 207, 209.
Chaton, Etienne, 11, 18, 123-136.
Chaton, Olivier, 125.
Chauvin, François de, 210, 318, 319, 320, 321.
Chauvin, Madeleine de, 209.
    "   Pierre, sieur de la Pierre, 210.
Chauvin, Pierre, sieur de Tontuit, 11, 16, 191-212, 297, 298, 318, 319, 320.
Chaves, Alonzo de, 223.
Chefdhostel, Abraham, 165.
    "   Guillaume, 165, 297.

Chefdhostel, Jean, 165.
" Nicolas, 165.
" Pierre, 165.
" Pierre, 165.
" Thomas, 58, 163, 164, 165, 171, 172, 173, 175, 176, 296, 303, 304, 305.
Chefdrue, Philippe, 321.
Chenu, 23.
Chesne, du, 58.
" Alain du, 144.
Chevalier, Emile, 307.
" Guillaume le, 298.
" Thibault le, 278.
Claude d'Abbeville, 98.
Clavegris, 89.
Clavius, 163.
Clérac, Etienne, 284.
Cœur, Jacques, 153.
Coligny, Gaspar de, 10, 262, 273, 274, 275, 277, 278.
Colin, Jean, 148.
Colomb, Christophe, 12, 38, 79, 80, 109, 129, 230, 285, 324.
Conflans, Antoine de, 286.
Copernic, 221.
Cordier, Jacques le, 298.

Cordier, Jehan le, 292, 295.
Corguilleray, Philippe de, 274.
Corneille de Jode, 75, 226, 254, 326.
Cortereal, Gaspar, 231, 269, 324, 325, 331.
Cortereal, Miguel, 269, 331.
Cosa, Juan de la, 229, 230.
Cossé-Brissac, de, 300.
Costa, B. F. de, 226, 336.
Couillard, Henry, 201, 205, 206, 296, 298.
Couillard, Michel, 292, 294.
" Silvestre, 292, 296, 298.
Coulon, Louis, 271.
Courcy, Pol de, 307, 310.
Courel, Jehan, 292, 294, 295, 296.
Coursay, de, 47.
Cousin, Guillaume, 292, 296, 294, 298.
Cousin, Jacques, 297.
Crignon, Pierre, 13, 82, 83, 84, 85, 86, 218, 259, 260, 284.
Cronier, François, 42, 89, 116, 205.

D

Dagyncourt, Guillaume, 106.
Daniel, Robert, 291.
Darmond, Etienne, 120.
Dee, Dr John, 253.
Delestre, François, 176.
Delin, Olivier, 175.

Denis, F., 100.
Denys, Jehan, 58, 82, 86, 92, 94, 107, 108, 216, 217, 225, 232, 233, 248, 269.
Denys, Nicolas, 111, 145, 147, 148.

Desbarres, 311.
Desceliers, Pierre, 75, 220, 226, 242, 243, 244.
Deschamps, Loys, 176.
" Pierre, 204.
Desimoni, Cornelio, 234.
Desmarquets, J. A., 84, 108, 243.
D'Esnambuc, Belain, 16.
Desson, Anne, 210, 321.
" Jean, 210, 321.
Dexter, George, 335.
Diaz, Barthélemy, 182.
Dieu-Lamont, 29.
Dieulois, le capitaine, 106.
Dières, Guyon, 201, 204, 205, 298, 321.
Domagaya, 37, 102.
Dombes, le prince de, 158, 160.
Don, Nicolas, 112, 270.

Donnacona, 20, 37, 102.
Dornelos, Juan, 269.
Doublet, François, 147.
" Jean, 147.
Dourdin, 150.
Doyen, Gilles le, 292.
" Servanne le, 125.
Drake, Sir Francis, 330.
Drouet, Jacques, 321.
Duglas, Guillaume, 121, 293, 296, 297.
Dunepveu, Jehan, 292, 293, 294.
Duplais, L., 88.
Duport, Nicolas, 106.
Duprey, Anthoine, 294.
Duro, 271.
Duval, François, 168.
" Jean, 24, 42.
" Michel, 295.

E

Eberard, Gilles, 208.
" Jehan, 135.
Elizabeth, 183.
Elliot, 330.
Erik le Rouge, 260, 261.
Esnault, Robert, 296.

Essoméric, 99.
Este, Hercule d', 231.
Estrées, Gabrielle d', 162.
Eusèbe de Césarée, 271.
Eychman, Jean, 281.

F

Fagundès, J. Alvarez, 269, 322.
Faillon, l'abbé, 217, 310.
Faribault, G. B., 34.
Faroult, Jehan, 121, 292, 295, 296.

Faroult, Pierre, 297.
Fastouville, Pierre de, 292.
Ferland, l'abbé, 41, 173, 301, 308, 309, 310.
Ferrande, Garcie de, 60, 290.

Fichot, Etienne, 291.
Figueiredo, Manoel, 60, 290.
Fléché, l'abbé, 27.
Fontaine, Jehan, 294.
Forlani, Paolo, 252.
Forster, 257, 263, 324.
Forsyth, Bell, 34.
Fournier, le Père G., 60, 110, 243, 289.
François I, 9, 21, 25, 49, 58, 77, 78, 87, 135, 151.

François II, 10, 153.
Freire, Joannes, 247.
Fréard, Jean, 210.
Frémont, Martin, 298.
Frisius, Laurentius, 327.
Frotet, Josselin, 89, 142.
    "   Michel, 142.
Frotté, 29, 39.
Fumée, 163, 335.

G

Gac, le, 172.
Gaffarel, Paul, 335, 336.
Gaignard, Philippe, 147.
Gaillon, Michel, 36, 51.
Galvano, Antonio, 332.
Gama, Vasco de, 182, 230.
Gamart, 86, 107.
Garneau, F.-X., 171, 179, 308.
Garnier, Jehan, 118.
Gastaldi, Jacobo, 75, 221, 226, 283, 326.
Gaultier, Guillaume, 134.
Geffroy, Jehan, 121, 291, 292, 293, 294.
Gesner, le Dr, 111.
Gérard, 58.
Gilbert, sir Humphrey, 242, 314.
Gilpin, le Dr, 311.
Giraudière, de la, 147.
Girot, Jehan, 172, 296, 297, 298.
Gobien, Catherine le, 125, 126.
    "   Jean le, 125.

Gobien, Pierre le, 103, 125.
Godefroy, Th., 101.
Godet, Claude de, 198.
Gomara, F. Lopez de, 225, 323, 331.
Gomez, Estevam, 219, 237, 270, 323, 331, 332, 333.
Gon, François, 147.
Gonneville, Paulmier de, 99.
Gosselin, P. E., 25, 26, 106, 117, 175, 308.
Gourgues, Dominique de, 87, 279, 280.
Gouverneur, Guillaume le, 208, 317.
Gouverneur, Jean le, 200.
Granges, Alison des, 126.
    "   Catherine des, 103, 124, 125.
Granges, Jacques des, 124.
Gravé, François, 196, 198, 201, 202, 208.
Gravé, Etienne, 126.

Gravé, Jeanne, 198.
" Robert, 198.
Gravier, Gabriel, 97, 99, 120, 281, 324.
Groote, François, 134.
" François, du Clos-Neuf, 134.
" François, Ville-ès-Nouveaux, 134.
" Françoise, 134.
" Jean, de la Ruaudaye, 134.

Groote, Jean, 38, 87, 133, 134.
Grotius, 79, 135.
Grouel, Robert, 117.
Guast, Pierre du, 199, 201, 212.
Gudrida, 262.
Guérin, Léon, 86, 99, 142, 218, 275.
Guichardin, 163.
Guillaume, Denise, 135.
Guinecourt, 29.
Guiraudaye, Jean Martin, 200.
Guttierez, Diego, 248.

H

Hakluyt, Richard, 26, 29, 30, 36, 38, 40, 41, 47, 48, 49, 51, 54, 58, 64, 87, 119, 120, 133, 134, 149, 242, 271, 311.
Haliburton, T. C., 311.
Halley, Jacques, 119, 173.
Hamon, Jehan, 116.
Harouis, 160.
Haroun-al-Raschild, 182.
Harrisse, Henry, 23, 26, 27, 28, 36, 49, 50, 53, 70, 112, 209, 216, 221, 224, 229, 231, 233, 236, 238, 239, 240, 243, 248, 253, 266, 267, 306, 322, 334.
Harvey, H. 106.
Hatton, 106.
Hatuey, 93.
Henri II, 75, 87, 153, 273.
Henri III, 10, 11, 151, 153, 154, 155, 171, 177, 299, 303, 304.

Henri IV, 10, 14, 15, 132, 151, 152, 153, 154, 168, 171, 177, 299, 302.
Heredia, de, 233.
Herman, Antoine, 197.
Herrera, 112, 323, 332.
Heulin, Michel, 175.
Heurtelot, Jehan, 297.
Hérizon, Jehan, 205.
Hingart, Françoise, 169.
Hojeda, Alonzo de, 229.
Homem, Diego, 250.
Homo, Andreas, 251.
Hore, 270.
Hudson, Henry, 112.
Hue, Olivier, 298.
Humboldt, 80.
Hurault, Michel, 142.

I

Ibaceta, Jacabo de, 271.

Incarnation, la Mère de l', 18.

J

Jal, 287, 288.
Jalobert, Macé, 28, 47, 89, 115, 116, 126, 142.
Jalobert, Perrine, 126.
Jappy, Ouassou, 96, 97.
Jocet, Jean, 125.
" Nicolas, 135.

Jomard, 230.
Jones, Rice, 149.
Jourdain, Jehan, 294, 295.
" Thomas, 201, 297, 298.
Joyeuse, le duc de, 161.

K

Kerdement, 164.
Kéroual, 164.
Knivet, 101, 281.

Kohl, le Dr J. G., 75, 232, 246, 248, 330, 336.
Koniam, Bebe, 102.

L

Laborde, de, 267.
La Brosse, 29, 39.
Laët, Jean de, 314.
Lagrange, le capitaine, 118.
La Lande, H. de, 89.
Lamire, François de, 29.
Lampérière, Pierre, 297.
Landemare, Claude de, 147.
Langelier, l'honorable Charles, 5, 7.
Langennes, de, 255.
Langourla, Catherine, 135.
Laroche-Héron, C. de, 306, 310.
La Salle, 29.
Las Casas, B. de, 93, 112.
Latour, Alvaro de, 42.

Laudonnière, Réné de, 87, 276, 278, 279.
Laverdière, l'abbé, 258.
Lea, 305.
Le Blanc, Vincent, 271, 272.
Lebourg, Robert, 119.
Le Bultel, Gilles, 176.
Le Clercq, Chrestien, 46, 66, 164, 311.
Lefer Lymonay, Bertrand, 207.
Legendre, Thomas, 119, 142.
Leif, 260, 261.
Leigh, 149.
Lelarge, Robert, 42.
Lelewell, C., 221, 230.
Lelièvre, Guillaume, 292.

Le Lou, Martin, 165, 172, 173.
Lemanisier, Henry, 297.
Lepers, le Père, 152.
Lesage, Salomon, 321.
Lescarbot, Marc, 24, 27, 40, 42, 44, 46, 87, 114, 116, 164, 173, 174, 176, 218, 255, 265, 273, 284, 300, 301, 302, 303, 306, 310, 311, 314.
Leseigneur, Adrien, 298.
Lesieu, Julien, 126.
Lespinay, 29.
L'Estang, de, 165, 168.
Levasseur, 29, 40.
Leveillé, Germain, 129.
Levita, Elias, 220.
Levot, F., 160.
Léry, baron de, 114, 115, 174, 270, 304, 313, 314.
Léry, Jean de, 87, 96, 274, 275, 335.
Lhostelier, 89.
Liens, Nicolas des, 252.
Linschot, Hugues de, 60, 290.
Littré, 330.
Loudel, Jehan du, 121, 291, 293, 295.
Longrais, Joüon des, 38, 115, 130, 131, 134, 135, 142.
Longueval, 39.
Loue, Jean, 42.
Louis XIII, 16.
Lucas, François, 89.
Luce, Loys, 106.
Luxembourg, Marie de, 158-162.

M

Magellan, F. 332.
Magin, Antoine, 285, 323.
Magiollo, Vesconte, 217, 233, 234.
Maillard, François, 42.
    "   Jehan, 265, 266, 267.
Maingart, Thomas, 116.
Maisonneuve, 17.
Maldonado, Diego, 270.
Mallard, Thomas, 265.
Mallemouche, Jeanne de, 210, 318.
Malorthie, Geffin, 298.
Malte-Brun, 324.
Mandeville, Jean de, 182.
Manet, l'abbé, 127.
Marca, de, 326.
Mareau, Jehan de, 23.
Margry, Pierre, 8, 60, 72, 82, 265, 268, 289, 325, 328.
Marguerite de Navarre, 52, 53, 82.
Marnef, Jean de, 70, 264.
Marot, Clément, 70.
Marquier, Pierre, 115.
Martigues, 158.
Martin, Christine, 198.
Martinès, 253.
Martyr, Pierre, 257, 330, 331, 333.

Massuel, François, 169.
Matoart, Thomas, 293.
Matz, Jean du, 157.
Maucler, Pierre, 82, 86.
Mauschet, Valentin, 293.
May, Henry, 149.
Mayenne, 160.
Meilleraye, de la, 59.
Mellin de Saint-Gelais, 70, 264.
Menendez, Pedro, 68, 69, 279, 280.
Mercator, Gerard, 221, 226, 252, 255.
Mercœur, le duc de, 132, 156, 158-163, 300-311.
Messier, 44.
Mettau, Paul du, 321.
Médicis, Catherine de, 100, 155, 177.
Médine, Pierre de, 60, 247, 290.
Mésy, 18.
Michel, Francisque, 109.
" Jean, 217.
Michelant, H., 42, 63, 106, 120, 155, 306.

Millet, Jehan, 292.
Millo, A., 255.
Missent, Nicolas, 296, 297, 298.
Moissonnière, 127.
Molyneux, 254, 255, 322.
Mondreville, de, 164.
Montaigne, 100.
Moore, Ben. Perley, 216.
Moreau, M. 198, 199.
" Réné, 129.
Morin, Colin, 293.
" Guillaume, 206.
" Jehan, 293.
" Nicolas, 121, 295, 296.
" Sébastien, 296, 297, 298.
" Silvestre, 295.
Morisse, Guillaume, 294.
" Nicolas, 294.
Morseng, Louis de, 292.
Moulin, Richard, 207.
Münster, Sébastian, 220, 233, 247.
Murphy, H. C., 217, 235.
Myritius, 254.

N

Nancy, 221.
Nantes, Jean de, 36, 51.
Navarro, Ginès, 112.
Nemours, 160.
Neuville, Thomas, 318.
Nicolay, Nicolas de, 248, 249.
Noël, Etienne, 28, 124.
" Jacques, 11, 37, 38, 47, 87, 123-136, 190.

Noël, Jacques, 125.
" Jehan, 124, 125.
" Jehan, 135, 190.
" Michel, 135, 190.
" Pierre, 124.
Noire-Fontaine, 29, 40.
Noury, Jean. 42.
Noyrot, le Père, 18.

O

Odieure, Jacques, 126, 127.
" Michel, 126.
" Sébastien, 126.
Orléans, Claude d', 23.
Ortelius, Abraham, 75, 226, 252, 254.

Oulquin, Jacques, 205.
Ouyn, Jacques, 293, 294.
Oviedo, 222.

P

Palestrina, Salvat de, 216, 231.
Pantero-Pantera, 287.
Paon, Guillaume, 295.
Parkman, F., 325.
Parmentier, Jean, 82, 83, 84, 85, 86, 94.
Parmentier, Raoul, 82, 83, 84, 86, 94.
Pasqualigo, Pietro, 325.
Patin, 44.
Payen, Guillaume, 23.
Paviot, Charles, 142.
Pepin, Guillaume Broussaralière, 89.
Pepin, Guillaume Vieille-Maison, 141.
Perot, 44.
Pert, Thomas, 269.
Petitgas, Louis de, 321.
Peyrelongne, Pierre de, 147.
Pérot, 282.
Pichart, 162.
Picot, Jean, 129.
Pinchemont, Pierre, 291.
Pinchon, Henry, 297.
Pintiado, 282.

Piquet, Robert, 175.
Plancius, Pierre, 254.
Plastrier, Jehan, 209.
Plutarque, 163.
Poesson, Jehan, 121, 291, 292, 293, 295.
Poesson, Robert, 296, 297.
Poirson, 306.
Polo, Marco, 182.
Ponce, Vargas, 271.
Pontbriand, Claude de, 134.
Popelinière, la, 87.
Porcacchi, 252, 254, 326.
Porcon, Jean de, 58.
Porée, François, 206, 207.
Portsmoguer, H. de, 58.
Potier, Bernard, 320.
Potherie, B. de la, 46.
Poussin, Guillaume Tell, 305.
Poutrincourt, Jean de, 27.
Premierasmy, Antoine de, 119.
Prémort, Guillaume, 296.
Prévert, 208, 209.
Prevostel, François, 176.
Prinse, Robert, 296, 297.

Progel, Otto, 232.
Puchet, Toussaint, 119.

Pufendorff, 305.
Purchas, S., 101, 112, 242.

Q

Quadus, Mathias, 226, 326.
Quesnet, Edouard, 131.

Quintanadoine, Fernand de, 119, 142.

R

Rabelais, 70, 71, 72.
Ramé, Alfred, 24, 25, 26, 106, 113, 120, 126, 128, 131, 132, 155, 177, 306.
Ramusio, J.-B., 48, 84, 85, 94, 98, 224, 259, 326.
Ravaillon, La Court-Précourt, 11, 87, 142, 143.
Ravardière, la, 92.
Ravend, Guillaume de, 163.
Razilly, Claude de, 314.
 " François de, 96, 98.
Regnault, 125.
Reinel, Pedro, 216, 232.
Ribaut, Jean, 87, 276, 277, 278, 279.
Ribero, Diego, 235, 236, 326, 331.
Richard d'Angleterre, 138.
Richelieu, 14, 15, 16, 17.
Richer, Pierre.
Rivedou, 147.
Rives, Thomassin, 293, 295.
 " Jehan, 295.

Robertson, Samuel, 323.
Roberval, 11, 16, 18-55, 77, 78, 80, 81, 87, 115, 126, 142, 151, 225, 244, 270, 283.
Roberts, Lewis, 106.
Roche, le marquis de la, 11, 16, 114, 151-180, 299-311.
Rocoles, J. B. de, 219.
Rousard, 163.
Roque, Etienne de la, 320.
Roques, Guillaume, 121, 293.
Rose, John, 314.
Rotz, John, 223, 239, 240, 241, 283.
Roux, Jehan le, 204.
Roy, Pierre le, 129.
Royèse, 29, 38, 39.
Ruffier, Messire L., 71, 100.
Rufosse, Jacques de, 106.
Ruscelli, Girolamo, 226, 283, 326.
Rut, John, 112, 270.
Ruzé, Guillaume, 317.

S

Sagard-Théodat, Gabriel, 311.
Sahures, Esmond de, 121, 291, 292.
Sahures, Jean de, 119.
Saint-Gilles, Mathurin, 175.
Saint-Nectaire, Paul d'Auxhillon, 22, 28, 29, 36, 47.
Saint-Roman, Antoine de, 285.
Saint-Marie dit l'Epine, 274.
Saldaigne, Thomas, 42.
Sales, S. François de, 163.
Sanabria, Diego de, 282.
Sancy, Martin de, 144.
Sancy, Michel de, 144.
Sanson, 23.
Santarem, 247.
Santo Marino, 2.3.
Sanuto, Livio, 241.
Sausay, Pierre du, 210, 320.
Savalette, 116,
Schantz, François de, 282.
Scholve, 324.
Schöner, 330.
Secalart, Raulin, 59, 73, 121.
Seduco, Jean, 323.
Seigneur, Adrien le, 119.
Sens, Jehan de, 296.
Sertenas, Vincent, 52.
Sénèque, 163.
Séquart, Guillaume, 115.
Shea, J. G., 218.
Simoneau, Jacques.
Smith, Buckingham, 14, 26, 232.
Smith, W., 311.
Snorre, 262.
Sourdéac, 167, 168.
Souza, Francisco de, 271.
Soynard, 205.
Staden, Hans, 101, 102, 281, 282.
Stafford, Lord, 87.
Strozzi, Philippe, 121.
Sully, 15, 16, 17, 176.
Sulte, Benjamin, 58, 142, 225, 309, 310, 336.

T

Taché, J. C., 114, 171, 174, 308, 311, 313, 314, 315.
Taignoagny, 37, 102.
Taillandier, D., 135.
Talbot, 29, 39.
Tamerlan, 181.
Taupitre, François, 23.
Taverny, Bernandin, 321.
Tellier, Mathieu le, 293, 294, 295.
Testu, Guillaume le, 250, 298.
Thevet, André, 44, 50, 51, 53, 58, 59, 67, 102, 149, 226, 248, 249, 253, 272, 275, 284, 333, 334, 335, 336.
Thomassy, 219, 235.

Thomé, François, 317.
Thorfinn, 261, 262, 263.
Thorne, Robert, 326.
Thorstein, 261.
Thorvald, 261.
Thou, de, 335.
Tionne, Jehan, 23.
Tournemine, Marguerite de, 169.

Tournemine, Réné de, 169.
Tournon, François de, 23.
Trāmesini, Michael, 249.
Treust, 132.
Tronquet, Guillaume, 18.
Tuvache, Nicolas, 200, 236, 297.

U

Ulpius, Euphrosynus, 221, 251, 326.

Upsi, Erik, 263.

V

Vallard, Nicolas, 75, 87, 223, 235, 246, 326.
Vallin, Jehan, 294.
Valseney, 163.
Vaulx, Jacques de, 253.
Velasquez, 93, 271.
Vendôme, César, 162, 301.
Verderye, le, 103.
Verrazzamo, Giovanni da, 13, 21, 78, 82, 83, 84, 86, 87, 108, 112, 215, 217, 218, 219, 234, 235, 238, 248, 259, 260, 269.

Verrazzano, Hieronimo da,
Vicquelin, Nicolas, 293, 294.
Viegas, Gaspar, 219, 236.
Villegagnon, Nicolas Durand de, 87, 272-277, 335
Villeneuve, de, 29, 39.
Viret, Geoffroy, 176.
Visconti, P., 233.
Voilabauche, Richard, 120.
Vopellio, 225.
Vumenot, Maugis, 264, 265.

W

Wattier, Gilles, 134.
Weld, Isaac, 92, 305.
Wieser, 330.
Wilberg, 221.
Willes, Richard, 242.

Winsor, Justin, 224.
Winthrop, John, 311, 314.
Wolfenbüttel, M. S., 237, 322.
Wytfliet, C., 52, 75, 225, 255, 328.

X

Xenomanès, 72.

Y

Yves d'Evreux, le Père, 98.

Z

Zaltieri, 252.
Zenes, Antoine, 324.

Zenes, Nicolas, 324.
Zichim, 324.

INDEX DES NOMS DE LIEUX

A

Aden, 182.
Amazônes, fleuve des, 61.
Ancenis, 161.
Angers, 161.
Angoulème, 70.
Angoulème, lac d', 74.
Anvers, 225.
Arambe, 257, 258.
Auch, 23.

B

Baie d'Hudson, 187, 188, 190.
Baie des Kilistinons, 189.
Baie Française, 258, 280, 283.
Baie Saint-Paul, 107.
Bajadoz, 332.
Bayonne, 14, 147.
Belle-Ile, 28, 31, 59, 62, 240, 246.
Bergen, 138.
Biarritz, 110.
Blanc-Sablon, 219.
Blois, 156.
Bonnevue, 85, 327.
Bordeaux, 58, 100, 116, 138, 245.
Boulogne, 287.
Bourges, 23.
Bresle, la rivière, 21.
Brest, 52, 106, 107, 108, 109, 249, 286.
Brouage, 164, 287, 288.
Bruges, 138.
Buenvista, 85, 86, 327.
Butte, havre de, 63.

C

Caën, rivière de, 63.
Calais, 146, 287.
Canseau, 116, 147.
Cap à l'Anglais, 233.
Cap-Breton, 27, 45, 46, 47, 73, 85, 109, 148, 149, 233, 247, 253, 258, 271, 283, 284, 285, 286.
Cap de Bonne-Espérance, 61, 66, 78, 182, 183.
Cap d'Espérance, 85.
Cap d'Espoir, 233.
Cap de Sable, 147, 259.
Cap de Ternate, 257.
Cap de Conjugon, 128, 156, 194.
Cap Cod, 261, 266.
Cap-Rouge, 28, 29, 33, 34, 37, 46.

Cap-Royal. 113.
Cap S. Vincent, 68.
Cap Ratz, 74, 85, 106.
Carcassone, 23.
Carène, cap de la, 261.
Carpont, 62.
Caudebec, 164.
Charlesbourg-Royal, 27, 28, 36, 47, 48, 51, 54.
Charles-Fort, 277.
Chartres, 142.
Châteaux, baie des, 63, 86.
Chicoutimi, 39.
Chinon, 70.
Cognac, 58, 264.
Cornouailles, 156.
Coutances, 40.
Cuba, 79.

D

Dahouet, 114.

Dieppe, 81, 84, 108, 115, 146, 200, 204, 210, 223.

E

Embrun, 23.
Ericksfjord, 260.

Estotiland, 324.
Evreux, 41.

F

Finistère, cap, 78, 94.
Flora, 85.
Fontainebleau, 22, 70.
Fontenay-le-Comte, 71.
Fort-Coligny, 274.
Fougères, 156.

Française, terre, 218, 220, 222, 234, 238, 250, 259, 283.
France-Prime, 36.
France-Roy, 36, 62, 64.
François-Roy, 36, 38, 39, 54, 62, 64.

G

Gardar, 263.
Gaspé, baie de, 63, 102, 233.
Grande-Baye, 10, 62, 78, 105.
Granville, 144.

Gratz, cap de, 111.
Guacaia, 257.
Guetteria, 110.

H

Havre, le, 115, 141, 250, 276.
Hermoso, cap, 249.
" rivière, 247.
Honfleur, 14, 26, 81, 92, 113, 115, 142, 146, 163, 165, 172, 173, 194, 196, 197, 200, 201, 204, 205, 209, 210, 216, 217, 282, 318, 320, 321.

Hudson, baie d', 65.
Hulluland, 260, 261.

I

Ile aux Démons, 52, 53, 85.
Ile aux Oiseaux, 73, 246.
Ile d'Apponas, 142.
Ile d'Ascension, 63, 73, 246.
Ile d'Anticosti, 63, 233, 329.
Ile d'Assomption, 63, 73, 233, 283.
Iles Açores, 80, 121.
Ile des Arènes, 244.
Ile de Bain, 142.
Ile de Brion, 283.
Ile du Bic, 63.
Iles de Blanc-Sablon, 62.
Iles, baie des, 75.
Iles des Cormorans, 142.
Ile de la Demoiselle, 52, 62, 63.
Ile Duoron, 142.

Ile des Épices, 84, 324.
Iles Gazées, 250.
Ile de Larcepel, 244.
Ile Longue, 261.
Iles de la Madeleine, 142, 147.
Iles Malouines, 92.
Ile de Maragnon, 98.
Ile de Maranham, 97.
Iles Miquelon, 142.
Ile des Monts-Déserts, 89.
Iles Moluques, 86, 323.
Ile d'Oléron, 137, 288.
Ile d'Ouessant, 167, 168, 169.
Ile de la Raquelle, 63.
Iles Ramées, 142, 283.
Ile S. Brandan, 74.

Ile Saint-Jean, 73, 74, 76, 237, 239, 247, 254, 265, 283.
Ile de Sable, 114, 164, 169–176, 300–316.
Ile Saint-Pierre, 142.
Ile des Sept-Villes, 74.
Iles, les Sept, 63, 246, 251.
Issoire, 23.

J

Jacques-Cartier, baie de, 52.
Janeiro, Rio de, 274, 282.
Jayve, Grande, 61.
Jayve, Minor, 61.
Jumièges, 117.

K

Kjalarnes, cap, 261.

L

LaBouille, 117.
Laboureur, terre du, 238, 326, 327.
Labrador, 10, 31, 52, 65, 66, 85, 219, 234, 236, 237, 245, 247, 249, 251, 271, 322, 323, 324, 325, 326, 327, 331.
La Rochelle, 26, 28, 59, 65, 68, 71, 81, 121, 125.
Laval, 194.
Laudeneur, 28.
Lifrango, 80.
Lisbonne, 322.
Lisieux, 319.
Lyon, 23, 70.

M

Madère, 80.
Magellan, détroit de, 61, 66.
Mai, rivière de, 276, 278.
Malbaie, 63.
Mallebarre, 217, 258.
Mango, 79.
Marbre, cap de, 63.
Marennes, 288.
Markland, 261.
Matane, rivière de, 63.
Metaberoutin, 189.
Mexique, 80, 93.
Mistassini, lac, 187.
" rivière, 39.
Mont Hope, 262.
Mont-Royal, 133, 134.
Monts, pointe des, 63.
Morlaix, 154, 155, 299.
Morues, baie des, 63, 233.
Mount Hamp, 262.

N

Nantes, 158, 159, 160, 161, 162.
Nauset, havre de, 217, 261.
Nekouba, 187.
Némiskau, 187, 188.
Nemiskausipiou, 188.
Nemours, 276.
Nepetepec, baie de, 106.
Norembègue, 13, 85, 257, 263, 265, 268, 284.
Normandie, 24, 25.

Normanvilla, 257.
Norvège, 83, 95.
Nouvelle-Angleterre, 16, 226.
Nouvelle-France, 14, 19, 46, 64, 83, 84, 85, 86, 217, 218, 219, 220, 224, 234, 235.
Notre-Dame, monts, 233.
Novogorod, 138.
Nuremberg, 162.

O

Ochelay, 102.
Oguédoc, 246.
Oigoudi, 258.
Olonne, Sables d', 146, 288.
Ongéar, pointe d', 63.

Ophor-Portu, 111.
Orléans, 23.
Orrougne, 111.
Outaouais, rivière des, 38.

P

Paboc, 233.
Pahor, 258.
Panama, 79.
Paradis, 85.
Paslistaskau, 186.
Paris, 23, 44, 52, 86.
Pentagouet, rivière, 258.
Pérou, 64, 80.
Picardie, 20, 50.
Pocasset, rivière, 261.
Pointe Riche, 111.
Poitiers, 67.

Pont-Audemer, 319, 320.
Pont-Autou, 320.
Port-Dameline, 233.
Port-Daniel, 233.
Port du Refuge, 85.
Porto-Rico, 67.
Porto-Santo, 80.
Port-Royal, 27, 85, 88, 90.
Portuchoa, 111.
Primavista, 327.
Puy-de-Dôme, 23.

Q

Québec, 11, 16, 18, 46, 92, 212.
Quillebeuf, 165.
Quimper-Corentin, 156.
Quohate, 257.

R

Regnéville, 320.
Rennes, 156, 159, 162.
Rochelay, 109, 286.
Rognouse, 111.
Rouen, 24, 25, 26, 27, 42, 50, 86, 99, 100, 118, 142, 206, 207, 209, 288, 319.

S

Sablé, 156.
Saguenay, 21, 37, 38, 39, 44, 63, 66, 76, 80, 186, 203, 251.
Saint-Domingue, 152.
Saint-Jean, lac, 39, 186, 190.
" " de Luz, 110, 116.
" " Terreneuve, 27, 29, 48, 54, 270.
Saint-Laurent, fleuve, 9, 13, 18, 21, 33, 34, 38, 46, 59, 80, 220, 221, 222, 223, 224, 226, 253, 272.
Saint Laurent, golfe, 50, 52, 62, 82, 89, 216, 217, 220, 232.
Saint-Lô, 40.
Saint-Louis, saut, 59.
Sainte-Marie, baie, 147.
Saint-Malo, 14, 24, 25, 26, 28, 42, 53, 71, 81, 89, 100, 103, 120, 121, 125–133, 135, 144, 172, 194, 198, 206, 207, 208, 317, 318.
Saint-Nectaire, 23.
Saint-Quentin, 152.
Saint-Sauveur, rivière, 233.
Saint-Valéry-sur-Somme, 21.
Saucourt-en-Vimeux, 21.
Séville, 80, 279.
Siboure, 110.
Stadaconé, 20, 37.
Straumfjord, 262.
Sumatra, 85, 86.

T

Tadoussac, 39, 103, 185, 187, 188, 189, 190, 200, 201, 202, 203, 209, 212, 329.
Tanzacca, 258.
Taunton, rivière, 262.
Terre-Ferme, 93, 237, 238, 240, 244, 245, 247.

Terreneuve, 29, 31, 48, 49, 66, 74, 231, 254, 260, 265, 270, 271, 272, 285, 295, 324, 328, 329, 332.

Tiennot, cap, 63, 246.
Thorfinnsbudir, 262, 263.
Tours, 280.
Troyes, 100.

U

Unguedor, 246.

V

Vatteville, 117, 164, 165, 173, 293, 294, 295.
Veraqua, 79.
Vieux-Boucaut, 110, 111.

Vimeux, 21, 27.
Vinland, 261, 263.
Vitré, 196.
Vlicillo, 111.

W

Wallace, lac, 312.

Wisby, 138.

Y

Yucatanet, 235.

Z

Zipangu, 33, 79.

TABLE GÉNÉRALE DES MATIÈRES

	Page
Epitre dédicatoire....................................	5
Chapitre I	9 à 18
Chap. II—Jean François de la Roque, sieur de Roberval..	19 à 31
Chap. III—Roberval à François-Roi.................	33 à 44
Chap. IV—Roberval en Canada.....................	45 à 55
Chap. V—Jehan Alfonce, capitaine et pilote du roi...	57 à 76
Chap. VI—Les navigateurs français en Amérique au XVIe siècle....................................	77 à 90
Chap. VII—Les Français et les Sauvages de l'Amérique...	91 à 103
Chap. VIII—Les pêcheurs français aux terres neuves.	105 à 121
Chap. IX—Les successeurs et héritiers de Jacques Cartier.......................................	122 à 136
Chap. X—L'industrie de la pêche aux terres neuves..	137 à 149
Chap. XI—Le marquis de la Roche.................	151 à 165
Chap. XII—Le marquis de la Roche à l'île de Sable..	167 à 180
Chap. XIII—Le commerce des fourrures au XVIe siècle..	181 à 191

	Page
Chap. XIV—Pierre de Chauvin, sieur de Tontuit.....	193 à 212
Cartographie de la Nouvelle-France—Aperçu général..	215 à 227
Classification des travaux cartographiques au XVIe siècle..	229 à 255
Notes explicatives................................	257
1.—La Norembègue........................	257 à 263
2.—Les Voyages avantureux de Jan Alfonce, Sainctongeois..............................	264 à 267
3.—Les pilotes de Jean Ango................	267 à 272
4.—Nicolas Durand de Villegagnon..........	272 à 276
5.—Jean Ribaut............................	276 à 277
6.—Réné de Goulaine de Laudonnière........	278 à 279
7.—Dominique de Gourgues................	279 à 280
8.—Rapports entre les Français et les Sauvages.	280 à 282
9.—Le Cap-Breton........................	283 à 286
10.—La marine française au XVIe siècle......	286 à 290
11.—Armements de navires normands pour les terres neuves et le Canada................	291 à 298
12.—Les commissions du marquis de la Roche..	299 à 311
13.—Les Sablons..........................	311 à 316
14.—L'épiscopat de Saint-Malo..............	317 à 318
15.—François de Chauvin, sieur de Tontuit....	318 à 321
16.—Le Labrador..........................	322 à 327
17.—Baccalaos............................	327 à 331
18.—Estevam Gomez......................	331 à 333
19.—André Thevet........................	333 à 336
Pièces justificatives............................	337
A.—Commission de François I à Jacques Cartier pour l'établissement du Canada, du 17 octobre 1540..............................	337 à 341
B.—Lettre de François I à Paul d'Auxhillon, Sieur de Saint-Nectaire, du 26 janvier 1542.	342 à 343
C.—LXVIIe Nouvelle de l'Heptameron de Marguerite de Navarre........................	343 à 346

	Page
D.—Règlement pour la vente des morues à Honfleur, le 22 juillet 1527	346 à 347
E.—Lettres à Jean Groote, étudiant à Paris, par Jacques Noël	347 à 350
F.—Commission de Henri III au marquis de la Roche, du mois de mars 1577	350 à 352
G.—Commission du même au même, du 3 janvier 1578	352 à 354
H.—Commission de Henri IV au même, du 12 janvier 1598	354 à 360
I.—Contrat de louage de la *Catherine* du capitaine Chefdhostel	361 à 363
J.—Contrat de louage de la *Françoise* du capitaine Girot	363 à 365
K.—Procuration *ad lites* à Martin Le Lou par le marquis de la Roche	365 à 366
L.—Autorisation à Le Gac, sieur de Collespel, de vendre *a remere* les biens du marquis de la Roche	366 à 367
INDEX des noms de personnes	368 à 384
INDEX des noms de lieux	385 à 391

www.ingramcontent.com/pod-product-compliance
Lightning Source LLC
Chambersburg PA
CBHW071901230426
43671CB00010B/1434